渠道维护工

主　编　郭仲明

黄河水利出版社

图书在版编目(CIP)数据

渠道维护工/郭仲明主编. -2版.—郑州:黄河水利出版社,2001.6(2009.4重印)
水利行业工人技术考核培训教材
ISBN 7-80621-062-8

Ⅰ.渠… Ⅱ.郭… Ⅲ.渠道-维护-技术培训-教材 Ⅳ.TV698.2

中国版本图书馆CIP数据核字(2001)第036033号

责任编辑:李艳霞
出 版 社:黄河水利出版社
地址:河南省郑州市顺河路黄委会综合楼14层 邮政编码:450003
电话:(0371)66022620 传真:(0371)66026940
E-mail:hhslcbs@126.com
印 刷:黄河水利委员会印刷厂

开 本:850mm×1 168mm 1/32 印 张:9
版 次:1998年7月第2版 印 数:19 201—22 200
印 次:2009年4月 郑州第7次印刷 字 数:226千字

ISBN 7-80621-062-8/TV·34 定价:21.60元

渠道维护工

主　　编　郭仲明

副 主 编　倪稚威　闵学理

编写人员　李玉林　韩　华　胡德元

　　　　　彭宗祥

咨　　询　（以姓氏笔画为序）

　　　　　邱轶明　邱继寿　茆　智

　　　　　张兴易　谢棋智　韩嘉蜈

　　　　　蓝泰源

审　　定　（以姓氏笔画为序）

　　　　　宁志泉　朱树人　徐泽林

　　　　　季诗政

前　言

为了建立和完善水利行业工人考核培训工作体系，弥补新中国成立以来全国水利行业没有完整的、系统的工人培训教材的空白，我们组织水利行业一百多位专家学者编写了这套“水利行业工人考核培训教材”。本教材是依据劳动部、水利部联合颁发的《中华人民共和国工人技术等级标准（水利）》规定的32个行业工种要求编写的，编写的内容与技术考核规范和试题库相结合，并在每一章后设有思考题，能够满足水利行业技术工人考核前培训和职业技能鉴定的需要。

教材分为通用教材和专业教材两大类。通用教材共8本，分别为：《水利工程施工基础知识》、《工程力学与建筑结构基础知识》、《地质与土力学基础知识》、《水工建筑物基础知识》、《水力学与水文测验基础知识》、《水利工程制图基础知识》、《机械基础知识》、《电工基础知识》，其内容主要侧重于为30本专业教材配套使用的基础理论知识；专业教材共30本，分别为：《开挖钻工》、《水工爆破工》、《锻钎工》、《坝工模板工》、《坝工钢筋工》、《坝土混凝土工》、《钻探灌浆工》、《喷护工》、《防渗墙工》、《砌筑工》、《坝工土料实验工》、《坝工混凝土实验工》、《水工泥沙实验工》、《水工结构实验工》、《混凝土维修工》、《土石维修工》、《闸门运行工》、《水工防腐工》、《水工监测工》、《河道修防工与防治工》、《渠道维护工》、《灌区供水工》、《灌溉试验工》、《泵站机电设备维修工与泵站运行工》、《灌排工程工》、《水文勘测工》、《水文勘测船工》、《水土保持防治工》、《水土保持测试工》、《水土保持勘测工》，其内容包括各工种的初、中、高级工的专业知识和技能知识。两类教材均突出了水利行业专业工种的特点，具有专业性、权威性、科学性、整体性、实用性和相对稳定性。它包括了本行业技术工人考核晋升技术等级时试题的范围和内容，是水利行业各工种职业技能鉴定的必备教材。

本次教材编写时参照的技术规范或规定、标准等是以1995年7月底尚在使用的为准，涉及的个别计量单位虽属非法定单位，但考虑到这些计量单位与有关规定、标准的一致性和实际使用的现状，本次出版时暂行保留，在今后修订时再予改正。

编写全国水利行业统一的工人培训教材，对于我们来说尚属首次，曾得到了各级领导、有关专家及广大水利职工的关怀和支持。经过大家一年来的辛勤耕耘和不断探索，现已面世出版了，但由于它是一项新的工作、新的尝试，不足之处在所难免，希望大家在使用中提出宝贵意见，使其日臻完善。

水利行业工人考核培训教材

编审委员会

一九九五年七月

目　录

绪　论

水利是国民经济和社会发展的基础产业。这一科学论断，深刻地揭示了水利建设的重要地位。农田灌溉是人类与水旱灾害作斗争、发展农业生产、为国民经济的发展和人民生活服务的重要手段。灌溉事业的发展，不仅是农业和社会文化进步的主要标志，也是社会生产力发展的一个重要方面。

一、我国水资源状况及灌溉和排水的关系

水资源是人类在长期的生活、生产过程中各种需水的基本来源。据统计，我国多年平均降水总量约为 61900 亿 m^3，相当于全球陆地降水总量的 5%，降水量中约 56%消耗于蒸散发，44%形成河川径流。我国流域面积在 1000km^2 以上的河流有 5800 多条，其总流域面积达 667 万 km^2，占国土总面积的 65%，其中七大江河流域面积占国土总面积的一半。全国河川年径流量为 27115 亿 m^3，湖泊总贮水量约 7300 亿 m^3，冰川总贮水量约 51000 亿 m^3，冰川年融水量 560 亿 m^3，地下水资源量约 8000 亿 m^3，扣除地表水与地下水相互转化重复部分，我国水资源总量为 28124 亿 m^3，居世界第六位。但人均水资源占有量还不到世界平均水平的 1/4，列世界第 88 位。

我国水资源的特点：一是降水和河川径流的地区分布不均，水土资源组合很不平衡。降水的总趋势是由东南沿海向西北内陆递减，南方水多地少，北方水少地多。长江及其以南地区河川径流量占全国的 83%，耕地面积只占全国的 38%；长江以北地区河川径流量只占全国的 17%，耕地面积却占 62%。二是降水及河川径流的年内分配集中，年际变化大。大部分地区冬春少雨(雪)，夏秋多雨，年降水量和径流量主要集中在汛期几个月或一二个月内，以致

造成汛期大量弃水，易发生洪涝灾害，而非汛期水量缺乏，干旱受灾。目前，我国水资源日趋紧缺，在北方地区和沿海城市以及一些污染严重的地方，水资源不足已经严重制约了当地社会经济的发展，因此，加强水资源的保护和管理，包括作为水资源系统的灌溉水源和灌溉设施的保护和管理是一件具有战略意义的大事。

灌溉是一项人工补充土壤水分以改善作物生长条件的技术措施。灌溉工程即是以调节、改善农田水分状况，促进农业增产为目的而兴建的水利工程设施。一般来说，农田水分状况的调节与改善，包括土壤水分不足而需要以灌溉手段适量补充水分，土壤水分过多又需以排水手段排除多余水分，这就构成了灌溉与排水的协调统一，因而在灌区工程中，不仅要有配套齐全的灌溉系统，而且要有完善的排水系统，二者缺一不可，相辅相成。从这个意义上来讲，我们通常所说的灌溉工程实质上是应包括排水工程设施在内的，通称灌溉排水工程。

二、我国灌溉事业的发展

我国的灌溉事业有着悠久的历史。灌溉工程的修建可以上溯到大禹治水传说时代的“尽力乎沟洫”、“陂障九泽，丰殖九薮”。据有关文字记载，早在夏商时期即已在井田中布置沟渠进行灌溉排水。春秋战国时期，兴建了我国历史上有文字记载最早的蓄水灌溉工程芍陂（今安徽省寿县南安丰塘）。公元前四世纪修建了我国北方最早的引水灌溉大型渠系工程引漳十二渠（位于今河北省临漳县西南）。公元前三世纪秦蜀郡守李冰创建了我国古代第一个成功的大型水利工程——都江堰。这项工程历经2000多年而不衰，至今灌溉着成都平原及四川盆地部分丘陵区约66.7万hm^2农田。都江堰的规划、设计、施工都具有较高的科学性和创造性，是我国古代科学技术成就的典型代表。此外，我国古代较大的灌溉工程还有陕西的郑国渠、广西的灵渠以及宁夏的秦渠、汉渠、唐徕渠等。其他如遍布南方水稻地区的塘坝、华北各省的水井、新疆的坎儿井等，都是我国古代劳动人民长期与水旱灾害作斗争所创造的伟大功绩，充分显示出我国人民的智慧和创造力，在我国水利史上永远放射着灿烂的光辉。

我国的灌溉管理也同样源远流长。早在商周时期就有沟洫管理制度。春秋战国时期，中央和地方开始有设官管理山泽陂地及水利的记载。秦汉时期，灌溉管理制度日趋完善。都江堰设置了专门管理堰务的堰官“都水椽”、“都水长”，三国时蜀汉丞相诸葛亮还征丁 1200 人组成护堰队伍。唐宋时期，农田水利管理走上更加完善的法制管理轨道，唐代颁布了《水部式》法典，宋代发布了《农田水利约束》。元、明、清以来，灌溉管理制度更加完善。一些著名的大型灌区都由国家设立专门机构管理，管水官吏都具有同级地方官吏的执法权力，沟堰渠道均分别设立沟首、堰长、渠长等。民国时期，随着西方水利科学技术的传入，灌溉管理开始步入现代化管理的轨道。

总之，几千年来，我国灌溉事业不断发展，对推动我国社会生产力的发展起到了很大作用。但是也应该看到灌溉工程建设也要受到社会生产力发展速度的制约，灌溉管理有着强烈的时代性和社会性，过去的灌溉管理必然受着封建社会制度的支配和约束，大多数灌区的水权是掌握在封建官吏和地主豪绅手里的，所订水规、水法也都是有利于少数统治阶级的，因此积弊甚多。

新中国成立后，我国灌溉事业进入了一个崭新的发展阶段，取得了前所未有的巨大成就。先后建成了安徽省淠史杭灌区、新疆玛纳斯河灌区、陕西省宝鸡峡引渭灌区、湖南省韶山灌区、河南省人民胜利渠灌区等一批大型灌区。据 1993 年统计，全国共兴建各类水库 8.46 万座，总库容 4717 亿 m^3；建成万亩以上灌区 5567 处，全国农田有效灌溉面积达 4984 万 hm^2，为 1949 年的 3.12 倍；机电排灌动力达 7200 万 kW，为 1949 年全国机电排灌动力拥有量的1014倍；修建了引滦入津、引黄济青、引大入秦等引水工程，每年为城市供水500亿m^3，同时还解决了1.4亿人口和8300多万头牲畜的饮水困难。在抗御洪涝灾害，满足工农业生产和人民生活用水以及改善水环境方面，发挥了巨大的社会经济效益和生态效益。

在灌溉管理上，管理组织日渐健全，国家和地方各级人民政府水行政主管部门都设立了负责农田水利建设和管理的专职管理机构；灌区都建立了专业管理机构或设置专业管理人员，全国2万hm^2以上灌区的管理职工达10多万人。灌区工程管理和用水管理制度已日益完善。特别是改革开放以来，我国灌区管理工作正在沿着建立适应社会主义市场经济体制的新型灌区管理体制的方向不断改革、前进。一是加强法制建设，逐步走向依法治水、依法管水的轨道；二是加强经营管理，突破单纯为农业服务的范围，向为国民经济全面服务的方向拓展，生产经营结构正在按照"一业为主，多种经营"的要求，因地制宜、扬长避短地大力发展综合经营；三是灌区管理单位正按照事业单位企业化管理的要求，逐步改变成为独立核算、自我维持的经济实体；四是灌区管理单位内部的经营机制正在进行深入改革探索，普遍推行了多种形式的经营承包责任制和目标管理责任制；五是灌区科学技术有了较大发展，灌区管理正逐步实现现代化管理。

三、灌排工程管理的地位及任务

灌溉管理是对灌溉工程设施的全面管理。一般包括工程管理、用水管理、组织管理和经营管理四个组成部分。它们之间有着相互联系而又有所区别的重要职能。通常的说法是，工程管理是基础，用水管理是中心，组织管理是保证，经营管理是关键。工程管理之所以是灌区管理的基础，这是因为，任何灌排工程的修建都是以一定的社会效益、经济效益和环境效益为目的的，要达到预定的效益并使之不断巩固和提高，不仅需要有正确的规划设计和良好的施工质量，更重要的是在工程投入使用后要搞好工程的管理养护，以确保工程设施的完整和安全运行。如果工程运行不当，管理维修不善，即使工程设计合理，施工质量再好，也难以达到工程设计能力，发挥不了应有的作用，甚至可能造成严重损坏，给国家和人民带来难以弥补的损失，用水管理的中心任务所赖以实现的物质条件将因其管理不善而受到严重影响和制约。相反，加强工程管理养护即能保证工程的正常运行，防止自然灾害和人为损坏，及时处理病害隐患，从而延长工程使用寿命，长久不衰地发挥工程效益。因此，工程管理是实现用水效益的基础和重要手段。

工程管理的基本任务是正确运用和养护维修灌排工程设施，使之经常处于完好状态，安全正常运行，充分发挥工程效益。其主要工作包括经常性的巡查养护、定期的观测检修、汛期的防汛抢险，停水期的岁修清淤以及对工程设施的更新改造等。为了保证工程管理工作的正常进行，管理工作还有一项重要内容，就是要详尽地制订各种工程设施、灌排机具及其他附属设备的操作规程和管理养护办法，建立检查、观测制度，订立群众性的养护公约和奖罚条例，建立岁修养护、防汛抢险的组织和制度。

第一章　渠道及渠系建筑物基本知识

渠道及渠系建筑物是灌溉排水系统的重要组成部分，为了使大家能够深入地了解和掌握灌排工程管理运用和维修养护的技术知识与操作技能，这里有必要介绍一下渠道及渠系建筑物的基本知识，如名称、结构、作用及过水能力等一般概念和常识。

第一节　灌溉排水系统的布置

一、灌溉排水系统的组成

灌溉排水系统是由各级灌溉渠道、各级排水沟道、渠系建筑物和田间工程组成的灌排网络系统。

灌溉渠道一般分为干、支、斗、农、毛渠五级，前四级为固定渠道，毛渠多为临时灌溉渠。地形复杂的大型灌区有的设总干渠、分干渠、分斗渠等。小型灌区的渠系常采用干、斗、农三级，也有采用两级的。干渠称为输水渠道，支渠以下渠道称为配水渠道。

排水沟道一般亦分为干、支、斗、农、毛沟五级。

田间工程包括斗渠(沟)以下灌排沟渠和建筑物，以及土地平整、道路布局、护田林网和格田、畦块等。

渠系建筑物是渠(沟)道上修建的建筑物，主要有控制建筑物、交叉建筑物、泄水建筑物、连接建筑物、量水建筑物和防渗、防冲、防淤建筑物等。灌排系统组成见图 1-1。

二、灌排渠系布置的基本原则

灌排渠系的布置是灌区规划的重要内容。规划布置是否合理，

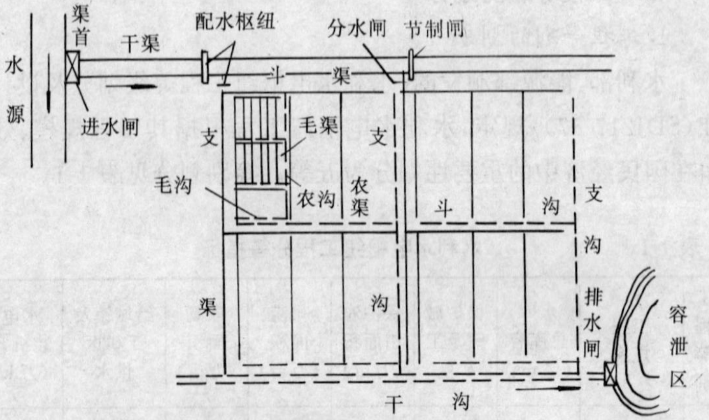

图 1-1　灌溉排水系统示意图

直接关系到灌区的工程投资和效益,影响到管理养护的难易。渠系布置的基本原则是:

(1)尽量做到使自流灌溉面积最大。渠道应根据水源条件布置在较高地带和分水岭上,以便控制较多的自流灌溉面积。

(2)经济合理。布置的渠线要短,附属建筑物要少,尽可能减少占地、拆迁民房。

(3)工程要安全。尽量避免深挖、高填和险工地段。

(4)要便于用水管理和工程管理。

三、灌区类型与工程等级划分

(一)灌区类型

所谓灌区是指一个灌溉系统所控制的土地范围。根据灌溉面积的大小可分为大型灌区、中型灌区和小型灌区;根据取水方式的不同可分为自然灌区(或称自流灌区)和提水灌区;根据地理位置和自然条件的不同又可分为平原灌区和丘陵灌区。对后两种划分,灌区可以是相对独立的某一类型,也可以是不同类型的组合。

（二）工程等级的划分

1．工程等别的划分

水利部、能源部颁发的《水利水电枢纽工程等级划分及设计标准（SDJ217-87）》规定，水利水电枢纽工程根据其工程规模、效益和在国民经济中的重要性划分为五等。等别划分见表 1-1。

表 1-1　**水利水电枢纽工程分等指标**

工程等别	工程规模	水库总库容（亿 m^3）	保护城镇及工矿区	保护农田面积（万亩）	排涝面积（万亩）	灌溉面积（万亩）	给城镇及工矿区供水	水电站装机容量（万 kW）
一	大（1）型	＞10	特别重要	＞500	＞200	＞150	特别重要	
二	大（2）型	10～1.0	重要	500～100	200～60	150～50	重要	
三	中型	1.0～0.1	中等	100～30	60～15	50～5	中等	25～2.5
四	小（1）型	0.1～0.01	一般	30～5	15～3	5～0.5	一般	2.5～0.05
五	小（2）型	0.01～0.001		＜5	＜3	＜0.5		＜0.05

注　① 总库容指校核洪水位以下的静库容。

② 灌溉面积和排涝面积均系设计面积。

③ 挡潮工程的等别参照防洪工程规定划分，在潮灾特别严重地区其工程等别可适当提高。

④ 供水工程的重要性应根据城市及工矿区的工业和生活供水规模、经济效益和社会效益分析确定。

2．水工建筑物级别划分

水利部部颁标准规定：水利水电枢纽工程的水工建筑物，根据其所属工程等别及其在工程中的作用和重要性划分为五级，级别划分见表 1-2。

表 1-2　　　　　　　　　　水工建筑物级别划分

工程等别	永久性建筑物级别		临时性建筑物级别
	主要建筑物	次要建筑物	
一	1	3	4
二	2	3	4
三	3	4	5
四	4	5	5
五	5	5	

注　① 永久性建筑物是指枢纽工程运行期间使用的建筑物。根据其重要性分为：主要建筑物：指失事后将造成下游灾害或严重影响工程效益的建筑物，如堤坝、水闸、泵站及电站厂房等；次要建筑物：指失事后不致造成下游灾害或对工程效益影响不大并易于修复的建筑物，例如：失事后不影响主要建筑物和设备运行的挡土墙、导流墙及护岸等。

② 临时性建筑物是指枢纽工程施工期间使用的建筑物。如：导流建筑物、施工围堰等。

第二节　渠　　道

渠道是人工开挖填筑或砌筑的输水设施。按存在形式可分为明渠和暗渠两类；按用途可分为灌溉渠道、引水渠道、通航渠道、给水渠道、流送木材渠道、排水渠道和综合性渠道等；按渠床材料的不同又可分为土渠、石渠和衬砌渠道。

一、渠道横断面

渠道横断面是渠道垂直于水流方向的剖面。常见的断面形状有梯形、矩形、半圆形(U 形)和复式断面(见图 1-2)。从施工条件和边坡稳定条件考虑，梯形断面和复式断面具有较好的水力性能，用得最多；断面接近矩形的渠道主要用于岩石或半岩性土壤处；半圆形(U 形)断面为水力特性最优的断面形式，但施工不便，仅用于由不同材料建筑的小型开敞式人工渠道和容易滑坡的地段，且常用挖渠机械一次压成。

渠道断面结构可分为挖方、填方和半挖半填三种类型：

(1)挖方渠道。当沿渠地面高程高于设计水位，而又不需要开挖隧洞时，可修建挖方渠道。其横断面结构如图 1-3 所示。

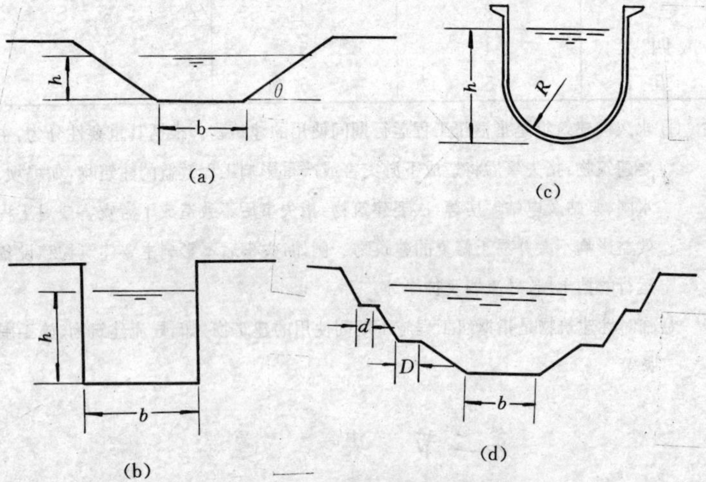

图 1-2　渠道断面形态示意图

(a)梯形；(b)矩形；(c)半圆形(U 形)；(d)复式断面

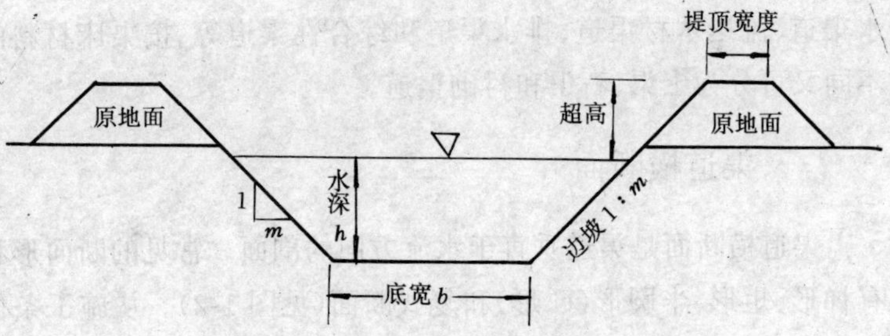

图 1-3　挖方渠道横断面

(2)填方渠道。当渠底高程高于地面高程时，须采用填方渠道，其横断面结构如图 1-4 所示。

(3)半挖半填渠道。当沿渠线地面高程介于渠底与设计水位之间时,可采用半挖半填渠道。其横断面结构如图 1-5 所示。

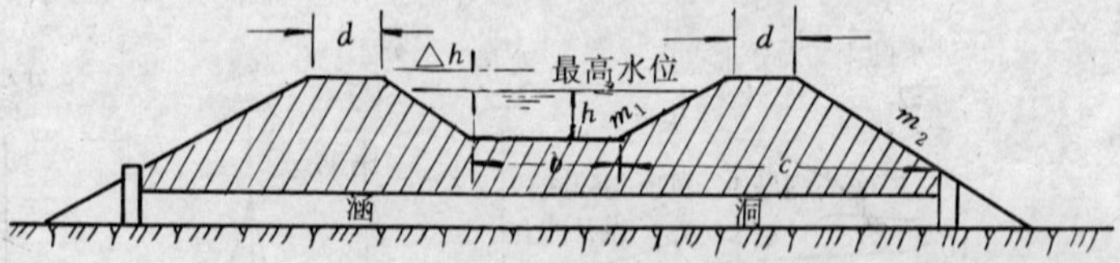

图 1-4　填方渠道横断面示意图

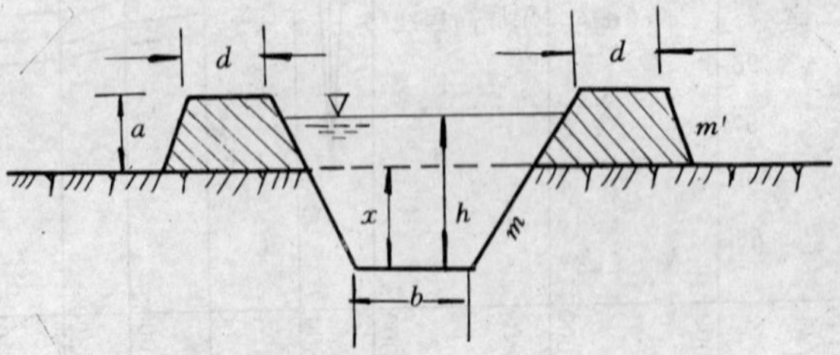

图 1-5　半挖半填渠道横断面示意图

二、渠道纵断面

渠道纵断面是沿渠道中心线的剖面,包括沿渠线的地面线、设计水位线、最低水位线、最高水位线、渠底线和渠顶线、分水口及渠系建筑物位置等,如图 1-6 所示。

渠道纵断面的结构设计是与横断面的结构设计互相联系、交替进行的,其主要作用是要保证渠道具有足够的输水能力和稳定的渠床,设计水位能满足所控制面积的自流灌溉。

三、渠道过水能力

渠道过水能力,一般是指渠道在正常情况下能通过的流量。通常有设计过水能力与实际过水能力之分。设计过水能力,包括正常流量、最小流量和加大流量,作为设计与校核之用;实际过水能力则是渠道经过运行而发生不同程度的变化后实际能通过的流量。

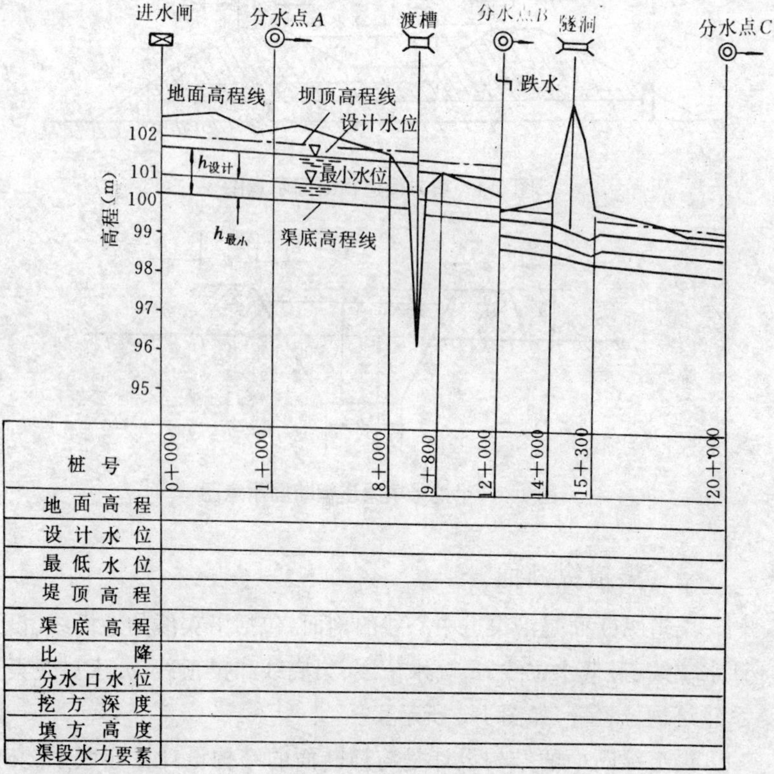

图 1-6　渠道纵断面示意图

(一)正常流量

正常流量表示渠道正常工作条件下通过的流量,常用 $Q_{正常}$ 符号表示。它是渠道和渠系建筑物设计的主要依据,是经水利计算所求得的灌溉农作物及其他用水所需的净流量和渠道损失流量之和来确定的。

（二）最小流量

最小流量用来检验、核对下一级渠道的控制条件，以及确定节制闸建筑物的位置。它是根据水利计算中采用的设计灌水模数图或灌溉用水流量过程线中的最小值来确定的。最小流量不应低于设计流量的 40%。

（三）加大流量

加大流量是为满足渠道运行中可能出现的气候剧变或灌区内作物组成可能有变化及综合利用的发展，需水量增大；或因渠道发生事故，需在短时间内通过较大流量等因素而在正常流量的基础上加大的流量。它是确定渠道堤顶高程的依据。一般在正常流量基础上增加 10%～30%。

第三节　渠系建筑物

渠系建筑物是为安全、合理地输配水量，以满足各用水单位的需要，在渠道系统上修建的建筑物，又称灌区配套建筑物。

渠系建筑物一般具有单个工程不大，数量多，总工程量和造价大的特点。现分类介绍如下。

一、调节及配水建筑物

这类建筑物又称控制建筑物，用于调节水位和分配流量，如进水闸、节制闸、分水闸、斗门等。

（一）进水闸

进水闸是从灌溉水源引取水量的控制性建筑物。一般情况下，它常和抬高水位的壅水坝或拦河闸、防止泥沙入渠的冲沙闸、保证建筑物安全的溢洪道、防洪堤等组成取水枢纽。

进水闸一般由闸室、上游连接段和下游连接段三部分组成。闸室是水闸挡水和控制水流的主体部分，它由水闸底板、闸墩、边墩

(或岸墙)、胸墙、启闭台及交通桥等组成;上游连接段由上游翼墙、防渗铺盖、上游护底、护坡及防冲槽等组成,其作用是引导水流平顺地进入闸室,保护上游河(渠)底及岸坡免遭冲刷,延长闸基及两岸的渗径长度,防止渗透变形;下游连接段由下游翼墙、护坦、海漫、防冲槽及下游护坡等组成,其作用是引导水流向下游均匀扩散,消减出闸水流能量,保护下游渠床及岸坡免遭水流冲刷而危及闸室安全。水闸的各部分组成如图 1-7 所示。

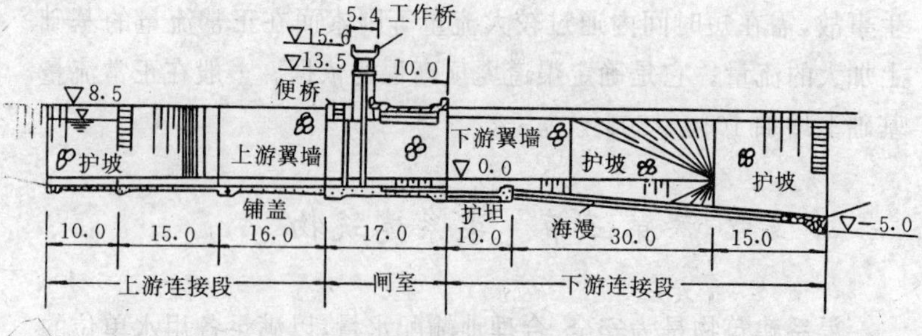

图 1-7　开敞式水闸　(单位:m)

(二)节制闸

由于农田灌溉,发电引水或改善航运等要求,常需横跨河渠(河道和渠道)修建水闸,以控制闸前水位和过闸流量,这类水闸称为节制闸。河道上的节制闸也称拦河闸。在洪水期,拦河闸还起排泄洪水作用。

渠道上的节制闸位于渠道分水口下游,当所在渠道出现低水位时,用以抬高水位,以满足下一级渠道引取设计流量。如果所在渠道的下游水工建筑物或下游渠道发生异常现象,也可闭闸进行检查维修。节制闸的设置应根据上、下游渠道水位衔接情况具体考虑。从管理部门实际情况看,为了便于轮灌配水可在轮灌配水渠段分界处设置节制闸。

(三)分水闸

位于干渠以下各级渠道首部的进水闸，称为分水闸，将上一级渠道的流量按需要分送到其所在的渠道。位于支渠首部的分水闸，工程上称为支渠口，位于斗渠首部的分水闸，工程上常称为斗门。

二、交叉建筑物

当渠道穿越山岗、河流、山谷、道路、低洼地带或其他渠道相遇时，必须修建交叉建筑物。常用的交叉建筑物包括隧洞、渡槽、倒虹吸管，涵洞和桥梁等。

(一)隧洞

在山体中或地下开凿的通道，又称隧洞。广泛运用在铁路、公路、水运、水利等工程中。通水用的隧洞称为水工隧洞，在渠系建筑物中通常为输水隧洞。

输水隧洞一般是无压隧洞，其进出口不设闸门等控流设施。洞线纵坡和断面尺寸需与上下游渠道相适应，其横断面型式多为圆拱直墙式，又称门洞型隧洞或城门洞型隧洞。洞顶为圆拱，洞两侧为直墙，洞底为平面(如图 1-8)。输水隧洞在岩体开凿成洞后一般

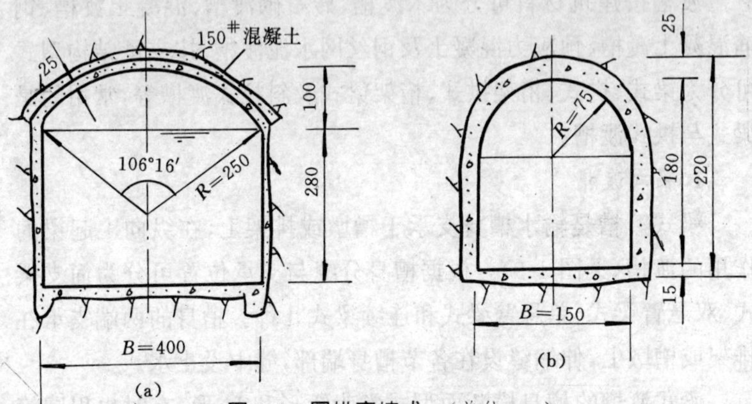

图 1-8 圆拱直墙式 (单位:cm)

(a)平拱;(b)半圆拱

要衬砌。岩层坚硬、致密、洞内流速不大时，可不加衬砌或只部分衬砌。对无压隧洞，为提高过流能力，可在过水部分用水泥砂浆或混凝土抹平，断面尺寸和石料条件具备的，可用浆砌石衬砌。

(二)渡槽

渡槽是输送渠道水流跨越河渠、溪谷、洼地和道路的交叉建筑物。它由进口段、出口段、槽身和支承结构等部分组成(如图 1-9)。进口段和出口段是槽身两端与渠道连接的渐变段，并起平顺水流作用；槽身主要起输水作用，其过水断面型式有矩形、U 形、半椭园形和抛物线形等，通常为矩形和 U 形；支承结构是支承槽身荷载的结构。

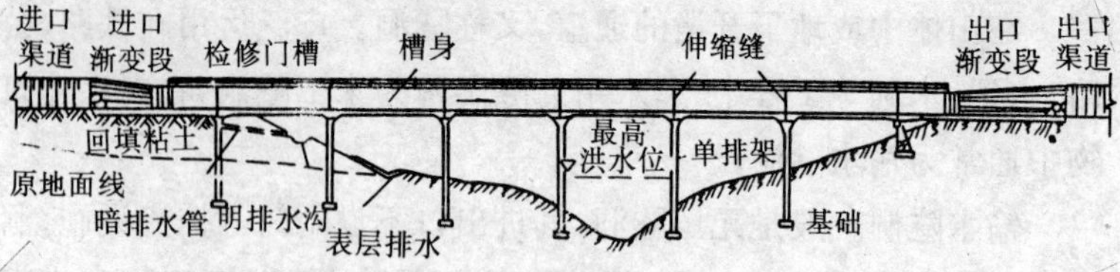

图 1-9　渡槽纵剖面图

渡槽按建筑材料可分为木渡槽、砖石砌渡槽、混凝土渡槽、钢筋混凝土渡槽、预应力混凝土及钢丝网水泥渡槽。按支承结构型式可分为梁式、拱式、桁架拱式、桁架梁式及斜拉式渡槽等，常用的是梁式与拱式渡槽。

1. 梁式渡槽

梁式渡槽是输水槽身支承于槽墩或排架上，在纵向上起梁的作用的渡槽(见图 1-9)。根据槽身分缝与支承位置可分为简支梁式、双悬臂梁式、单悬臂梁式和连续梁式几种。槽身的两端支承在排架或槽墩上，伸缩缝设在各节槽身端部，缝中设止水。

梁式渡槽的槽身横断面型式常为矩形和 U 形，有时也用圆管形。支承结构常为重力式槽墩或排架。重力式槽墩的墩身结构型式有实体墩和空心墩两类。排架根据结构型式分为单排架、双排架和A形排架等。槽墩或排架的下部连接基础，将渡槽的全部荷载传给地基。重力式槽墩常用整体式基础。排架常用双悬臂肋梁和板式基础。此外，还有沉井基础、管式承台基础等。

2. 拱式渡槽

拱式渡槽是由主拱圈承受上部荷载并传给墩台的渡槽，它由进口段、出口段、槽身、拱上结构、主拱圈和槽墩（台）等组成（如图1-10）。按使用材料可分为砌石、混凝土、钢筋混凝土拱式渡槽；按主拱圈的结构型式可分为板拱、双曲拱、肋拱渡槽等。

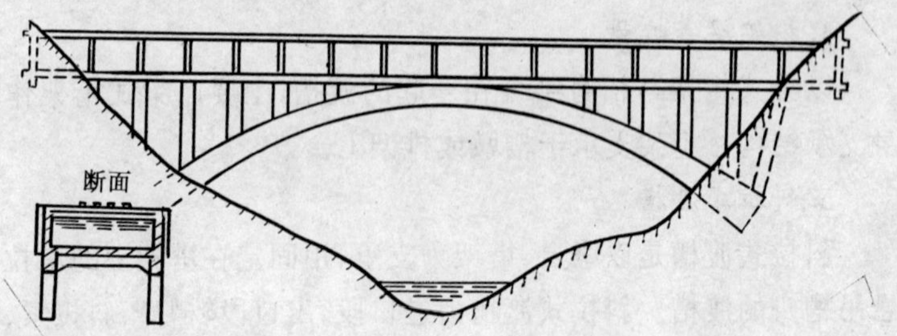

图1-10　钢筋混凝土拱形框架渡槽

板拱渡槽，其拱圈径向截面为矩形，用砖、石、混凝土等材料建造。拱上结构有实腹式与空腹式两类。实腹式是指槽身与拱圈之间的腹部为实体的结构；空腹式则是于主拱圈上设横向墙支承圆弧形腹拱，使槽身沿纵向弹性支承于砌体上。

双曲拱渡槽拱上结构同空腹式板拱渡槽，但拱圈为纵向及横向均呈拱形的双曲拱，由拱肋、预制拱波、现浇拱板及横系梁四部分组成。此种拱型适用于大跨度渡槽，具有节省材料，承载力大，单个构件吊装重量轻的优点，但施工加载程序复杂，运用中常出现裂缝，现采用不多。

肋拱渡槽，主拱圈为肋拱框架结构。拱肋一般为钢丝混凝土结构，小跨度的也可采用圬工结构。拱肋之间每隔一定距离设置刚度较大的横系梁，将拱肋连接成一拱肋框架结构。拱上结构均为空腹式，拱肋上竖立排架以支承槽身。槽身多为预制的钢筋混凝土U形槽或矩形槽。

3. 桁架拱式渡槽

以桁架拱或拱型桁架作为槽身支承结构的渡槽。桁架拱是将拱式渡槽的主拱圈与拱上结构结合在一起，主要起拱的作用，并用横向联系构件将两榀或多榀桁架拱片连接成整体结构。按结构特征和槽身位置，桁架拱渡槽分为上承式、下承式、中承式和复拱式四种。

4. 桁架梁式渡槽

以梁式桁架与槽身结合在一起的渡槽，主要以梁式桁架作槽身支承结构。桁架支承于槽墩或排架上。

5. 斜拉式渡槽

斜拉式渡槽是以墩台、塔架为支承，用固定在塔架上的斜拉索悬吊槽身的渡槽。斜拉式渡槽由进口段、出口段、槽身、斜拉索、塔架及塔墩（或承台）等部分组成。斜拉索上端锚固于塔架上，下端锚固于槽身侧墙上，可布置成竖琴形、扇形、辐射形等，以扇形较为通用。塔架有独塔、双塔、多塔之分，多用双塔。塔、梁、墩的联结型式有塔墩固结支承体系、悬浮体系、塔梁固结体系等，以悬浮体系采用较多。

（三）倒虹吸管

敷设在地面或地下用以输送渠道水流穿过河渠、溪谷、洼地、道路的下凹式压力管道。按其敷设方式和用途可分为穿越式倒虹吸管和横跨式倒虹吸管两种。穿越式倒虹吸管，从河流、渠道、道路下面穿过，管身常做成斜卧式和竖井式两种（如图 1-11 和图 1-12）；横跨式倒虹吸管常用于河道、溪谷、洼地比较宽阔、位置较低的地段（如图 1-13）。管身裸露于地面，横跨河道、溪谷的部分敷设于桥上或架空过河谷，称桥式倒虹吸管。横跨式倒虹吸管一般水头高，流量大，在管道转弯处应设镇墩，以保持管道稳定。

倒虹吸管由进口段、管身、出口段三部分组成。

(1)进口段包括进水口、闸门、检修门槽、拦污栅、启闭台、进口渐变段及沉沙池等。

进水口轮廓在不同流量下，应使进入倒虹吸管的水流平顺，以

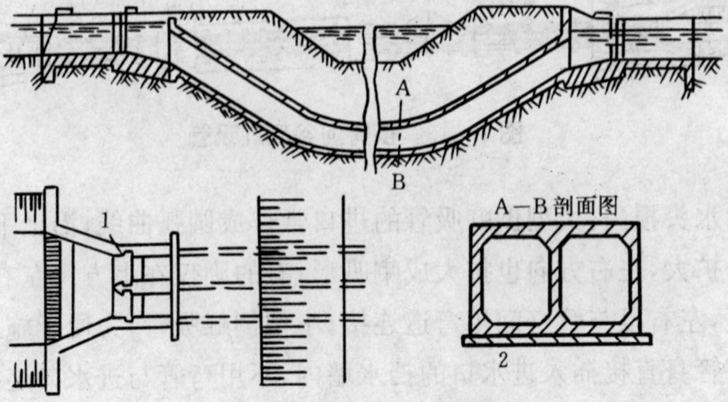

图 1-11　斜卧式倒虹吸管

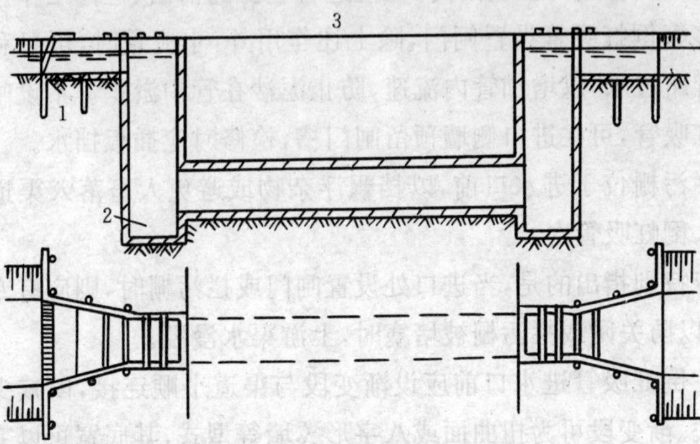

图 1-12　竖井式倒虹吸管

1—拦污栅；2—沉沙池；3—公路

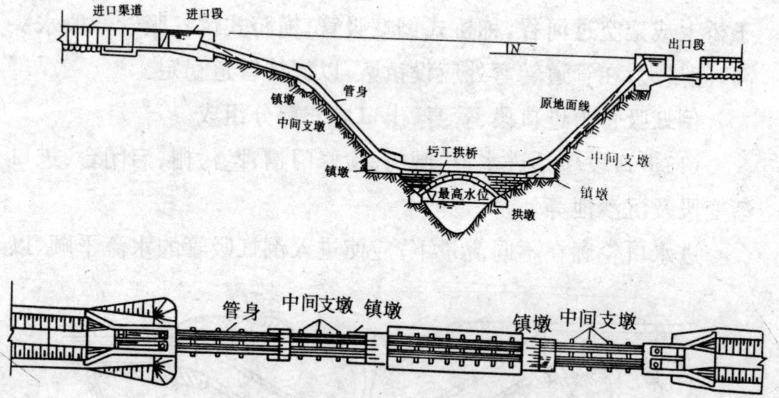

图 1—13　横跨河谷倒虹吸管

减少水头损失。大型倒虹吸管的进口常作成圆弧曲线，沿上下方向向外扩大，左右方向也扩大成喇叭形；有的则仅在上方及左右方向扩大，左右段与管身间用弯道连接。小型倒虹吸管，为便于施工，也可将管身直接插入进水口的挡水墙内，不用弯管与进水口连接，不过水流条件较差。

倒虹吸管进口常设闸门，以便进行管身的清淤、检修工作。双管和多管倒虹吸管设置闸门，除上述作用外，小流量时，可只利用部分管路过水，以增加管内流速，防止泥沙在管中淤积。不设闸门的倒虹吸管，可在进口侧墙预留闸门槽，检修时应插板挡水。

拦污栅位于进水口前，以挡飘浮杂物或避免人畜落入渠道时被吸入倒虹吸管内。

应特别指出的是，当进口处设置闸门或拦污栅时，则应有专人管理，以防关闸或拦污栅被堵塞时，上游渠水漫溢。

在倒虹吸管进水口前应设渐变段与渠道平顺连接，以减少水头损失。渐变段可为扭曲面或八字形翼墙等型式，其底宽可以变化或不变。

进水口的沉沙池，应根据整个渠道规划和渠水含沙量而定。

(2)出口段基本上与进口段相同，可设或不设闸门，根据具体情况而定。多管倒虹吸管一般在出口段上留有检修门槽，以便部分管道工作和检修。

倒虹吸管出口与渠道之间常设渐变段，其长度比进口渐变段长，形式与进口渐变段相同。出口渐变段底部常设有消力池，以调整出口水流的流速分布，使水流平顺均匀地流入下游渠道。

(3)管身可以是单管或多管相联，可以是现场浇筑或预制安装。管身断面一般为矩形和圆形两种。现场浇筑管身多采用矩形断面，以便于施工；预制安装管多采用圆形管，其下部的基础可在现场做好后，再铺管道。

在管路的变坡和转弯处设有镇墩，起连接和固定两侧管道的作用。

为了保证倒虹吸管管内不被泥沙淤积，在管段上设置有放水孔，以便冲洗管内淤沙和放空管内积水进行检修。放水孔的底部高程一般与河道枯水位齐平。

(四)涵洞

在渠道系统中，当渠道、溪谷、交通道路等相互交叉时，在填方渠道或交通道路下设置的输送渠水或排泄溪谷水的建筑物称为涵洞。涵洞的构造较简单，大型的涵洞多采用混凝土或钢筋混凝土制造，亦可用预制涵管。一般为就地取材，多采用浆砌块石或砖砌或干砌卵石等。国外常用皱纹钢管，施工较方便。

1.涵洞的类型

涵洞按用途分为如下三种：

(1)穿越填方渠道的公路涵洞，如图1-14。洞身的尺寸均应根据交通要求而确定，宜采用方形或上部为拱形的断面，多为钢筋混凝土结构。洞身主要荷载是上部的土重和水重。

(2)穿越公路下面的过水涵洞，如图1-15。洞身尺寸应根据过水要求确定。为减小断面和防止泥沙淤积，洞中流速可大于渠道中

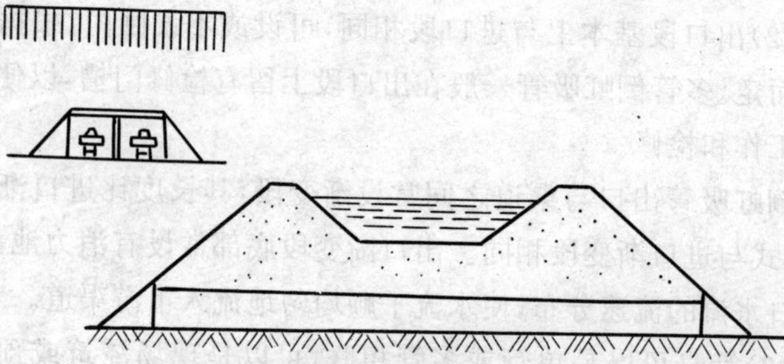

图 1-14　填方渠道下面的公路涵洞

流速。为使出洞水流不致冲刷下游渠道，也可在出口处设立消力坎。上下游水面落差不应过大，如抬高上游水位，会增加进口部分的造价，而降低下游水位，又会影响自流灌溉。洞中水流一般为无压流，有的是有压流，但应尽量避免时而有压时而无压的情况，以免造成水流不稳定状态。洞身荷载除上部土重外，有压洞还有内部水压力。

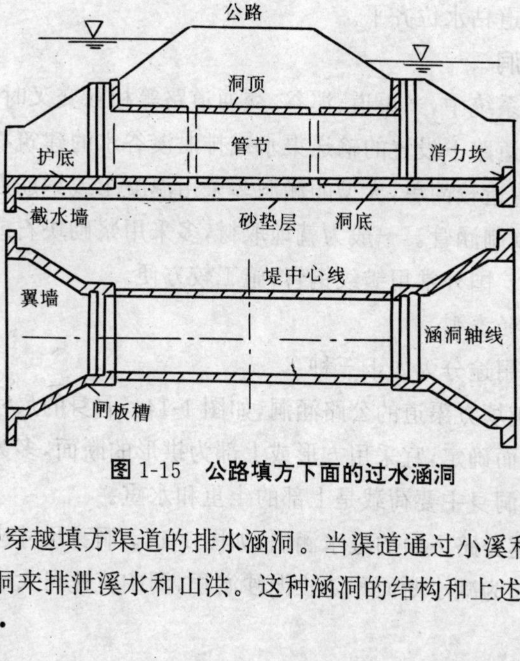

图 1-15　公路填方下面的过水涵洞

(3)穿越填方渠道的排水涵洞。当渠道通过小溪和山谷时，可利用涵洞来排泄溪水和山洪。这种涵洞的结构和上述相似。但由于过洞水量无法控制，水流状态可以是无压或有压，故在设计时这两种情况均应考虑在内。

涵洞的轴线一般与填方轴线正交，以减少洞长。若为了使渠道水流通畅或交通方便，也可以设计为斜交。

2.涵洞的组成

涵洞由洞口和洞身组成。

(1)洞口是用来和填土边坡相接，同时也起引导水流的作用。上下游洞口基本形式相同，只是上游洞口应做护底，下游洞口应有消能设施，以防冲刷，见图 1-15 所示。

洞口的型式可采用扭曲面、八字形翼墙和廊道式翼墙等。扭曲面能使水流进洞平顺，但施工较复杂；八字形翼墙，在平面上的扩散角度可采用 30～40°，做成直线形或流线形，墙的高度随填土边坡而变化；廊道式翼墙由两侧高度不变的翼墙组成，其端部做成圆弧形，适用于有压涵洞。

(2)洞身因用途、工作特点及建筑材料不同，其断面型式有以下几种：①圆形涵洞。多用于压力涵洞。②箱形涵洞。多为四面封闭的钢筋混凝土结构，静力工作条件较好，适应地基不均匀沉陷性能强，适用于无压和低压涵洞。如泄流量较大，可采用双孔或多孔。如图 1-16 所示。③盖板式涵洞。为矩形或正方形断面，由两侧边墙、底板和盖板组成。侧墙及底板多用浆砌石或混凝土做成，盖板多为钢筋混凝土结构，简支在侧墙上。当洞顶铅直荷载或跨度均较小的无压洞地基较好时，其底板结构可为分离式，如图 1-17；当地基较差，跨度较大的情况可采用整体式底板结构，如图 1-18 所示。④拱形涵洞。由拱圈、侧墙(拱座)及底板组成。因受力条件较好，适用于填土高度及跨度较大的无压涵洞。常用的拱圈有平拱(图 1-19)、半圆拱(图 1-20)。平拱拱圈受力条件好，需材料较少，但拱脚产生较大的水平推力，要求侧墙较厚。半圆拱的水平推力小，但拱圈受力条件不如平拱优越。

(五)桥梁

沟通渠道两岸交通的建筑物。一般分为人行桥、机耕桥、公路桥和铁路桥,也有利用水工建筑物工作桥作交通桥的。

渠道上的桥梁,其荷载等级一般均低于公路桥标准,按荷载等级分类有:

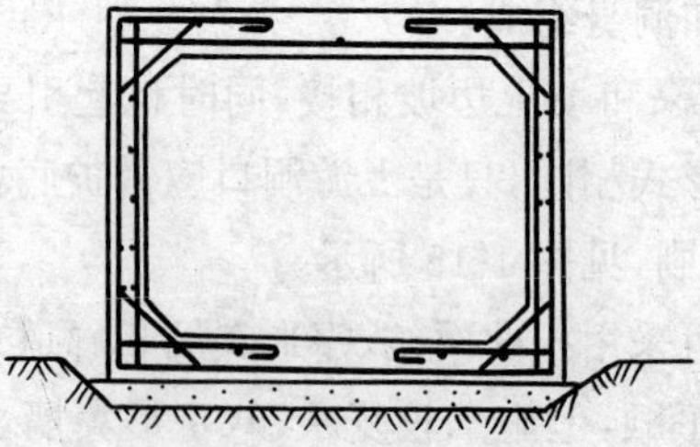

图 1-16　箱形涵洞

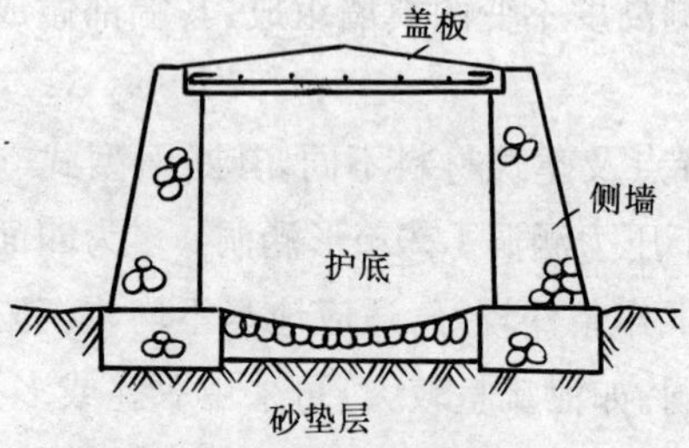

图 1-17　分离式盖板涵洞

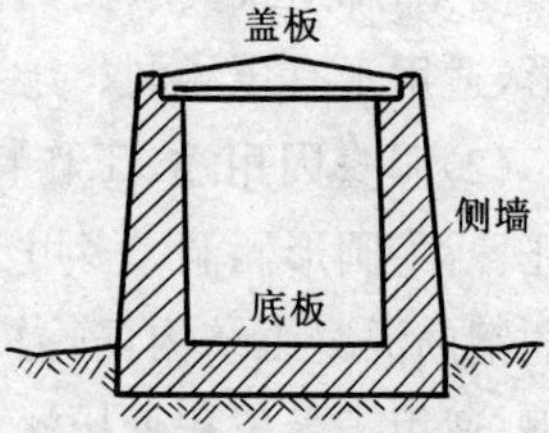

图 1-18　整体盖板涵洞

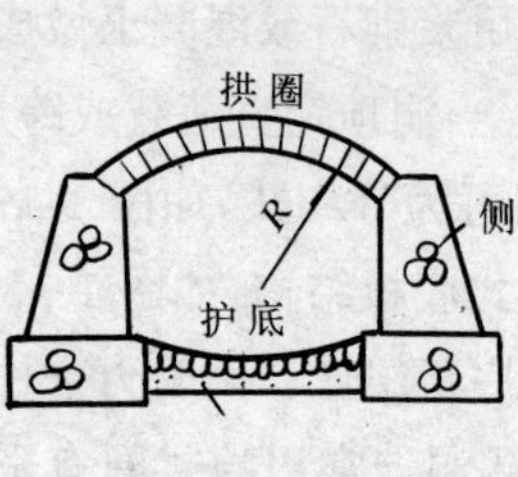

图 1-19　平拱形涵洞

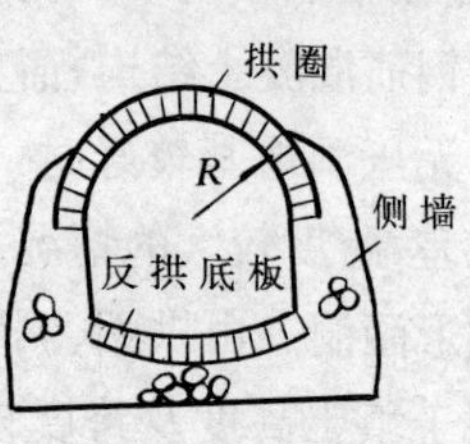

图 1-20　半圆拱形涵洞

(1)生产桥。供人行及牛马车、手扶拖拉机等行驶的桥梁,桥面宽一般为 2～2.5m。

(2)机耕桥。机耕道路上供拖拉机行驶的桥梁，桥面净宽一般为 3.5～4.0m。

(3)低标准公路桥。一般为县乡或县与县之间的公路桥梁，桥面净宽一般为 4.5m。

(4)标准公路桥梁。必须严格按公路等级桥梁规范的规定加以确定。桥梁和渡槽在结构型式和受力方面有共同的特点，此处不再介绍。

三、落差建筑物

在渠道落差集中处修建的连接上下游水流的渠系建筑物，又称连接建筑物。落差建筑物常用于下列情况：①渠道通过高差较大或坡度较陡地段时，为保证渠道的设计纵坡，避免深挖或高填方，将渠底高程的落差适当集中，并设置此建筑物用以连接上下游渠道；②在干支渠分水处，如二者高差较大时，可用以作为两级渠道的连接建筑物；③与水闸、溢流堰结合，作为渠道上排洪、退水、泄水的建筑物。常用的落差建筑物主要有陡坡和跌水两种类型。

1. 跌水

跌水是使上游渠道水流自由跌落到下游渠道的落差建筑物，多用于落差集中处。根据落差大小，跌水分为单级和多级两种。

单级跌水。一般用于落差不超过 5m 的情况。通常由进口连接段、控制缺口(跌水口)、跌水墙、消力池及出口连接段等部分组成(如图 1-21)。进口连接段是上游渠道与控制缺口间的连接部分，常见型式有扭曲面、八字墙等。控制缺口(跌水口)的作用是控制上游渠道的水位和下泄流量，常见的断面型式有矩形、梯形等。梯形缺口能有效地防止和减弱上游渠道水流的壅水、降水现象，较之矩形缺口优越，在实际工程中广泛采用。跌水墙有竖直式及倾斜式两种，其作用是支撑墙后填土。消力池设于跌水墙下游，其作用是使跌水射出的水流在池内消能后转为缓流，再流向下游。其平面布置有扩散与不扩散两种型式，横断面有矩形、梯形和复合断面形。出口连接段的作用是调整出池水流，使其平稳地流入下游渠道，其长度略比进口段长。

多级跌水。落差大于 5m 时，采用多级跌水较为经济合理。其分级数目和各级落差大小，可根据地形、地质、工程量、建筑材料、施工条件及管理运用等综合比较确定。多级跌水的典型型式是，各级首尾衔接，并采用相同的跌差与布置（如图 1-22）。

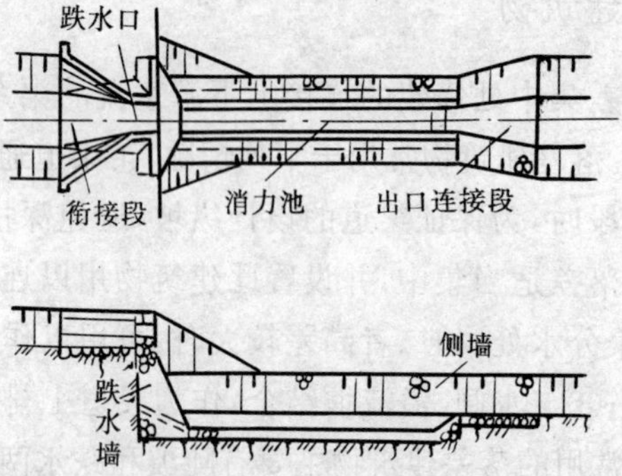

图 1-21　**单级跌水**

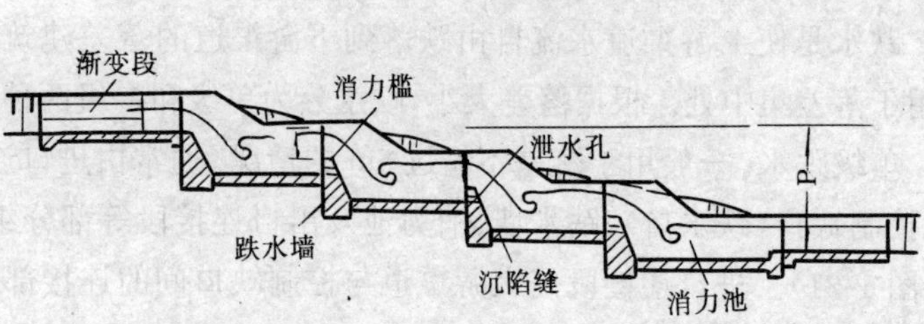

图 1-22　**多级跌水**

2.陡坡

陡坡是使上游渠道水流沿陡槽下泄到下游渠道的落差建筑物。根据地形、地质等条件和落差大小，陡坡可做成单级或多级的。

主要用砖、石或混凝土建造。

单级陡坡通常由进口连接段、控制缺口、陡坡段(陡槽)、消力池及出口连接段等部分组成(如图 1-23)。陡坡段的底坡一般均大于临界坡,常用底坡为 1∶3～1∶10。落差不大时,多采用底部等宽或逐渐扩宽的矩形或梯形断面;落差较大时,可在进口段后设置一段收缩渐变段。

多级陡坡在落差很大时采用。其典型布置是,上一级消力池末端出口即为下一级的入口,有时在中间设置一定长度的整流段,使水流平稳,消能充分。

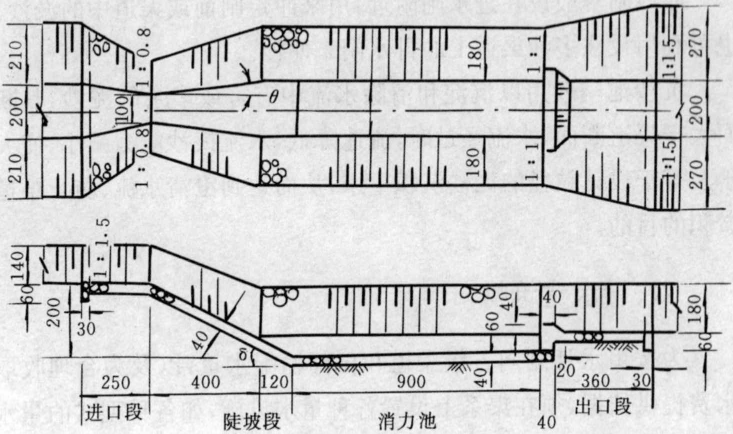

图 1-23　扩散形陡坡　(单位:cm)

四、泄水建筑物

为防止渠道水流超过允许最高水位,酿成决堤事故,保护危险渠段及重要建筑物的安全,或为放空渠水以进行渠道和建筑物维修等目的所修建的建筑物称为泄水建筑物。泄水建筑物分两类,一是放空渠水或将入渠山洪排出的泄水建筑物,如溢流堰、泄水闸、虹吸泄洪道等;二是将山洪自渠道下部或上部泄走的泄水建筑物,如渠下泄洪涵洞、倒虹吸管、渠上排洪渡槽等。

在主要渠系建筑物上游或主要渠道上每隔一定距离应设置泄水闸，水闸要设在有排水出路的地段，用于宣泄多余的水量。为便于泄洪或出现险情时，可利用泄水闸将渠道水放空，以保证建筑物和渠道的安全。还可根据具体情况在泄水闸下游渠道上设节制闸。

五、冲沙和沉沙建筑物

为防止和减少渠道淤积而在渠道或渠系中设置的冲沙和沉沙设施，如冲沙闸、沉沙池等。

冲沙闸一般设在进水闸附近，用来冲走闸前或渠道中的淤沙。也可利用设在多沙渠道上的排水闸来冲沙。

沉沙池一般用以沉淀和清除水流中有害或多余的泥沙，其断面大于渠道断面，水流经过时，流速降低，水流挟沙能力减小，使大于及等于设计粒径的泥沙沉积下来，从而达到澄清水流、防止渠道淤积的目的。

六、量水建筑物

为按用水计划向各级渠道和田间输配水量，以及为合理收取水费提供依据，须在渠系上设置各种量水设施，如各种型式的量水堰、量水槽及量水管嘴等。渠道上符合量水条件且能达到量水要求的其他建筑物，如水闸、涵洞、渡槽、陡坡、跌水等也可用来量水。

第四节　闸门与启闭机

一、闸门的类型与结构

闸门是用来关闭和开启水工建筑物进水孔的结构物。按需要全部或局部开放这些孔口，可以调节上下游水位，泄放流量，放运船只、木排、竹筏，排除沉沙、冰块以及其他飘浮物。

闸门的种类很多，按其工作性质可分为工作闸门、事故闸门和检修闸门；按其孔口位置，可分为露顶式闸门和潜孔闸门；按其所用材料，可分为钢闸门、木闸门、钢筋混凝土闸门、钢丝网水泥闸门和铸铁闸门等；按其结构特点，可分为平面闸门、弧形闸门、人字闸门、扇形闸门、圆辊闸门和圆筒闸门等。闸门通常由活动部分和固定部分组成。由于闸门门型较多，这里着重介绍常见的平面闸门和弧形闸门。

(一)平面闸门

平面闸门由活动的门叶结构和门槽的埋设构件两部分组成。

1. 门叶结构

闸门的门叶结构是一种活动的挡水结构。门叶结构由面板、梁格、横向和纵向联结系、行走支承（滚轮或滑道）以及水封等部件组成，如图 1-24。

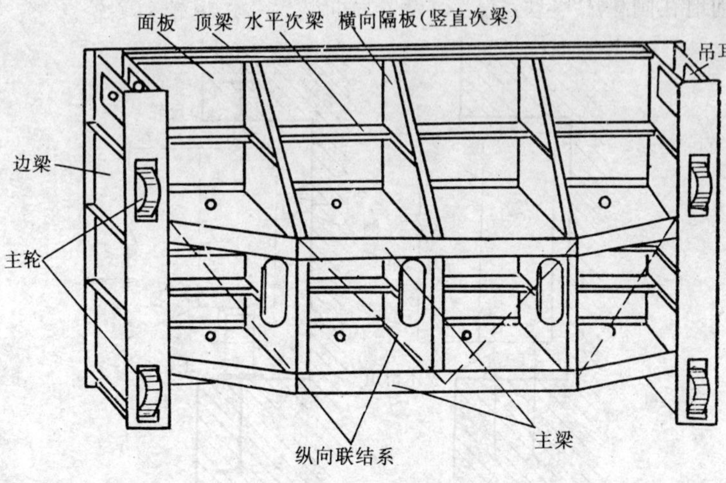

图 1-24　平面钢闸门门叶结构立体示意图

(1)面板。面板是用一定厚度的钢板焊接而成的，它用来直接挡水，通常设在闸门上游面。

(2)梁格。梁格用来支承面板，以缩小面板的跨度减小面板的厚度。梁格一般包括主梁、次梁(包括水平次梁、竖直次梁、顶梁和底梁)和边梁，共同支承着面板，并将面板传来的水压力依次通过次梁、主梁、边梁传给闸门的行走支承。

(3)空间联结系。有横向联结系和纵向联结系两种。横向联结系用来支承顶梁、底梁和水平次梁，并将所承受的力传给主梁。同时横向联结系保证着门叶结构在横向竖平面内的刚度，不使门顶和门底产生过大的变形。纵向联结系一般采用桁架结构或框架式结构，它支承在边梁上。其主要作用是承受门叶自重及其他可能产生的竖向荷载，并配合横向联结系保证整个门叶在空间的刚度。

(4)行走支承。是支承闸门，保证门叶结构能上下移动，并将面板所承受的水压力传给埋设在闸门墩中的轨道上的装置。主要有滑道式和滚轮式两种，如图 1-25 所示。为了使闸门在启闭时能顺利地在闸槽中移动，还必须设置导向装置——反轮和侧轮。

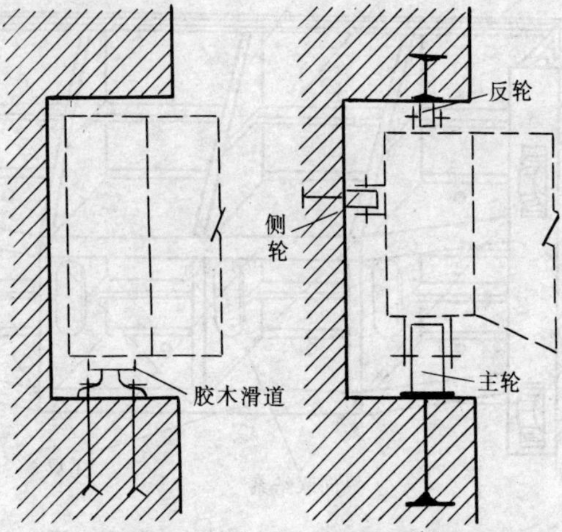

图 1-25　行走支承类型

(a)滑道式；(b)滚轮式

滑道式支承主要采用压合胶木通道，其特点是摩擦系数小，承压强度高。

滚轮式支承有定轮式和台车式两种类型，定轮式支承又有悬臂轴式定轮和简支轴式定轮，如图 1-26 所示。

(5)吊耳。是用来连接启闭闸门的牵引机构，由吊耳轴和吊耳座板组成。吊耳一般设在闸门顶部。

(6)止水装置。为了防止闸门周边漏水。在门叶结构与孔口周围之间的所有缝隙里需要设置止水(也称水封)。止水材料主要是橡皮，常用的有条型橡皮、P 型橡皮和直角形橡皮。

2. 平面闸门的埋设构件

平面闸门的埋设构件主要有：主轨，即主轮或主滑块的轨道；侧轨、反轨，即侧轮和反轮的轨道；止水埋设部件；门槽护角护面，

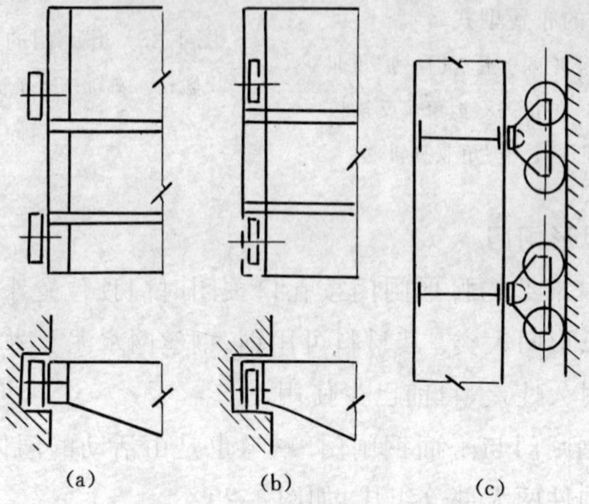

图 1-26　滚轮式支承类型

(a)、(b)定轮式；(c)台车式

其作用是保护混凝土不受漂浮物撞击、泥沙磨损和空蚀剥落。门槽护角常兼作侧轨或侧止水的埋件。在严寒地区的闸门，为防止门槽冻结，还需埋设加热器部件或压缩空气管路，如图 1-27。升卧式闸

门的轨道除了主轨和反轨外还有弧轨和斜轨，如图 1-28 所示

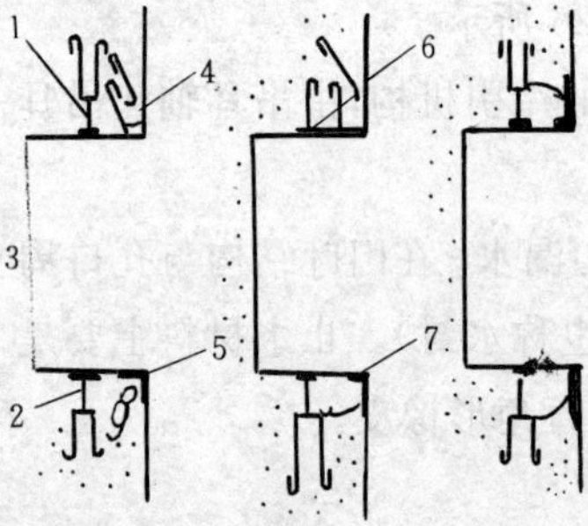

图 1-27　平面闸门埋设部件的布置型式

1—反轨；2—侧轨；3—主轨；4—护角兼侧止水埋件；5—护角；6—护角兼反轨和侧止水埋件；7—护角兼侧轨

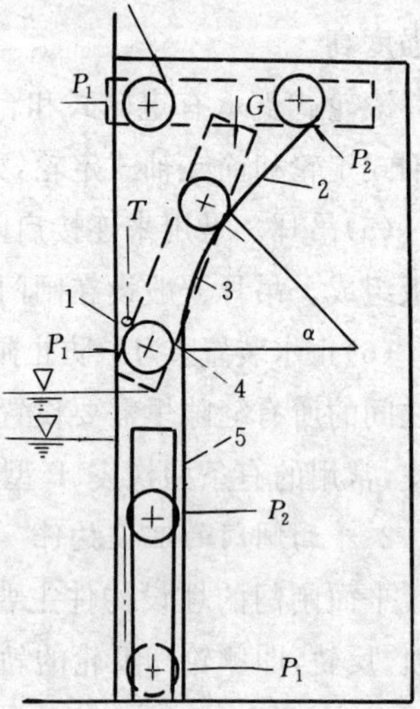

图 1-28　升卧门的轨道布置

1—反轨；2—斜轨；3—弧轨；4—起弧点；5—主轨

(二)弧形闸门

水闸中常见的弧形闸门按孔口关闭时门顶位置来分类，有露顶和潜孔弧形两大类。其材料可用钢、钢丝网水泥及木料等。木制弧形闸门耐久性差，目前已少使用。

弧形钢闸门与平面钢闸门一样，也是由活动的门体结构和闸室的埋设构件两大部分组成，如图 1-29。

弧形闸门的活动部分由弧形面板、主梁、次梁、竖向联结系、起重桁架、支臂和支铰组成。支臂有直支臂和斜支臂两种。支臂末端支承在闸墩的铰座上，闸门启闭时，绕支铰旋转。通常情况下，铰轴中心布置在弧形面板的圆心处，故作用在面板上的全部水压力通过铰轴中心。开启闸门时只需克服闸门自重以及止水和铰轴的

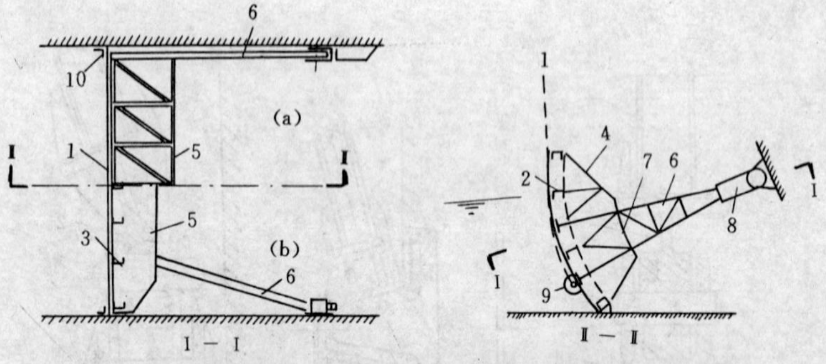

图 1-29　露顶式弧形闸门组成示意图

(a)直支臂桁架式横梁；(b)斜支臂实腹式横梁

1—面板；2—水平次梁或小横梁；3—竖直次梁或小纵梁；4—竖向桁架或纵架；5—大横梁；6—支臂；7—门背联结系或起重桁架；8—铰链铰座；9—吊头；10—止水装置

摩擦阻力对轴心的阻力矩。弧形闸门与平面闸门相比，启闭省力，运转可靠，且泄流条件好，因此，应用得比较广泛。

1. 挡水面板

弧门的挡水面板一般为圆弧形，弧面半径 R 通常采用(1.1～1.5)H，H 为闸门高度。

2. 支铰

弧门支铰位置一般高出下游校核洪水位 0.5m 左右，约在门高的 3/4 处，以免水流或漂浮物冲击，或因过于靠近水面而使支铰冻结或被泥沙阻塞。支铰的作用是将闸门所受的水压力和部分门重传递给闸墩，保证闸门启闭时能绕水平轴转动。支铰的质量对启闭安全极为重要。支铰是由铰轴、活动铰链和固定铰座等主要部件组成。支铰按照支承轴的型式不同，通常有圆柱铰、圆锥铰和双圆锥铰三种。如图 1-30。

3. 止水

和平面闸门一样，弧门的止水也是门叶与闸孔周界的间隙密封不漏水。由于弧门通常只承受一面水头，一般只布置单向止水。

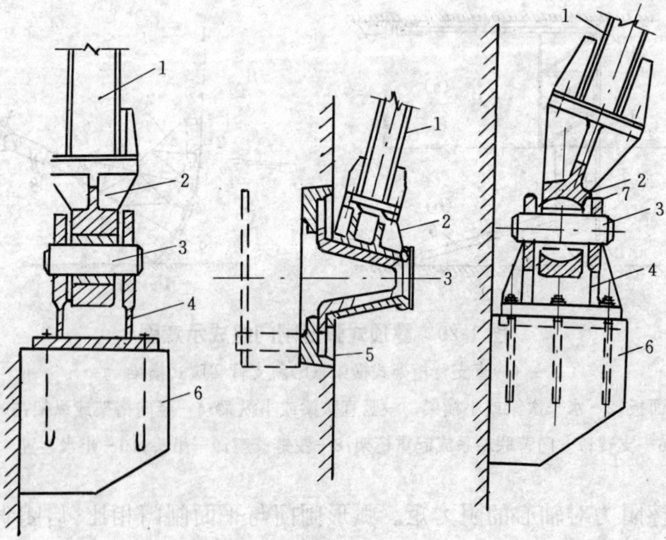

图 1-30 支承铰的型式

(a)圆柱铰;(b)圆锥铰;(c)双圆柱铰

1—支臂;2—铰链;3—轴;4—铰座;5—支承环;6—牛腿;7—圆柱形衬套

露顶弧形闸门有底止水、侧止水,一般底止水采用条型橡皮,侧止水采用P型橡皮或直角形橡皮。潜孔弧形门顶部也还设有顶止水,一般采用P型橡皮。

二、启闭机的类型与结构

启闭机是专门用于启闭闸门的起重机械。它是按照运行条件控制闸门的活动部分,以达到开启或封闭孔口的目的。启闭机的类型较多,也有很多的分类方法。灌排工程中常用的启闭机有螺杆式启闭机、卷扬式启闭机和液压式启闭机等。

(一)螺杆式启闭机

螺杆式启闭机在小型工程上用得十分广泛,具有结构简单耐用、价格低廉的优点。图 1-31 所示为小型螺杆式启闭机的外形。螺杆的下端与闸门顶部的吊耳铰接，上端支承在承重螺母内，通过形齿轮或蜗轮蜗杆等减速机构的传动而转动承重螺母，从而升降螺杆和闸门。当水压力较大，闸门自动不足以使闸门关闭到底时，可通过螺杆对闸门施加压力。当螺杆长度较大(例如超过 3m)时，为防止螺杆受压力过大而破坏(失稳)，可在胸墙上每隔一定距离设置支撑套环，螺杆式启闭机启闭力从 3～200kN，大吨位的螺杆式启闭机的启闭力可达到 750kN。螺杆启闭机主要技术数据列于表 1-3。

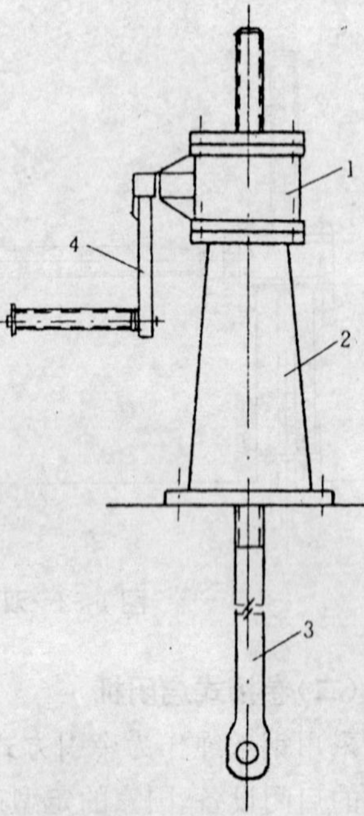

图 1-31 螺杆式启闭机

1—齿轮箱；2—支座；3—螺杆；4—手摇把

螺杆式启闭机有单吊点和双吊点两种。两台单吊点启闭机，中间用传动轴联接起来，即组成双吊点螺杆式启闭机，其驱动电动机装在其中的任意一台上，如图 1-32 所示。

表 1-3 螺杆式启闭机主要技术数据

启闭力(kN)	20	30	50	75	100	2×75～2×100	750/400
启闭速度(m/min)	0.0065	0.004	0.018	0.015	0.0331 0.25	0.051 0.125	0.75
驱动方式	手摇	手摇	手摇	手摇	手摇/电动	手摇/电动	电动
减速传动比	14/28	13/29	14/28	14/56	i手=10.5 i电=52.8	i手=14 i电=70.5	i=29.67
螺杆外径/内径(mm)	54/41	60/51	60/51	70/59	70/59	80/69	
启闭机自重(t)	0.177	0.231	0.321	0.479	0.496	1.415	16.58

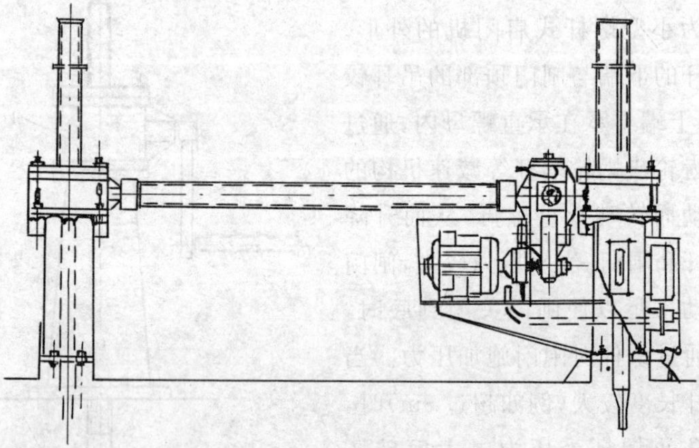

图 1-32　双吊点螺杆式启闭机

（二）卷扬式启闭机

采用钢丝绳作为牵引方式的卷扬式启闭机，是目前用得最为广泛的启闭设备。国家的定型产品设计有两大类，即供平面闸门使用的卷扬式平面闸门启闭机（简称 QPQ 型）及供弧形闸门使用的卷扬式弧形闸门启闭机。卷扬式启闭机用于闭门时不需施加压力的（即依靠自重关闭）要求在短时间内全部开启的闸门，一般要求每孔闸门布置一台启闭机。起门高度一般高出水面 1～2m。卷扬式启闭机结构构造如图 1-33 所示。电动机通过封闭式减速箱和开放式减速齿轮，带动装在轴承座上的绳鼓，从而使缠在绳鼓上的钢丝绳可收紧或放松以升降闸门。为了使闸门能支持在不同的开度位置上，在电动机的转动轴上设有制动器。对起重量不大的启闭机，还附设有手摇装置。所有这些部件，统一安装在机架上。除这些主要部件外，一般启闭机上还装有行程指示器、限位开关、超负荷断电器等。

双吊点垂直吊平面闸门卷扬式启闭机，目前最大启闭能力可达 2×5000kN，如图 1-34。

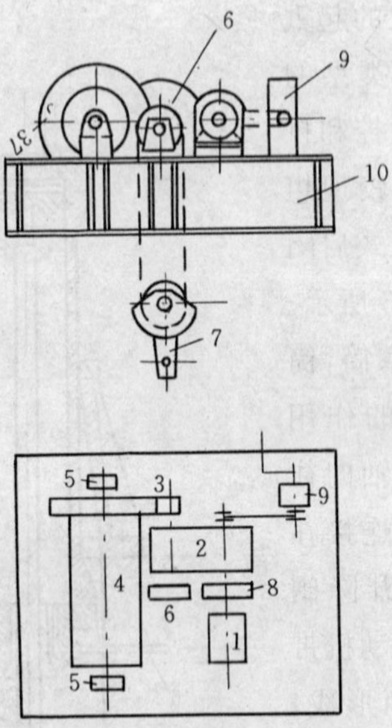

图 1-33 卷扬式启闭机

1—电动机;2—减速箱;3—减速齿轮;4—绳鼓;5—轴承座;6—定滑轮;7—动滑轮;8—制动器;9—手摇装置;10—机架

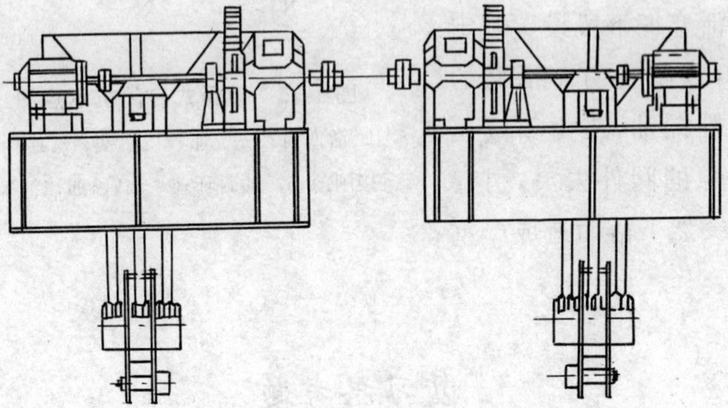

图 1-34 垂直起吊平板闸门卷扬启闭机

(三)液压式启闭机

液压式启闭机由于机械部件简单,所占空间较小,利用较小的动力便能获得较大的起重能力，同时较其他类型的启闭机更能适应遥控和自动化，因此是一种较理想的启闭设备。液压式启闭机的构造如图 1-35 所示。主机体是一个活塞筒，筒内的活塞在液压的作用下，可以沿筒壁作轴向往复运行，从而带动连接在活塞上的连杆以升降闸门。液压一般以电动机带动油泵（或水泵）而形成，并沿输油（水）管道传到活塞筒内，为了确保闸门运行的安全，必须在闸门或活动活塞杆下段设置锁定装置，以防止由于活塞的密封圈漏油，或由于液压构件中的阀件失灵，引起闸门突然下落而造成严重事故。

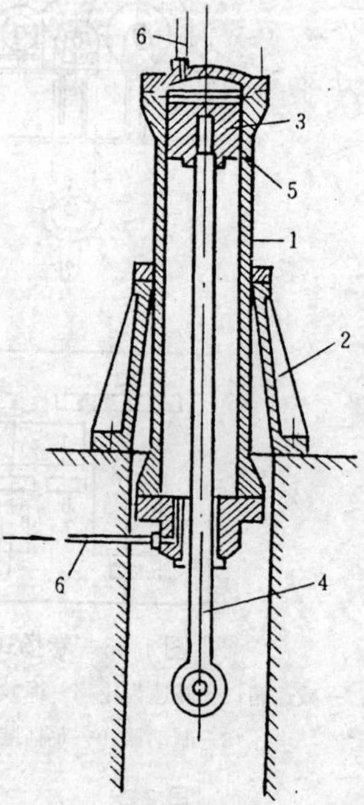

图 1-35　液压式启闭机示意图

1—活塞筒；2—支座；3—活塞；4—连杆；接闸门；5—油封环；6—油管；通往油泵

复习思考题

1. 灌溉、排水系统由哪些部分组成？

2. 渠道有哪些类型和断面型式？

3. 渠道的过水能力有哪些标准，其含义是什么？

4.渠系建筑物主要有哪几种类型?各类建筑物的结构、用途是什么?

5.什么是闸门? 它在水闸中有哪些作用?

6.平面闸门由哪些部分组成?

7.滚轮式行走支承有哪几种类型?

8.止水装置有何作用?

9.常用止水橡皮有哪几种型式?各用于闸门的哪个部位止水?

10.什么是吊耳?

11.平面闸门的埋设构件有哪些?

12.弧形闸门有哪几部分组成? 支铰有哪几种型式?

13.启闭机的作用是什么?

14.常用的启闭机有哪些类型?

第二章　渠道维修简易测量

第一节　常用测量仪器使用方法

一、水准仪的使用方法

水准仪的使用分为仪器安置、粗略整平、瞄准目标、精确整平、读数五个步骤。

1. 仪器安置

在欲测的前视点和后视点的垂直平分线附近，张开三脚架使其高度适中，架头大致水平。然后打开仪器箱，手持水准仪的基座将其取出，用中心螺旋把仪器连接在三脚架上。当地面倾斜较大时，通常将三脚架的一个脚安置在倾斜方向上，将另两个脚安置在与倾斜方向垂直的方向上，这样既便于安置，又比较稳固。

2. 粗略整平

粗平是借助于旋转脚螺旋，使圆水准器的气泡居中，视准轴大致水平。

如图 2-1(a)所示，圆水准器气泡未居中，说明仪器还未粗平。先用左右两手分别同时旋转两个脚螺旋，两脚螺旋转动的方向应是相对的，而气泡移动的方向与左手大拇指旋转时的移动方向相同。当气泡的位置移动到如图 2-1(b)的位置时，再转动第三个脚螺旋，使气泡居中。

3. 瞄准目标

瞄准就是借助于望远镜上的瞄准器，对准地面上竖立的水准尺。在瞄准前，先将望远镜对向白色目标，转动目镜对光螺旋使

“十”字丝清晰，再用望远镜准星瞄准水准尺，然后从望远镜中观察，转动物镜对光螺旋进行对光，使目标清晰。

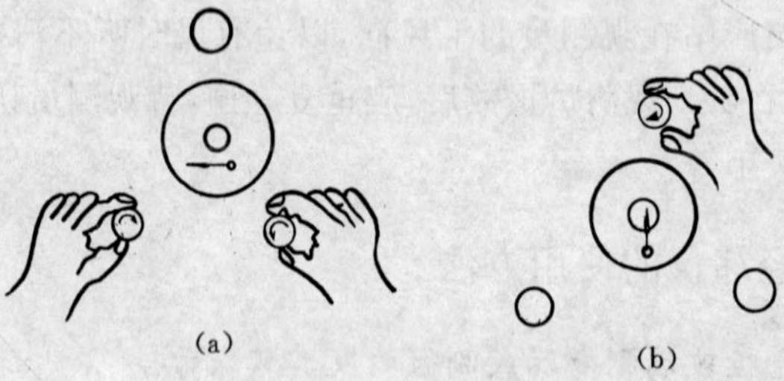

图 2-1

当瞄准目标后，眼睛在目镜端上下作少量移动，发现十字丝和目标影像有相对运动时，说明存在视差。产生这种视差现象的原因是目标影像与十字丝分划板不重合。视差将影响读数的准确性，因此，必须消除。

消除视差的方法是反复、仔细地进行物镜和目镜的对光，直到眼睛在目镜端上下晃动时，十字丝的交点始终对准目标的同一部位时为止。

最后用微动螺旋转动望远镜，使十字丝的纵丝对准水准尺的中点稍偏一点，以便读数。

4. 精确整平

读数之前，须用微倾螺旋使水准管气泡居中，从而使望远镜视准轴精确水平。由于气泡的移动有惯性，因此，在旋动微倾螺旋时，必须注意只有当水准管气泡影像居中而又不动时，视准轴才是水平的。

5. 读数

望远镜视准轴精平后，即可根据十字丝横丝在水准尺上读数。为了保证读数的准确性且提高读数的速度，可以首先看好毫米的估读数，然后将全部读数准确报出。习惯上以毫米为单位，依次读出米、分米、厘米、毫米四位数。例如：2.356m 只读 2356；0.073m 则读 0073，这样可防止不必要的错误，对于观测和记录都有好处。

记录员应站在观测员的下风向，以免有风时听不清或误听读数。记录员在听到观测员报数后，应重复一遍，待观测员认可后，方能记入记录手簿。

二、经纬仪的使用方法

1. 单平板玻璃测微器或测微轮及其读数方法

采用单平板玻璃测微器进行读数的光学经纬仪有北京光学仪器厂生产的 DJ6-1 型，瑞士生产的威尔特 T1 型等。

单平板玻璃测微器主要由平板玻璃、测微尺、连接机构和测微轮组成。转动测微轮，可使平板玻璃和测微尺绕同一轴转动。读数时，打开反光镜，使光线进入光路，从读数显微镜内可看到如图 2-2 所示的单平板玻璃测微器读数窗的影像。下面窗格为水平度盘影像；中间窗格为竖直度盘影像；上面窗格为测微尺的影像。度盘分划为 0°～360°，每度分两格，每格 30′，测微轮分划尺为 0°～30′，每分又分三格，每格 20″（不足 20″的小数可估读）。图 2-2(a)

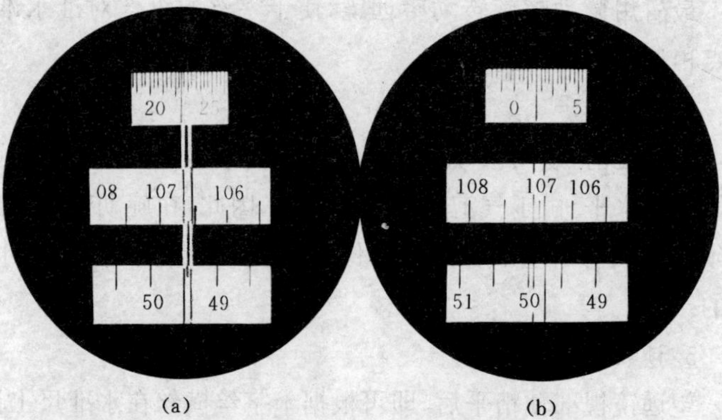

图 2-2 DJ6-1 型光学经纬仪度盘分划和指标线

和(b)分别为水平度盘和竖直度盘读数的示意图。

水平度盘的读数为：$49°30' + 22' 30'' = 49°52' 30''$；竖直度盘的读数为：$107°00' + 1' 40'' = 107°01' 40''$。

2.经纬仪的安置和瞄准

用经纬仪测角时，必须先将经纬仪安置在欲测角的顶点上。安置经纬仪包括对中、整平两项内容。

(1)对中。对中的目的是为了使仪器的中心与测站点(即欲测角的顶点)位于同一铅垂线上。光学经纬仪大都附有光学对中器，对中时可以采取以下步骤进行：

①将三脚架张开，架在测站点上，使其高度适中，架头大致水平。然后在连接螺旋上挂垂球，移动三脚架，使垂球尖端大致对准测站点；将三脚架的各架腿踩牢；在架头上安好经纬仪，旋紧连接螺旋。如果垂球尖偏离测站点较远，则需平移脚架，使垂球尖大致对准测站点，踩紧三脚架。如果垂球尖端偏离测站点较少，可稍旋松连接螺旋，两手扶住仪器基座，在架头上平移仪器，使垂球尖准确地对准测站点后，再将连接螺旋旋紧。

②取下垂球，旋转光学对中器的目镜对光螺旋，使测站点标志和光学对中器圆圈均可清晰可见，如果测站点标志和光学对中器圆圈中心未精确重合，可稍旋松三脚架头下的连接螺旋，微移架头上的经纬仪，使测站点标志居于光学对中器圆圈中央。用垂球对中时，对中误差可小于 3mm；光学对中器的对中误差一般可小于 1mm。

(2)整平。整平是为了使经纬仪的水平度盘处于水平位置，经纬仪的竖轴处于铅垂位置。整平其实是与对中交叉进行的。整平可以通过转动脚螺旋、脚踏三脚架腿或调节三脚架腿的长短使上盘水准管气泡居中来实现。

操作时，先转动照准部，使水准管与任意两个脚螺旋平行。两手同时向内或向外旋转两个脚螺旋，使水准管气泡居中。然后将照准部转动 90°，再旋转第三个脚螺旋，使水准管气泡在这个方向也居中，如此反复几次，直到水准管气泡位于任意位置都能居中并且测站点标志位于光学对中器圆圈中央为止。

(3)瞄准。经纬仪经过对中和整平后，便可瞄准目标进行角度观测。先松开望远镜制动螺旋和水平制动螺旋，将望远镜朝向天空，调节目镜使十字丝清晰。然后用望远镜上的照门和准星瞄准目标，如果从望远镜中能观察到目标，立即旋紧望远镜制动螺旋和水平制动螺旋，转动物镜对光螺旋，使望远镜十字丝纵丝对准目标的底部。

经过对中、整平、瞄准目标后，即可根据所用经纬仪的类型、级别，采用相应的读数方法进行观测读数。

第二节　简易水准测量

在渠道维修和管理中，经常会用到水准测量。如渠道清淤时，为计算淤沙方量而进行的渠道纵、横断面测量和渠底标高的测定；修复洪水冲毁渠段时，渠底和堤顶高程的测定；渠道运行若干年后，需校核渠道的实际过水能力时，渠道水面比降的测量；干渠上的分水洞口、支渠口需移位改建时，分水洞口、支渠口底部高程测定等均离不开水准测量。

一、水准测量的基本原理

水准测量是应用水准仪提供水平视线，配以水准尺来测定地面上各点间的高差，以计算地面上各点高程。它是一种比较精确的高程测量方法。

如图 2-3 所示，假设我们要测量地面上 A、B 两点的高差，分别在 A、B 两点上竖立水准尺，而把水准仪安置在 A、B 两点之间，将水准仪调平后，使望远镜瞄准 A 尺，假设其水平视线在 A 尺上

截取的读数为 a，转动望远镜再瞄准 B 尺，假设其水平视线在 B 尺上截取的读数为 b，则地面点 B 对于地面点 A 的高程差 h 为

$$h=a-b \tag{2-1}$$

如果地面点 A 是已知高程点，设高程为 H_A，那么 B 点的高程为

$$H_B=H_A+h \tag{2-2}$$

式(2-2)也可写成 $H_B=H_A+a-b$，式中 H_A+a 实际上就是望远镜水平视线的高程，我们把这个数值称为视线高，用 H_i 表示，所以 B 点的高程也可以利用视线高求得，即

$$H_B=H_i-b \tag{2-3}$$

当水准仪在一个测站上不移动时，它的视线高 H_i 始终不变，因此，可以利用它来测定和计算周围许多立尺点的高程。

在图 2-3 中，水准测量是由 A 点向 B 点方向前进的，因此，我们把 A 点称为后视点，读数 a 称为后视读数；B 点称为前视点，读数 b 称为前视读数，从式(2-1)可知，前视点 B 对于后视点 A 的高差，等于后视读数减去前视读数。

高差有时为正值，有时为负值。高差为正值，说明前视点高于后视点；高差为负值则说明前视点低于后视点。

图 2-3 中这种水准测量，最多只能测出地面上相距二三百米远的两点间的高差，如果需要测定高程的点距已知高程点很远，或者它们两点间的高差很大，就需要在两点间设立很多个立尺点和安置很多次仪器，也就是要把两点间分成若干段，逐段测出高差，象这样的水准测量称为连续水准测量。

如图 2-4 所示，在坡脚处的 A 点高程是已知的，设它的高程为 H_A，坡点 B 是我们需要测定的高程点，设它的高程为 H_B，测量时，可将 A、B 两点间划分成 AC、CD、DE、EB 四段。

先把水准仪安置在 A、C 之间，在 A、C 两点上竖立水准尺，后视 A 点，设读数为 a_1；前视 C 点，设读数为 b_1，则 C 点对于 A 点的

高差为

$$h_1 = a_1 - b_1$$

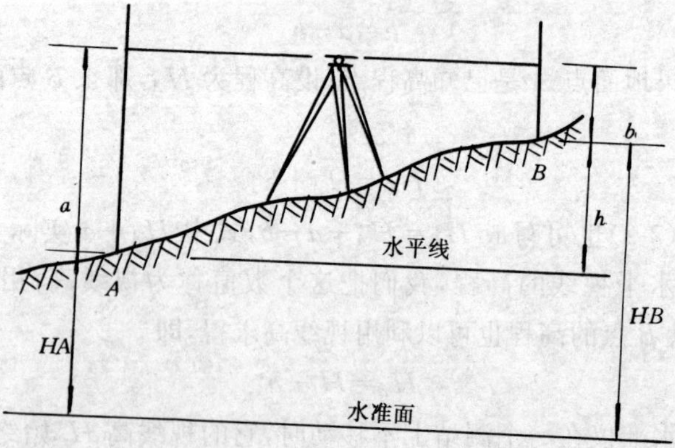

图 2-3

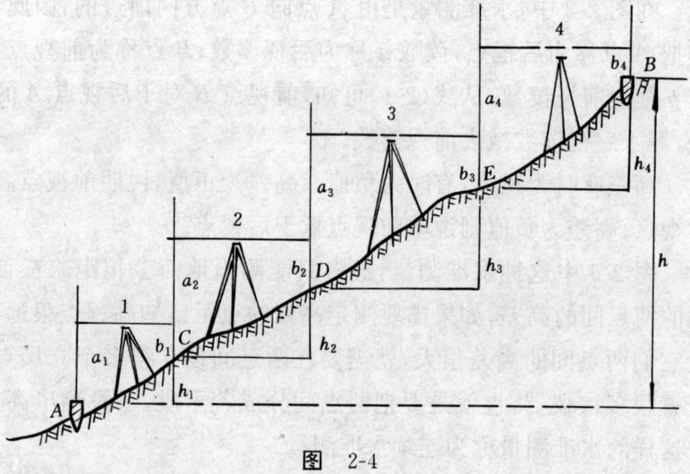

图 2-4

再把 A 点的水准尺移到 D 点竖立，把水准仪搬到 C、D 之间安置好，后视 C 点，设读数为 a_2；前视 D 点，设读数为 b_2，则 D 点对于 C 点的高差为

$$h_2 = a_2 - b_2$$

用同样方法可以测得 D、E 和 E、B 两点间的高差分别为

$$h_3=a_3-b_3$$

$$h_4=a_4-b_4$$

从图 2-4 可知，A、B 两点间的总高差 h 等于四段高差 h_1、h_2、h_3、h_4 的总和，即

$$\begin{aligned} h &= h_1+h_2+h_3+h_4 \\ &=(a_1-b_1)+(a_2-b_2)+(a_3-b_3)+(a_4-b_4) \\ &=(a_1+a_2+a_3+a_4)-(b_1+b_2+b_3+b_4) \\ &=\sum a-\sum b \end{aligned} \tag{2-4}$$

由式(2-4)可知，终点对于始点的总高差是各段高差的总和，也等于后视读数的总和减去前视读数的总和。

有了终点 B 对于始点 A 的总高差 h，即可算出 B 点的高程，即

$$H_B=H_A+h$$

从图 2-4 可清楚地看出，终点 B 的高程 H_B 是由始点 A 的已知高程 H_A 经过 C、D、E 三点依次传递的。在 C、D、E 三点上，都具有一个相同的特点，即在相邻的两个测站上，对它们之间竖立的水准尺都进行了读数，在前一站上对它读前视读数，在后一站上对它读后视读数。我们把 C、D、E 这样的点称为转点。转点通常用 TP 表示。始点和终点与转点比较，则有所不同，始点 A 上的水准尺只有一个后视读数，而终点 B 上的水准尺只有一个前视读数。

在连续水准测量过程中，如果由于工作疏忽，缺了一个转点读数，就会前后脱节，使终点 B 的高程无法求得。如果读错了一个转点读数依次传递下去，求得的 B 点高程必然是错误的。因此，在连续水准测量过程中，转点的读数是非常重要的，必须做到既不漏读又不错读。

二、渠道工程的高程控制测量方法

渠道工程的高程控制测量方法，可分为从已知水准点接测高

程和就地监测控制渠道工程高程两种水准测量方法。前者必须采用连续水准测量方法，后者一般不需采用连续水准测量方法。它们都属于普通水准测量的范畴。

（一）需要接引水准点高程的测量方法

1. 水准点

水准点是固定高程标志的简称，分为永久性水准点和临时性水准点两种。永久性水准点多数是由国家专业测绘队测设的。是推算高程的主要依据。如图 2-5 所示，图中(a)是永久性水准点，一般用石料或钢筋混凝土制成，深埋在地面冰冻线以下，顶部设置铜

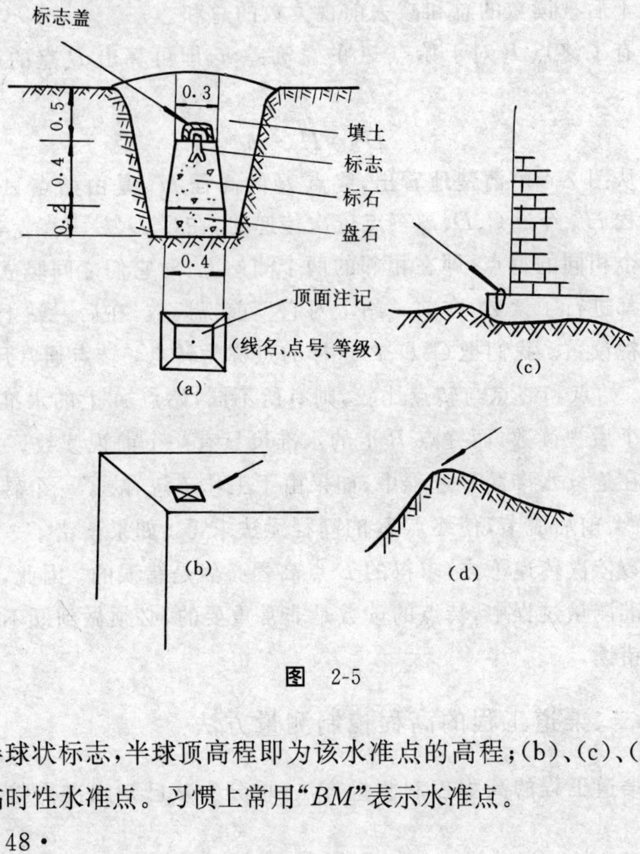

图 2-5

质半球状标志，半球顶高程即为该水准点的高程；(b)、(c)、(d)则为临时性水准点。习惯上常用“*BM*”表示水准点。

2. 水准路线

水准路线是水准测量进行的路线，应选择在地面坡度小，设站少和土质坚硬的地段，其布设形式有如下三种：

(1)附合水准路线。它是从一个高级水准点出发，经过若干个转点后，附合于另一高级水准点。如图 2-6 所示。

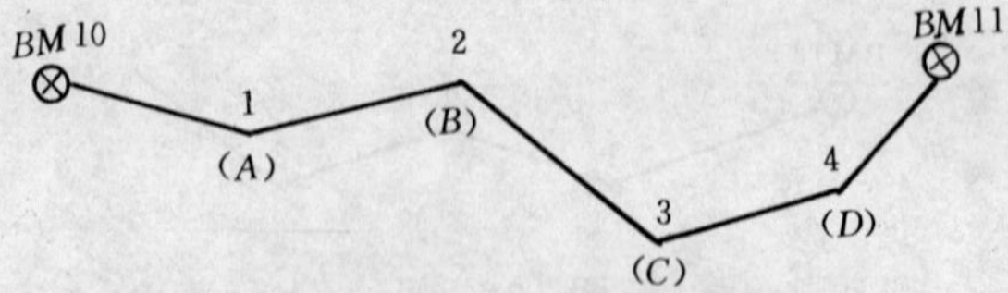

图 2-6

图中 BM10 为已知水准点，由它开始依次测出 1、2、3、4 各点的高程后，再由 4 点测到另一个已知水准点 BM11。

(2)闭合水准路线。它是从一个较高级的已知水准点出发，设置若干转点后，又回到这个水准点上结束。如图 2-7 所示。

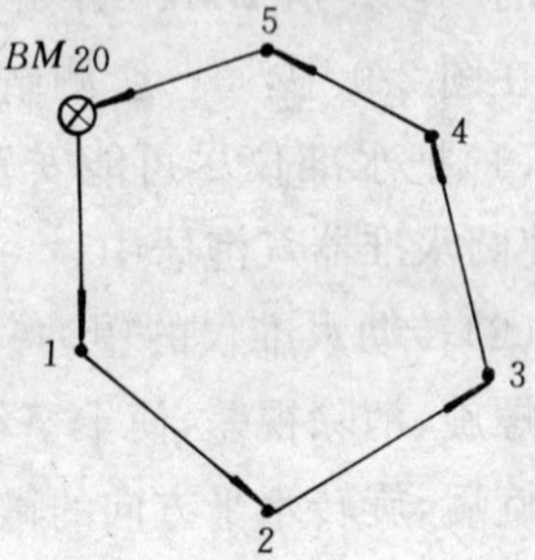

图 2-7

图中 BM20 为已知水准点，从该点出发，依次测出 1、2、3、4、5 各点高程后，又测回到 BM20 这个水准点上结束。

(3)支线水准路线。它是从一个较高级的已知水准点出发。测出若干个点的高程后，既不终止在另一个高级水准点上，又不回到原来这个高级水准点上结束，如图 2-8 所示。支线水准测量必须进行往返测量，用往测和返测的高差进行校核。

3. 接引水准点高程的水准测量方法

这种水准测量是从已知的水准点开始，到已知的水准点上结束。采用附合水准路线或闭合水准路线的形式时，路线长度一般不宜超过 10km；采用支线水准路线的形式时，路线长度一般不宜超过 4km。

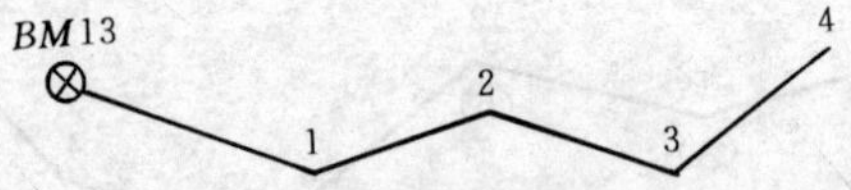

图 2-8

长距离的水准测量，实际上是水准测量基本工作方法的重复连续运用，如图 2-9，该图是附合水准路线图 2-6 中 $BM10 \sim BM11$ 全长的一段。从 $BM10$ 开始，到 A 点结束。

在图 2-9 中，每一个测站的工作程序是：

(1)把水准仪尽可能安置在前后两水准尺的中央，转动脚螺旋，使圆水准器气泡居中。

(2)转动水准仪的望远镜，照准后视水准尺，调节目镜和物镜对光螺旋，消除视差，使十字丝和水准尺的成像非常清楚。拧紧制动螺旋后，旋转水平方向的微动螺旋，使十字丝的纵丝平分水准尺的尺面。再旋转微倾螺旋，使水准管气泡严格居中。最后用十字丝的横丝读取后视水准尺读数，并记入手簿。

(3)转动望远镜照准前视尺，再旋转微倾螺旋，使水准气泡严格居中，用十字丝横丝读取前视水准尺读数，并记入手簿。

用同样的方法测定以下 4 站，即可测到终点 A。

在图 2-9 中，$BM10$ 是已知高程点，水准尺应直接立在 $BM10$ 高程标志上。A 点是这一测段的终点，为了以后再从 A 点向 $BM11$ 方向测量，A 点必须有一个明显的标志。除了这些起点、终点和有明显标志的测点不需要安放尺垫外，其余1、2、3、4等转点，都必须安放尺垫。安放尺垫时必须用脚踏牢。水准尺应立在尺垫的半球或圆柱上。

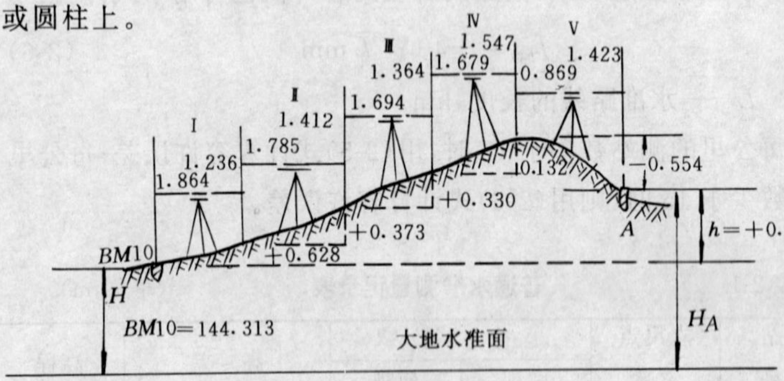

图 2-9

外业观测记录是测量的原始数据，必须记在规定的水准测量记录簿上，记录和计算必须用钢笔或铅笔书写，字体要清晰端正，不得涂改。表2-1是普通水准测量的记录格式，表中是应用图2-9中五个测站的观测值进行的高差计算和高程计算。

表2-1中的观测数据只是附合水准路线 $BM10$～$BM11$ 中的一段，由此计算而得的点 A 高程 H_A 为145.222m。此处 H_A 只能算是初算值，习惯上叫做初算高程。因为这种计算还没有进行误差分配，而测量误差一般来讲是不可避免的。

4. 普通水准测量的精度要求和高程计算

(1)精度要求。测量中观测值与真值之间总是存在误差的。根据工程要求的精度，其测量成果的误差，必须小于容许误差。如果测量成果的误差大于容许误差，就叫精度不符合要求，其测量成果就不能应用，应查明原因，若不是由于计算错误造成的，就应进行重测。

普通水准测量测一站的高差误差容许值为±8mm，如果测了 n 站，则容许误差为

$$f_{h容}=\pm 8\sqrt{n}\ \mathrm{mm} \tag{2-5}$$

在一般工程建设中，高差闭合差的容许值也可用下式计算：

$$f_{h容}=\pm 40\sqrt{L}\ \mathrm{mm} \tag{2-6}$$

式中　L——水准路线的长度，km。

每公里的测站数多于 15 时，用(2-5)式计算容许误差；每公里测站数少于 15 时，则用(2-6)式计算容许误差。

表 2-1　　**普通水准测量记录表**　　(单位：m)

测站编号	立尺点名称	读数		高差		高程
		后视	前视			
Ⅰ	*BM*10	1.864		0.628		144.313
	1		1.236			144.941
Ⅱ	1	1.785		0.373		
	2		1.412			145.314
Ⅲ	2	1.694		0.330		
	3		1.364			145.644
Ⅳ	3	1.679		0.132		
	4		1.547			145.776
Ⅴ	4	0.869			−0.554	
	A		1.423			145.222
检查计算		7.891	6.982	1.463	−0.554	
		+0.909		+0.909		

注　*BM*10 高程点高程为已知。

(2)高程计算。附合水准路线高差闭合差的计算公式

$$f_h=\sum h-(H_{终}-H_{始}) \tag{2-7}$$

式中　f_h——高差闭合差；

$\sum h$——各测站测得的高差总和；

$H_{终}$、$H_{始}$——终点水准点与起始点水准点的高程。

闭合水准路线高差闭合差的计算公式

$$f_h = \sum h \tag{2-8}$$

支线水准路线高差闭合差的计算公式

$$f_h = |\sum h_{终}| - |\sum h_{始}| \tag{2-9}$$

在式(2-9)中，$|\sum h_{终}|$和$|\sum h_{始}|$分别为往返测高差的绝对值。

当一条水准路线观测完毕后，测量记录和计算均校核无误时，应该首先计算出水准路线的高差闭合差。如果闭合差在容许值范围内，即可根据测站数或测点间的距离，进行高差闭合差的分配。最后计算出各个欲求点的高程。下面以附合水准路线为例来说明闭合差的计算、调整及各点高程计算的方法。

图 2-10 是由 $BM11$ 到 $BM4$ 的附合水准路线。$BM11$ 的已知高程为 144.313m，$BM4$ 的已知高程为 144.509m。全线共分四段进行观测，其中 A、B、C 是欲求的高程点。测量的结果分别注在图上，并填入表 2-2，其计算方法如下

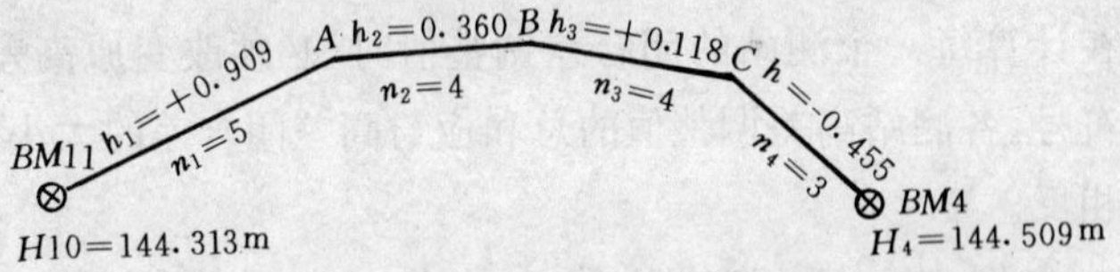

图 2-10

表 2-2 高差闭合差调整及高程计算表 （单位：m）

测点	测站数（个）	测得高差	改正数	改正后高差	高程	备注
$BM11$					144.313	（已知）
	5	+0.909	−0.005	+0.904		
A					145.217	
	4	−0.360	−0.004	−0.364		
B					144.853	
	4	+0.118	−0.004	+0.114		
C					144.967	
	3	−0.455	−0.003	−0.458		
$BM4$					144.509	（已知）
$\sum$	16	+0.212	−0.016	+0.196		

a:高差闭合差的计算

$$f_h=\sum h-(H_{终}-H_{始})$$
$$=0.212-(144.509-144.313)$$
$$=+0.016(m)$$

b:容许闭合差的计算

$$f_{h容}=\pm 8\sqrt{16}=\pm 32(mm)=\pm 0.032(m)$$

由于 $f_h<f_{h容}$,说明观测成果符合要求,可以进行高差闭合差调整。

c:高程计算

水准测量高差闭合差的大小与路线的长度及测站数有密切关系,路线越长,误差积累就越大,因此可以认为高差闭合差的大小与水准路线长度或测站数成正比,对高差闭合差的调整就是依据这种关系进行的。

$$每一个测站的闭合差调整值=-\frac{f_h}{n}=-\frac{16}{16}=-1(mm)$$

在计算每一个测站的闭合差调整值时,必须改变原高差闭合差的符号。各测站高差调整值的总和应与高差闭合差的大小相等,符号相反。

在本例中,水准路线的第一段有 5 个测站,高差应调整 $-5mm$,第二段有 4 个测站,高差应调整 $-4mm$,第三段和第四段的高差应分别调整 $-4mm$ 和 $-3mm$。

最后,根据 $BM11$ 的已知高程,计算 A、B、C 三点的高程,计算出的 $BM4$ 高程,应该与它的已知高程完全相同。

在实际工作中,如果测站数不多,高差闭合差的调整和欲求点的高程计算也可直接在观测记录表上进行,如表 2-3 所示,表中各测站的高差数值上的(+2)是高差调整值的毫米数。

$$f_h=\sum h=1134-1152=-18(mm)$$

$$f_{h容}=-8\sqrt{n}=\pm 24(mm)$$

由于 $f_h < f_{h容}$，观测成果符合精度要求，因此可以进行闭合差调整，每一测站的闭合差调整值 $= -\frac{f_h}{n} = -\frac{-18}{9} = +2(\text{mm})$。

表 2-3　　**普通水准测量记录表**　　（单位：mm）

测站编号	主尺点名称	水准尺读数		高差		高程(m)	备注
		后视	前视	+	−		
	*BM*10	1781				17.634	已知
1							
	*TP*1	1630	1517	(+2) 0264		17.900	
2							
	*TP*2	1290	1841		(+2) 0211	17.691	
3							
	*TP*3	1611	1787		(+2) 0497	17.196	
4							
	*TP*4	1844	1461	(+2) 0150		17.348	
5							
	A	1622	1175	(+2) 0669		18.019	
6							
	*TP*5	1631	1571	(+2) 0051		18.072	
7							
	*TP*6	1500	1780		(+2) 0149	17.925	
8							
	*TP*7	1481	1577		(+2) 0077	17.850	
9							
	*BM*10		1699		(+2) 0218	17.834	
$\sum$		14390	14408	1134	1152		
检查计算		−0018		−0018 校核无误			

(二)就地监测控制渠道工程高程的测量方法

就地监测控制渠道工程高程的测量，是施工放样的基本工作之一。其中最简单也是常用的是在地面上测设已知高程点。掌握了这种测设方法后，其他渠道工程高程的测量便可仿此进行。

下面重点介绍“在地面上测设已知高程点”的方法。

施工场地的平整和渠道及建筑物基础的开挖和砌筑，均需符合设计高程。因此，必须在施工场地以及开挖面和建筑物的适当部位埋设一些标志(如木柱等)，使其顶部具有所需的高程。已知高程点的测设采用水准仪根据邻近的水准点来进行。

如图 2-11 所示，设水准点 A 的已知高程为 H_A，现欲测设 B 桩，使桩顶高程等于设计高程 H_B。为此，在 A、B 之间的中央位置安置好水准仪，在 A 点立尺，读取后视读数设为 a，按下式算出满足高程 H_B 时，应有的 B 点标尺读数 b

$$b=(H_A+a)-H_B \tag{2-10}$$

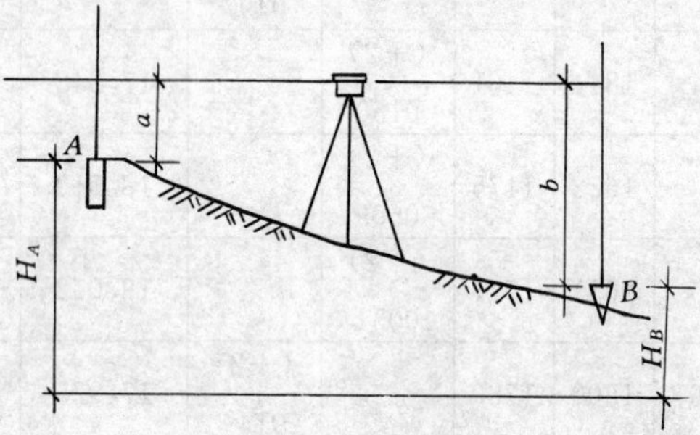

图 2-11　在地面上测设已知高程点示意图

然后，在 B 点打一个长木桩，将水准尺立于木桩上，用水准仪观测其读数，边观测水准尺边锤打木桩，直到读数等于 b 为止，这时，桩顶高程即为应测设的高程。如果木桩打不下去，或者不易精确，可将水准尺沿木桩上下移动，直到尺面读数等于 b 时，在木桩侧面紧靠尺底划一横线，此横线高即为所要测设的高程。

在基槽开挖施工中，可仿照上述方法，在距设计槽底 0.4m 处的槽壁上钉一水平木桩，这样挖土工人就可以从此水平木桩顶向下，用钢卷尺量 0.4m 来控制挖深，既不超挖，也不欠挖。

第三节 简易地形测量

一、测绘地形图的基本知识

地形是地物和地貌(地面的高低起伏)的总称。地形图是既表示地物的平面位置,又表示地貌的起伏状态的图形。地形图的测绘,是将地面上各种地物和地貌,按一定的比例尺,用规定的符号测绘到图纸上。

各种地物和地貌,都可由一些特征点来确定。因此,地形图的测绘可归结为如何正确地测定地物、地貌的特征点(又称为碎部点)的平面位置与高程。

目前,我国通常采用的测绘地形图的方法有经纬仪配合量角器测图、大平板仪测图、经纬仪配合小平板仪联合测图等。而国家的基本图,如 1∶10000、1∶25000 及 1∶50000 地形图,则主要采用航测方法成图。

大比例尺(1∶5000、1∶2000、1∶1000、1∶500)地形图,主要是用于工程规划、设计。一般 1∶5000 地形图用于规划设计,1∶2000地形图用于初步设计,1∶1000 和 1∶500 地形图用于施工设计。

(一)比例尺

地形图上任意一线段的长度与它所代表的地面上实际水平长度之比,称为地形图的比例尺。

1.比例尺的种类

比例尺分为数字比例尺和图式比例尺两种。

(1)数字比例尺。数字比例尺用分子为 1 的分数表示。例如图上 1cm 代表地面上水平距离 10m 时,该图的比例尺便是 1/1000,

一般写成1∶1000或1∶1千。比例尺常写在地形图图幅的下方正中处。

比例尺的大小是以比例尺的比值来衡量的。比例尺分母愈小，比值愈大，比例尺就愈大；反之分母愈大，比值愈小，比例尺就愈小。通常称1∶100万、1∶50万、1∶20万为小比例尺地形图；称1∶10万、1∶5万、1∶2.5万为中比例尺地形图；称1∶10000、1∶5000、1∶2000、1∶1000、1∶500为大比例尺地形图。

(2)图示比例尺。应用数字比例尺需要经常计算，在测量工作中很不方便，为了能直接而方便地进行图上与实地相应水平距离之间的换算，通常在地形图图幅的下方绘一图示比例尺。图示比例尺上所注记的数字，代表以米为单位的实际水平距离。

2.比例尺的精度

人们用肉眼能分辨出的最短距离，一般为0.1mm，因此，地形图上0.1mm所代表的实地水平长度，称为比例尺的精度。根据比例尺的精度，可以确定测图时丈量地物应准确到什么程度。例如1∶1000的地形图，测量地面上水平距离精度只需0.1m，因为即使测量得再精确，在地形图上也表示不出来。

(二)地物、地貌的勾绘及注记符号

为了便于测图和识图，在地形图中常用不同的符号来表示实际的地物和地貌，这些符号总称为地形图图式。地形图图式由国家测绘管理机关制定，它是测绘地形图的依据。地形图中的符号主要分为地物符号、地貌符号和注记符号三种。

1. 地物符号

地面上有明显轮廓的固定性自然物体和人工建筑的物体都称为地物。地物的类型、形状和大小及在图上的位置用地物符号表示(如表2-4)。

(1)比例符号。当地物的轮廓较大时，如湖泊、森林等，其形状和大小均可按测图比例尺缩绘在图纸上，再配以特定的符号予以

表 2-4

地 物 符 号

编号	符号名称	图例
1	坚固房屋 4－房屋层数	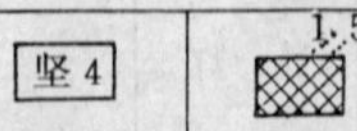
2	普通房屋 2－房屋层数	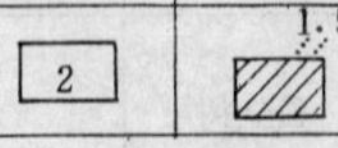
3	窑 洞 1. 住人的 2. 不住人的 3. 地面下的	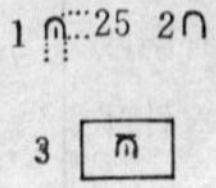
4	台 阶	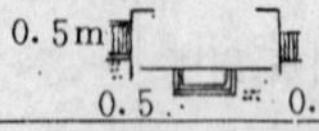
5	花 圃	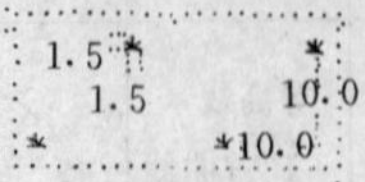
6	草 地	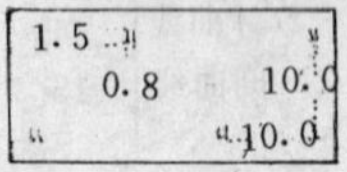
7	经济作物地	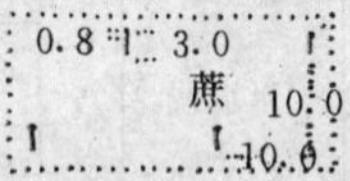
8	水生经济作物地	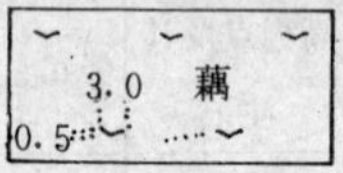
9	水稻田	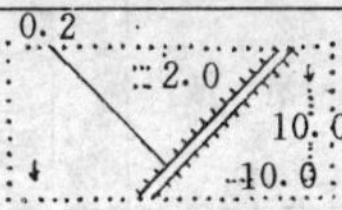
10	旱 地	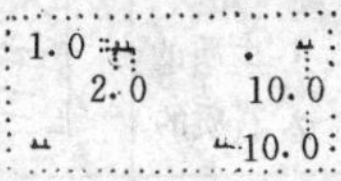
11	灌木林	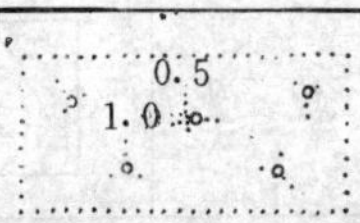
12	菜 地	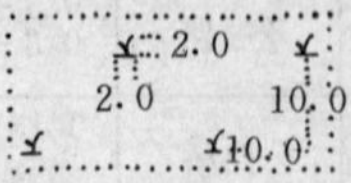
13	高压线	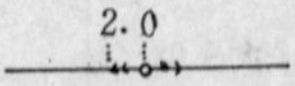
14	低压线	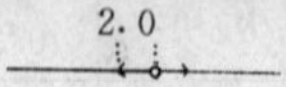
15	电 杆	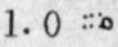
16	电线架	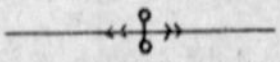
17	砖、石及混凝土围墙	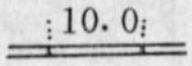 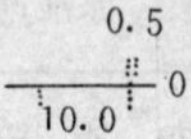
18	土围墙	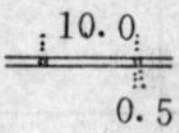
19	水 闸	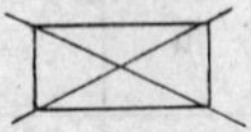
20	隧 洞	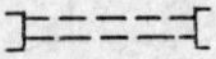
21	水电站	
22	沟 渠 1. 有堤岸的 2. 一般的 3. 有沟堑的	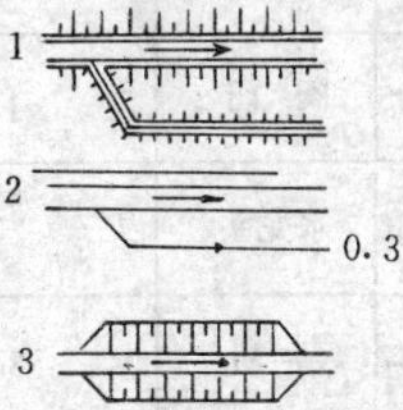

续表 2-4

编号	符号名称	图例
23	公路	0.3 0.3 沥砾
24	公路桥	0.15 0.3
25	大车路	碎石
26	小路	4.0 1.0 0.3
27	三角点 凤凰山—点名 394.468高程	凤凰山 394.468 3.0
28	图根点 1.埋石的 2.不埋石的	2.0 N16/84.46 1.5 25/62.74 2.5
29	水准点	2.0 Ⅰ京石5/32.804
30	旗杆	1.5 4.0 1.0 1.0
31	水塔	2.0 3.0 1.0 1.2
32	烟囱	3.5 1.0
33	气象站(台)	3.0 4.0 1.2
34	消火栓	1.5 1.5 2.0
35	阀门	1.5 1.5 2.0
36	水龙头	3.5 2.0 1.2
37	钻孔	3.0 1.0
38	路灯	3.5 1.0
39	独立树 1.阔叶 2.针叶	1.5 1 3.0 0.7 2 3.0 0.7
40	岗亭、岗楼	90° 3.0 1.5
41	等高线 1.首曲线 2.计曲线 3.间曲线	0.15 87 1 0.3 85 2 0.15 6.0 3 1.0
42	示坡线	
43	高程点及其注记	0.5.163.2 75.4
44	滑坡	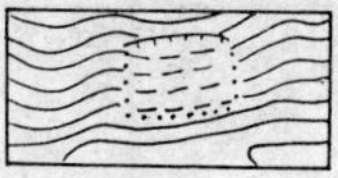
45	陡崖 1.土质的 2.石质的	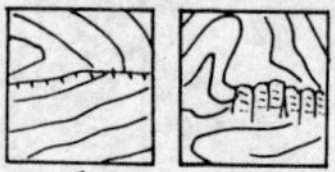 1 2
46	冲沟	

说明，这种符号称为比例符号。

(2)非比例符号。当地物的轮廓较小，如三角点、水准点、独立树、里程碑、钻孔等，无法将其形状和大小按测图比例尺缩绘在图纸上，而这些地物又很重要，必须表示出来时，可不按地物的实际尺寸，而用规定的符号表示，这类符号称为非比例符号。

(3)线性符号。对于一些带状延伸的地物，如渠道、道路、通信线及管道等，其长度可按测图比例尺缩绘，而宽度无法按比例尺缩绘，这种长度按比例、宽度不按比例的符号，称为线性符号。

2. 地貌符号

地貌是指地球自然表面的起伏状态，它包括山地、丘陵地、平原及凹地等。地貌的表示方法很多，在测量中通常用等高线表示，因为等高线不仅能表示地面的起伏形态，而且还能科学地表示出地面的坡度和地面点的高程。

3. 注记符号

对地物或地貌加以说明的文字、数字或特定符号，称为注记符号。如铁路、公路的名称，河流的流速、深度，道路的去向，果树森林的类别，用数字表示的房屋层数，等高线高程等。

(三)等高线

1. 用等高线表示地貌的原理

等高线是地面上高程相同的相邻点连接而成的闭合曲线。

如图 2-12 所示，设有一座位于平静湖水的小山头，山头顶点被湖水恰好淹没时的高程为 100m。如果湖水位下降 5m，则山头露出，水面与小山就有一条交线，此交线也是一条闭合曲线，曲线上各点高程必然相等，这就是高程为 95m 的等高线。依次类推，湖水位每降落 5m，就在山上交出一条等高线，从而可得到一组高差为 5m 的等高线。设想把这组实地上的等高线铅直地投影到水平面 H 上去，并按规定的比例尺缩绘到图纸上，以米为单位注上每条等高线相应的数值，这样便得到用等高线表示的该小山头的地貌图。

2. 等高距和等高线平距

等高距是相邻两等高线之间的高差。在图 2-12 中等高距为 5m。在同一幅图上，等高距是相同的。

等高线平距是相邻两等高线之间的水平距离。

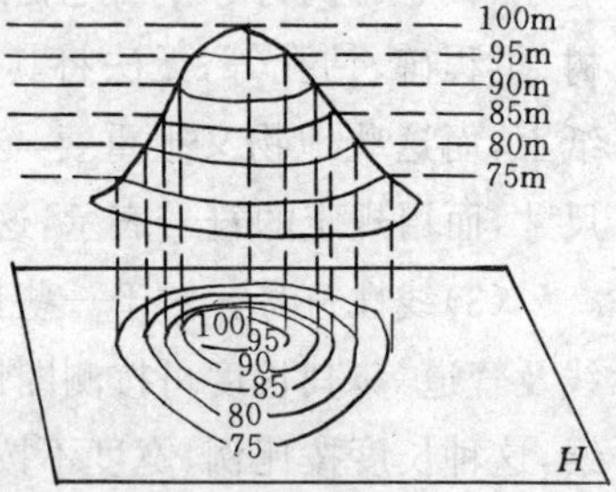

图 2-12

3. 等高线的分类

在地形图上按规定的等高距画出的等高线叫首曲线。为了便于读图，每隔 4 条等高线用一粗线绘出，这条粗线称为计曲线。以 1/2 等高距描绘的等高线叫间曲线。以 1/4 等高距描绘的等高线叫助曲线。间曲线和助曲线可以不闭合。

4. 几种基本地貌及其等高线

地面起伏无显著变化，地面坡度在 0～2°之间的为平地；地面起伏不大而变化较复杂，地面坡度在 2～6°之间的为丘陵地；山地的地面坡度大于 6°。

地貌变化无论怎样复杂，不外乎由山丘、盆地、山脊、山谷、鞍部等基本地貌所组成。如图 2-13 所示，图中(a)是基本地貌示意图，(b)是用等高线表示的基本地貌图。

5. 等高线的特性

(1)同一条等高线上各点的高程必相等。

(2)等高线均为连续的闭合曲线，如果在本图幅内不闭合，则在相邻的其他图幅内闭合。

(3)不同高程的等高线不能相交，若相交必在悬崖处，且交点必成双；不同的等高线不能重合，若重合必在陡壁处。

(4)因在同一幅地形图上，等高距是相同的，所以，等高线的平距小表示坡度陡，平距大则表示坡度缓，平距相等则表示坡度相同。倾斜平面上的等高线是间距相等而平行的直线。

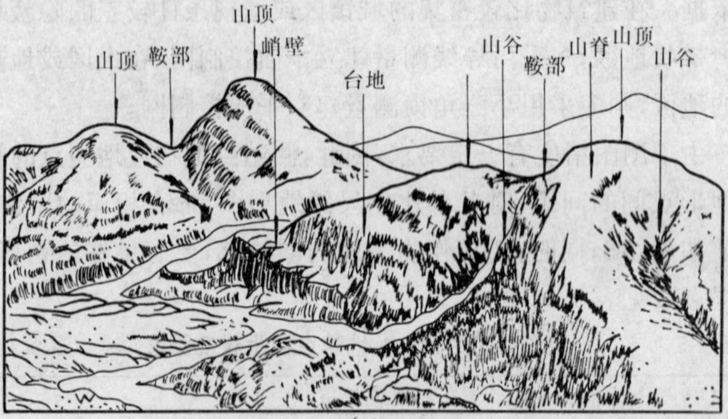

(a)

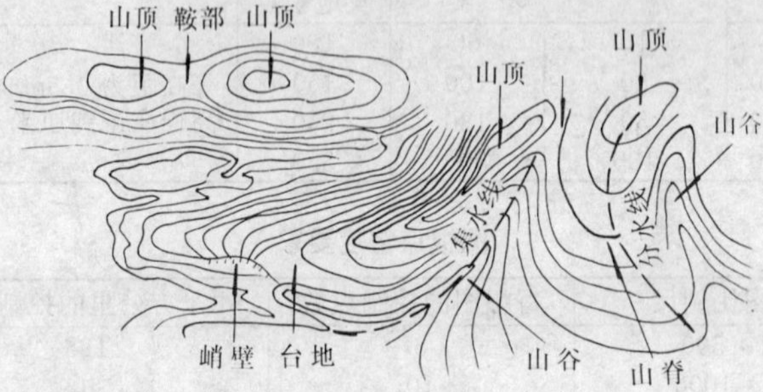

(b)

图 2-13

(5)山脊线与山谷线均与等高线垂直相交。等高线与山脊线相交时，必向山脊线降低的方向凸起；等高线与山谷线相交时，必向山谷线升高的方向凸起。

二、经纬仪测绘地形图的简易方法

经纬仪测绘地形图，是在绘有坐标方格网和图根点的图纸上测绘出地物、地貌的特征点，即地形点。地形点的测绘是以控制点

(图根点)为基础进行的。因此,在确定测区范围后,首先要在测区内建立平面控制网和高程控制网,作为地形测图和以后施工放样的依据。在建筑物比较密集的城镇区或通视条件较差的隐蔽地区或者带状地区,多采用导线测量建立平面控制网。在山区或地势开阔的地区,则多采用小三角锁测量建立平面控制网。

由于测图精度有一定要求,因此,测站到地物或地貌点的视距及地形点间的间距,对各种比例尺的地形图,都有相应的限制值,其值如表 2-5;同时,要求作为测站的图根点,要有足够的密度,其图根点数见表 2-6。

表 2-5　**地形点间距、地物、地貌点视距长度要求**　(单位:m)

比例尺	地形点间距	视距长度		备注
		主要地物	次要地物及地貌点	
1∶500	15	60	100	等高距为 0.5m 时,高程注记到厘米
1∶1000	30	100	150	
1∶2000	50	180	250	
1∶5000	100	300	350	

表 2-6　**图根点密度要求**

测图比例尺	每幅图的控制点数	每平方公里的控制点数
1∶500	8	128
1∶1000	10	40
1∶2000	14	14
1∶5000	20	5

(一)图根点的测定

图根点是指能直接满足测图需要的控制点。本书所讲的图根点测定是指测区内已有控制点不能满足表 2-6 的规定和实际工作的需要时,根据原有控制点,采用经纬仪交会定点和视距导线测量等方法加密一些精度稍低的控制点作为测站点,具体方法可参看有关测量书籍。点的高程可用普通水准测量或三角高程测量等方法测定。

(二)图纸格网的绘制与图根点的展绘

1.测图纸准备

为了保证测图质量,应选用质地较好的图纸。对于临时性测图,可将图纸直接固定在图板上进行测绘。

目前,测绘部门大多采用厚度为 0.07～0.10mm 的聚脂薄膜,将表面打毛后,用它代替图纸测图。聚脂薄膜具有透明度好、伸缩性小、不怕潮湿、牢固耐用等优点,如果表面不清洁,还可用水洗涤,并可直接在图纸上着墨,复晒蓝图。

2.绘制坐标格网

测绘地形图常用的图幅尺寸有边长为 50cm 和 40cm 的正方形及 50cm×40cm 的长方形三种。为了精确地展绘图根点,须先在图幅内绘好 10cm 见方的坐标格网。绘制坐标格网的专门仪器有精密直角坐标仪和坐标格网板及坐标格网尺等专用工具。当无上述仪器或工具时,也可用直尺绘制坐标格网。用直尺绘制坐标格网的方法如图 2-14 所示,在图纸上先画两条对角线 *AC* 和 *BD*,再从

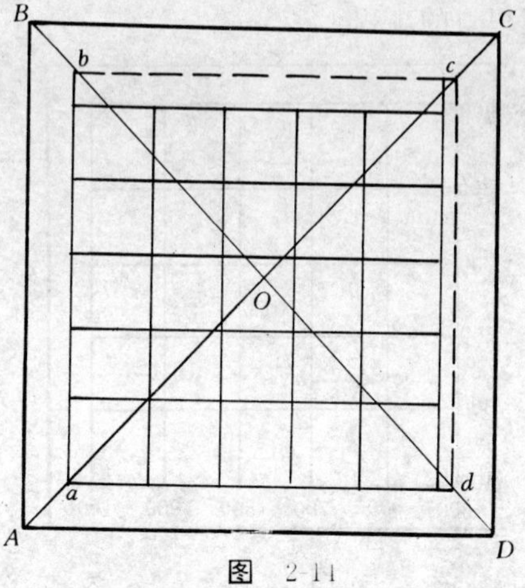

图 2-14

对角线交点 *O* 量出长度相等的四段线段(注意选择适当的线段

oa，使所绘制的图廓线均位于图纸内），得 *a*、*b*、*c*、*d* 四点。从 *a* 点开始分别沿 *ab* 和 *ad* 线每隔 10cm 刺点，再从 *b* 点开始，沿 *bc* 线每隔 10cm 刺点，从 *d* 点开始，沿 *dc* 线每隔 10cm 也刺点，将相应的点连以直线，便可得到 10cm 见方的坐标格网，绘出的小方格边长误差不应大于 0.2mm，对角线长度（14.14cm）误差不应大于 0.3mm。

3. 图根点展绘

图根点展绘就是按照图根点的坐标，把各图根点展绘在已经打好坐标格网的图纸上。如图 2-15 所示。设图根点 7 的坐标为 $x_7=525.04$m，$y_7=619.64$m，根据方格网上所注坐标，该点位于方格 *abcd* 内。自 *a*、*d* 两点分别在线段 *ab*、*dc* 上依比例尺量取 525.04－500＝25.04m，可得 *g*、*h* 两点；再自 *a*、*b* 两点分别在 *ad*、*bc* 线段上依比例尺量取 619.64－600＝19.64m，可得 *e*、*f* 两点，连接 *ef*、*gh*，其交点即为图根点 7 的位置。经校核无误后，用细针刺出点位，画上圆圈，在圆圈右侧画一横线，在横线上注上图根点的编号，在横线下注上图根点的高程。

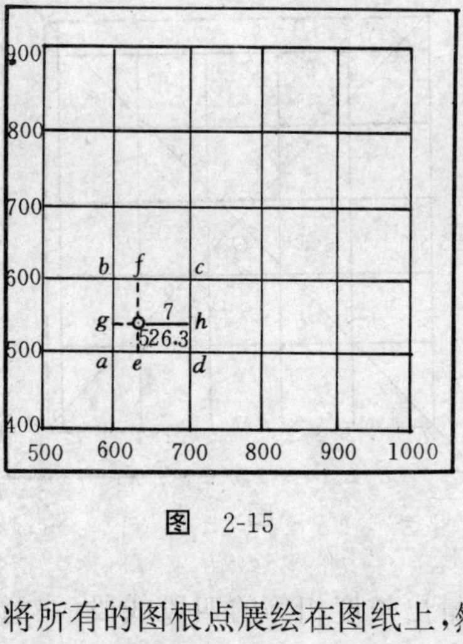

图 2-15

用同样方法，将所有的图根点展绘在图纸上，然后进行认真检查。方法是用与绘坐标格网相同的比例尺，在图上量出相邻点间的水平距离，看其是否与成果表上所列距离相等。其差值不得超过0.3mm，否则需重新展点。刺孔在图上不得大于0.1mm。

（三）经纬仪的安置与施测

经纬仪测绘法，也就是经纬仪配合量角器测图，灵活方便，适用面广。用这种方法测图时，观测员把经纬仪安置在图根点上，绘图员把小平板放在经纬仪近旁，用经纬仪测出碎部点方向与起始方向间的水平夹角，用视距法测出碎部点与测站之间的水平距离，同时测出碎部点的高程。根据水平角和水平距离，用量角器与比例尺按极坐标法将碎部点缩绘在图纸上。并按规定注上地物、地貌的图式符号。

经纬仪测绘法在一个测站上的工作程序是：

(1)将经纬仪安置在测站上，用钢卷尺量出图根点到经纬仪望远镜横轴间的高度——仪器高记入手簿。把小平板安放在经纬仪近旁，做好绘图准备。

(2)将经纬仪水平度盘的读数调到0°00′00″，瞄准相邻的一个图根点作为起始方向（后视方向）。

(3)跑尺员按照预定的跑尺路线选定碎部点，竖立地形尺，观测员松开经纬仪照准部瞄准地形尺，读出水平度盘的读数，用十字丝的上下丝读出视距，然后用十字丝中丝读取中丝读数，并在竖直度盘水准管气泡居中时，读取竖直角 a。

(4)计算员按照观测员读出的数值，用视距计算表或计算器分别算出碎部点与测站点间的水平距离 D 和高差 h

$$D=Kn\cos^2 a$$

$$h=\pm 1/2Kn\sin 2a+i-v \tag{2-11}$$

再根据测站点的高程 $H_{站}$ 和高差 h，便可算出所测碎部点的高程 $H_{碎}$

$$H_{碎}=H_{站}+h \tag{2-12}$$

式中　K——仪器的乘常数，一般为100；

a——测碎部点时某一中丝读数 v 所对应的竖直角；

n——视距间隔；

i——仪器高。

式中±号取决于竖直角 a 的正负，即 a 为仰角时取正号，a 为俯角时取负号。

(5)绘图员按照观测员读出的水平角和计算员算出的水平距离及高程，用特制的量角器把碎部点的位置展绘在图纸上，并在点的右侧注上高程或将点位当作小数点来注记高程数字。

(6)当图纸上测绘出部分碎部点后，绘图员在现场参照实地情况，描绘出地物轮廓线和地性线，并勾绘出主要等高线。

(四)立尺点的选择

地形图测绘的质量和速度，在一定程度上取决于跑尺员能否正确地选择立尺点。立尺点过少，不能详细地表示地物和地貌；立尺点过多，不仅影响测图的速度和增加绘图的难度，而且，如果立尺点的位置选择不恰当，立尺点再多也不能正确表示地貌。立尺点密度，通常在图上 $1cm^2$ 范围内，对于一般地区有一个就够了，对于极平坦的地区还可以再稀一些，对于地形复杂的地区以2～4个为宜。地形测图对视距和地形点间距的规定如表2-7所示。

表2-7　不同比例尺地形测图对视距、地形点间距的规定

测图比例尺	视距长度(m)	图上地形点间距(cm)	地形点注记	备　注
1∶500	70	1～3	高程注记均注到分米	在地物、地貌简单，竖直角小于2°，标尺读数清晰时，视距可放长1/4倍
1∶1000	120			
1∶2000	200			
1∶5000	300	1～1.5		
1∶10000	400			

立尺的原则，一般是由近而远，再由远而近，最后回到测站附近收尺。立尺顺序要连贯，要考虑绘图连线方便，尽量不留单点。例如测房屋时，要一幢一幢地立尺，不能只考虑立尺方便，比如立了一个房角，又去立一个路边，再去立一个坡边等会给绘图员连线造成混乱。如果相邻立尺点不能连线，跑尺员应给绘图员报清楚。

立尺员应熟练地掌握图上与实地的比例关系和取舍需求，合理选择立尺点。点子密，反映地形真实，但过密反而会造成图面混乱，影响成图质量。因而，对于很小的地形可省略不测。立尺员应了解一般测图技术和规定，例如各种比例尺的视距极限长度，图上每方格的测图密度等。立尺员与观测员应规定明确而又简单的联络信号。

立尺的具体方法，应根据实际地形情况加以选择，例如开阔平地可用双环线路法，如图 2-16 所示。对于山地一般是沿等高线立尺。因为山地地貌变化大，高差悬殊，跑尺困难。考虑立尺线路时，应尽量做到线路最短，避免忽上忽下，减少体力消耗。如图 2-17 所示，设测站在山头，立尺线路应由上沿等高线迂回而下，再从山的另一侧由下而上，最后回到测站。

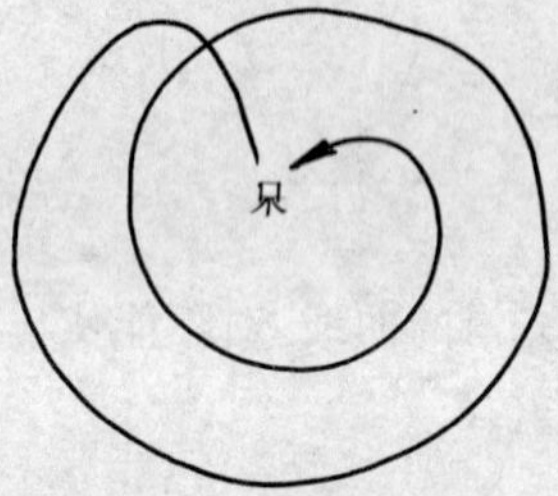

图 2-16

（五）测量绘图方法与修图

地形测量绘图是指外业工作中，当碎部点展绘在图上后，对照实地随时描绘地物和等高线。

1. 地物描绘

地形图中的地物要按地形图图式规定的符号表示，房屋等建筑物轮廓需用直线连接起来，而道路、河流的弯曲部分则应逐点连

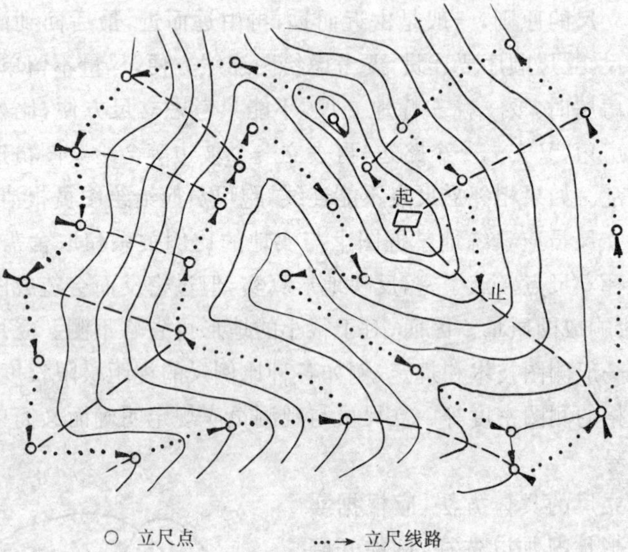

图 2-17

成光滑的曲线。对不能依比例描绘的地物，应按规定的非比例符号表示。

2.地貌勾绘

连接有关的地貌特征点，在图纸上轻轻地用铅笔勾出一些地性线，用实线表示山脊线，虚线表示山谷线，如图 2-18 所示。然后在两相邻点之间，按地形高程内插等高线，以图 2-18 中的 A、B 两点为例，其高程分别为 52.8m 和 57.4m。设等高距为 1m，则在 *A*、*B* 地性线上，*A*、*B* 两点间必有 53、54、55、56、57m 等五条等高线。由于碎部点是选在地面坡度变化处，这样相邻两点间可视为平均坡度。因此，可以在图上相邻两碎部点的连线上，按平距与高差成比例的关系，定出 *A*、*B* 两点间各条等高线通过的位置。如图 2-19 所示，*M*、*N*、*O*、*P*、*Q* 分别是高程为 53、54、55、56、57m 五条等高线通过 *A*、*B* 两点间连线时的位置。同理可求出其余相邻碎部点间各等高线所通过的位置，依次连接相邻的高程相等的点，便可得到如图 2-18 的等高线图。

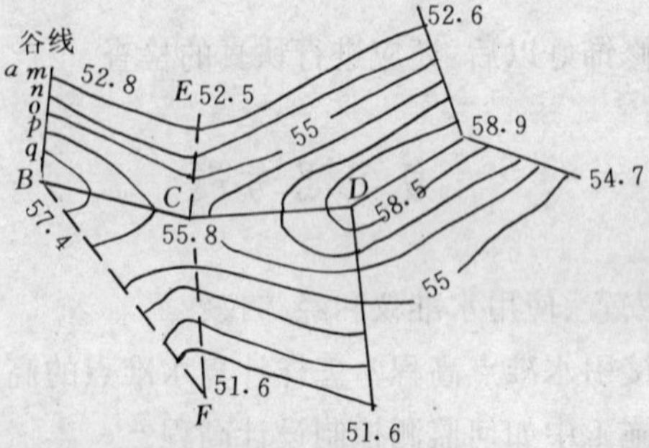

图 2-18

3. 修图

地形图经过拼接和检查后，还应进行清绘和整饰，这种内业工作通常叫做修图。修图的目的主要是为了使图面更加合理、清晰、美观。修图的顺序是先图内后图外；先地物后地貌；先注记后符号。其具体内容如下：

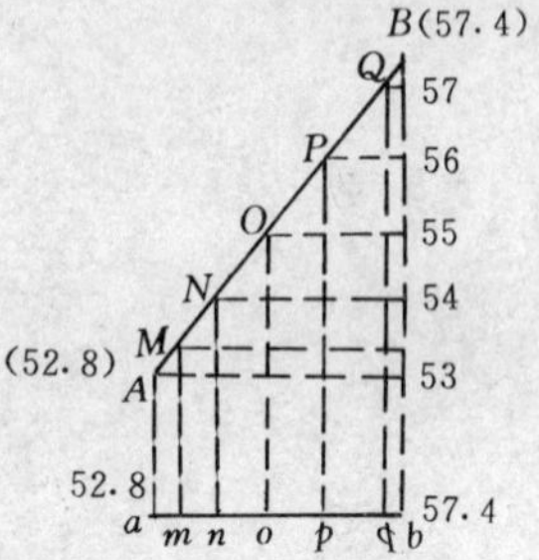

图 2-19

(1)擦掉图幅内一切不必要的点、线，所有地物和地貌都按照地形图图式中的符号绘好。

(2)检查文字和村名、河流名等是否注记在适当位置，有无遗漏或不清楚之处。

(3)将等高线修饰光滑、补全。等高线不能通过注记和地物。每幅图的等高线上应注记一列高程数字，地貌复杂时，可以分开注记两列或两列以上。

(4)图幅内部修饰完后，即可进行图框的整饰，按国家测绘总局制定的地形图图式要求写出图名、比例尺、坐标及高程系统、施测单位、测量年月和测绘人员。如果是独立坐标系统，还应画出指北方向。

地形图修饰好以后，还应进行认真的检查。

复习思考题

1. 如何安置、使用水准仪和经纬仪？
2. 如何接引水准点高程？怎样计算水准点的高程？
3. 维修施工中如何监测控制设计高程？
4. 如何使用经纬仪测绘简易地形图？

第三章　渠道维护常用建筑材料知识

在渠道及其建筑物的维修中，合理使用建筑材料对确保维修工程质量，防止工程病害的发展，降低维修费用等都有十分重要的意义。因此，渠道维护工不仅要掌握工程维修的技能，而且也要了解常用建筑材料的种类及用途，对新型建筑材料的用途、性能及施工技术知识等也要有所了解，才能适应维修养护工作的需要。

第一节　常用建筑材料的性能与用途

一、水泥

水泥是一种粉状的水硬性无机胶凝材料，广泛地应用于水利、建筑、道路、桥梁、港口以及国防等工程中。目前我国生产的水泥有70多种，在一般水利、土木建筑工程中常用的水泥品种有硅酸盐水泥、普通硅酸盐水泥（简称普通水泥，下同）、矿渣硅酸盐水泥、火山灰质硅酸盐水泥与粉煤灰硅酸盐水泥等。硅酸盐水泥是硅酸盐类水泥的一个基本品种，其他硅酸盐类水泥都是在此基础上或者加入一定量的混合物，或者适当改变水泥熟料的矿物成分而成的。每一品种的水泥，又根据其胶结强度的大小，分为若干个标号。当水泥品种及标号不同时，其性能也有所不同，因此在选用时应根据工程需要及水泥性能特点合理确定。这里主要介绍硅酸盐水泥及普通水泥的性能。

（一）硅酸盐水泥和普通水泥的凝结硬化

水泥加水拌和后，最初是可塑性的浆体，然后逐渐变稠，失去可塑性，这一过程称为凝结。失去可塑性后，强度逐渐增大，变成坚固的水泥石，这一过程称为硬化。水泥的凝结硬化包含着一系列交错进行的物理化学变化过程。

(二)硅酸盐水泥及普通水泥的主要性质和要求

1.比重和容重

(1)比重：硅酸盐水泥及普通水泥的比重一般为3.10～3.20，掺混合材料或贮存过久时比重将稍有降低。

(2)容重：硅酸盐水泥及普通水泥的容重，松散状态时为900～1300kg/m^3，紧密状态时为1400～1700kg/m^3。

2.细度

水泥的细度是指水泥颗粒粗细的程度。水泥细度通常采用筛分析法测定。国家标准规定硅酸盐水泥和普通硅酸盐水泥的细度，在0.080mm方孔筛上的筛余量不得超过15%。

水泥的细度也可用比表面积表示，即1g水泥所具有的颗粒总表面积(cm^2/g)来表示。符合国家标准细度的硅酸盐水泥及普通水泥的比表面积为2500～3500cm^2/g。

3.标准稠度用水量

由于加水量的多少，对水泥的一些技术性质(如凝结时间等)影响很大，故测定这些性质时，必须在一个规定的稠度下进行。这个规定的稠度，称为标准稠度。水泥净浆达到标准稠度时所需拌和的水量(以占水泥重量的百分率表示)，称为标准稠度用水量(亦称需水量)。国家标准规定，硅酸盐水泥和普通水泥的标准稠度用水量一般为24%～30%。

4.凝结时间

凝结时间分初凝时间和终凝时间。

(1)初凝时间。从水泥加水拌和开始，到标准稠度的水泥浆开始失去可塑性这一段所经历的时间，称为初凝时间。在混凝土施工中，拌和、运输和浇筑等需要一定的时间，所以初凝不宜过短。国家标准规定，硅酸盐水泥和普通水泥的初凝时间不得早于45分钟。

(2)终凝时间。从水泥加水开始，到完全失去可塑性的时间，称为终凝时间。在混凝土浇筑完成后，要求尽早完成凝结并开始硬化，以利于下一步的施工工作。所以，终凝时间不宜过长。国家标准规定，硅酸盐水泥及普通水泥的终凝时间不得超过12小时。

5. 水化热

水泥在水化过程中所放出的热量，称为水泥的水化热。放热过程可以延续很长时间，但大部分热量是在早期，特别是在最初七天内放出的。水泥水化热的大小，主要同铝酸三钙和硅酸钙的含量多少、细度大小有关。通常标号越高的水泥，水化热越大。掺入外加剂时，凡能起促凝作用的，均能降低早期水化热。

使用水化热较大的水泥，对小体积混凝土的硬化有利，但对大体积混凝土工程是不利的(结构断面最小边尺寸大于或等于3m的混凝土块体，叫做大体积混凝土)。因为混凝土的导热性能较低，内部混凝土的热量不易散发，容易造成内外较大的温差，引起不均匀的内应力，使混凝土发生裂缝。所以在大体积混凝土工程中，要采用低热水泥和降温措施。

6. 干缩

水泥如果拌和用水较多，在水泥硬化过程中，特别是在硬化初期，表面干燥过快，也会产生很多微细裂缝，这样的裂缝叫做干缩裂缝。干缩裂缝会降低水泥石的强度和其他性能。因此拌和用水量要尽量少一些；水泥在凝结硬化过程中，特别是初期，必须加强养护，保证温湿条件，不使其干燥过快，既可防止干裂，也可使其强度不断增长。

7. 强度及标号

水泥的强度是指水泥胶结硬化一定龄期后胶结能力的大小。水泥的标号就是根据水泥强度的高低来划分的。测定水泥强度的方法，一般采用软练法，将水泥、标准砂、水按规定比例拌和，制成标准试件，在标准条件下养护，分别测其3天、7天、28天的抗折及抗压强度。根据28天的抗压强度值，确定水泥的标号。常用的水泥标号有：325号、425号、525号。

8. 抗冻及抗磨性

硅酸盐水泥的抗冻性和抗磨性，均较其他品种水泥为好。

硅酸盐水泥的抗冻性和抗磨性与其矿物含量和标号有关。铝酸三钙晶体孔隙较大，吸水最多，水化后最为疏松，因而其抗冻性和抗磨性最小。水泥标号较高者，其强度较大，故其抗冻性和抗磨性也较大。在严寒地区的混凝土工程中，要选用铝酸三钙含量少、标号较高的水泥。

普通水泥的抗冻耐磨等性能，较硅酸盐水泥为差。

（三）硅酸盐水泥和普通水泥的应用和保管

硅酸盐水泥和普通水泥，在现代工程中应用极为广泛，常用来拌制混凝土及砂浆，也常用来作灌浆材料，还可用来制作其他人造石材。

对于受浸蚀水（海水、矿物水、工业废水等）作用的结构物，不宜采用硅酸盐水泥和普通水泥。

在水泥的运输和保管中应注意防潮防水。运输时，一定要有防雨设备，严防潮湿。贮存板要高出地面约30cm，以免受潮。水泥贮存期不宜过长，否则将自行水化，降低强度或变成硬块。在一般条件下，3个月强度约降低10%～20%，时间越长，强度降低越多。另外，贮存时，应注意不同品种不同标号的水泥要分别堆放，并加标签，以便合理取用。

二、钢筋与钢丝

1. 钢筋

水工建筑一般多用热轧钢筋。热扎钢筋按其机械性能分为以下四级：

Ⅰ级钢筋　240/380MPa

Ⅱ级钢筋　340/520MPa

Ⅲ级钢筋　380/580MPa

Ⅳ级钢筋　550/850MPa

上列数字中，分子表示钢筋的最低屈服极限（废品极限），分母表示最高的抗拉强度。如果检验出钢筋强度低于上述数值时，即按该级钢筋的废品处理。

普通钢筋混凝土构件常用Ⅰ、Ⅱ级钢筋，其他级的钢筋在水利工程中用得不多。

2.钢丝

钢丝的直径都在5mm以下，分为冷拔低碳钢丝、碳素钢丝、刻痕钢丝及钢铰线等。

冷拔低碳钢丝是由低碳钢筋经过多次冷拔而成的，主要用于焊接网和焊接骨件，也可以用作预应力筋、架立筋、箍筋和构造钢筋等。

碳素钢丝是由碳素钢筋冷拔而成的光圆钢丝，为增加碳素钢丝与混凝土的粘着力，还有将碳素钢丝再加工成波形或扭结钢丝。主要用于大型构件，如大跨度屋架、吊车梁、V形折板等。

刻痕钢丝是在碳素钢丝表面刻痕，以增加粘着力。

钢铰线则是由几根碳素钢丝围绕一根中心线所绞成。主要用于大跨度、大承载量的后张法预应力构件中，如大跨度屋架、薄腹梁等。

三、木材

木材是工程建设中三大主要建筑材料之一。在渠道及其建筑物的维修中主要用于修建闸房、桥梁、渡槽及施工用脚手架和混凝土模板等。在防洪抢险中，常用于护堤、堵缺打排桩。

木材的种类很多，性能也各不相同，在使用时应因地制宜地选用适合工程技术要求的木材。一般应注意了解木材的以下性能：

(1)木材的含水率和干缩湿胀性能。由于木材的组织结构是由许多平行树干轴线的管状细胞组成，具有吸收水分和失去水分的性能。一般新伐木材的含水率在35%以上，长时间置于空气中的木材含水率在15%左右，经过人工干燥处理的木材含水率为4%～12%。

一般来说，木材从最潮湿状态干燥至一定程度时会发生干缩，而干燥木材吸水后又将发生湿胀。这种干缩湿胀的性能，常会引起木材变形，如翘曲、凸起、木结构件松动、裂缝等现象。因此在维修施工与木结构建筑物的管理养护中，应注意使木材干燥均匀，合理堆放，做好防护工作。

(2)木材的强度及影响强度的主要因素。木材的抗压、抗拉、抗剪及抗弯强度有顺纹与横纹的区别，不同的木材强度也不一样，但其共同特点是纵向强度大于横向强度。一般来说，影响木材强度的因素主要有：①含水率。木材含水率在纤维饱和点以下时，其强度随含水率的增加而减小；含水率大于纤维饱和点后，强度不再下降。②荷载方向。木材所受外力的方向与木材纹理方向不一致时，其强度将会降低。③荷载时间。木材的暂时强度比持久强度大20%～50%。④木材缺陷。木材的节子、朽腐、虫蛀及裂纹、弯曲、斜纹等缺陷都会使木材强度降低，影响材质。

在选用木材时，应按照有关标准和影响强度因素，妥善处理。

四、石子、砂和石料

1. *石子*

石子分卵石及碎石两种，多用于配制混凝土，也可作为建筑物的护坡、铺底反滤等。

卵石产于天然河槽，开采方便。由于卵石表面光滑、棱角少，天然级配较好，因此，空隙率小，拌制混凝土所需要的水泥数量较少。碎石系将硬岩石打碎而成，其颗粒有棱角，表面粗糙，与水泥胶结力强，抗拉、抗磨等性能比较显著；但其空隙度较大，所需填充空隙用的水泥砂浆较多。

卵石及碎石各有其特点，可按当地石料情况比较选用，其颗粒级配应根据设计要求而定。

2. *砂*

砂按其来源分为河砂、山砂和人工砂。河砂多为圆形，比较洁净；山砂的颗粒棱角较多，混有泥土及有机物等杂物；人工砂是用坚硬岩石粉碎的，颗粒多棱角，比较干净。

砂的矿物组成有石英、长石与石灰石等，以石英砂分布最广。规范规定：砂的粒径范围为 0.15～5mm，大于 5mm 的划入石子的范围。

水利工程上对砂的要求是：洁净、坚硬、无杂质、级配良好，平均粒径小于 0.5mm 的粉砂一般不许使用。

3. *石料*

石料是水利工程中一种重要的建筑材料。尤其在山区，可以就地取材，强度又比较高，应用极为广泛。它的种类很多，常用的有花岗岩，片麻岩、闪长岩、砂岩、石灰岩等。工程上对石料的要求是：石质紧硬，表面清洁，无碎松石屑，不易风化。

由于石料用途不同，可依其开采加工程度分为以下几种：

(1)片石。片石呈不规则形状，是开采石料时的副产品，或直接由料场开采。

(2)块石。块石形状较方正，具有两个大致平行的平面。一般尺寸约为 0.3m 见方，由较大的片石稍经加工而成。

(3)料石。一般具有一个四角方正的长方形平面，上下两侧及正面均应加工凿平。备料时应先按建筑物部位高度、尺寸计算好所需各类厚度石料的层数及数量，有计划地开采加工。常用的规格尺寸有 30cm×30cm×100cm、40cm×40cm×100cm。

(4)样石。按设计图样、尺寸加工凿成的细料石称为样石，多用于拱石外脸，闸墩圆头及墩墙帽子等。

石料的数量一般以立方米计，由于堆成的体积不可能没有空隙，所以又有松方(堆码方)和实方之分，松方是指将石料堆成方形体后，将其长、宽、高相乘所得到的体积，实方则是工程材料实际的体积。

五、石灰

石灰分气硬性石灰和水硬性石灰两种。气硬性石灰应用广泛，即通常所说的石灰。水硬性石灰，目前在国内应用很少，故在此不作介绍。

气硬性石灰(简称石灰)，是用石灰岩、白云岩或其他以碳酸钙为主要成分的原料，经煅烧而得的块状产品，称为生石灰，煅烧良好的生石灰比重约为3.2，容重为800～1000kg/m^3。

(一)石灰的熟化和硬化

在工程上，常用生石灰加水熟化成熟石灰，应用在建筑物上，经过硬化达到胶结的目的。

1.石灰的熟化

石灰在使用前，一般要加水进行熟化，熟化后的石灰称为熟石灰或消石灰，主要成分为氢氧化钙。熟化过程中，放出大量的热，根据熟化时加水量的不同，生石灰可变成熟石灰粉或石灰膏，并应存放两个星期以上，使石灰达到充分熟化。

2.石灰的硬化

石灰膏的硬化是以下两个变化交错进行的过程：

(1)石灰膏中水分蒸发或被砌体吸收时，氢氧化钙从饱和溶液中析出胶体，以后部分氢氧化钙生成晶体与逐渐失水的胶体结合成为较坚硬的固体。

(2)表面的氢氧化钙与空气接触，吸收空气中的二氧化碳，生成碳酸钙结晶，并析出水分。

空气中二氧化碳的含量非常稀薄，并且生成的碳酸钙又有阻碍二氧化碳深入内部和内部水分向外蒸发的作用，因此，石灰的硬化非常缓慢。强度和硬度不高为其显著特点。为了弥补这一缺陷，可适当掺入水硬性胶凝材料，例如，掺入水泥就能大大改善灰浆的性质。

(二)石灰的质量要求

对石灰的质量要求是：

(1)块灰含量越多越好。因为粉灰在空气中吸收水分和二氧化碳的结果，将使胶结能力降低。

(2)煤渣与石块等杂质含量越少越好。

(3)过火和欠火石灰含量越少越好。过火石灰呈黑色，是煅烧温度过高，生成较密实的硅酸钙、铝酸钙和铁酸钙等矿物的结果，这些矿物将阻碍石灰熟化，用于建筑后，熟化缓慢，且体积膨胀后，常引起已经硬化的石灰发生裂缝或局部脱落现象；欠火石灰不能熟化且容重过大。

(三)石灰的应用

石灰在渠道和渠系工程中应用很广，主要与砂子或麻刀、纸筋等混合调成砂浆、灰浆，作砌砖石及抹灰之用；石灰与砂子以及粘土混合制成三合土，若再加碎石或石子即制成四合土，用作一般建筑物或小型水利工程的基础。

(四)贮运石灰应注意的事项

贮运石灰应注意如下事项：

(1)防潮防水，以防石灰自然地熟化和硬化甚至酿成火灾。

(2)如需长期保存，应将石灰熟化成为石灰膏，用砂、土覆盖，以防变质。

六、砖

砖是一种常用的工程材料，虽然强度较低，但在渠道和渠系建筑物中还是比较常用的。

砖有机制砖与手工砖两种，机制砖形状规则，质地均匀，强度较高。砖的标准尺寸为240mm×115mm×53mm，每立方米约650块，每立方米砖砌体约需砖500块，由于强度低，吸水率大，抗冻性能差，不宜用于水下建筑物。若必须采用时，应选质量较高的粘土砖。对砖的质量要求是：大小一律，砖面平直，砖角方正，没有凹及窑斑，断口色泽均一，致密，没有孔眼和裂纹；强度高（100号以上），用锤击发出清脆的金属声，吸水率不超过15%；抗冻性好，在-15℃的情况下，吸水饱和的砖，经过15次冻融循环，强度降低不大于25%，重量损失不超过2%。

砖的标号有200号、150号、100号、75号等四个标号。

七、水玻璃

水玻璃也叫“泡化碱”。主要成分为硅酸钠，一般由石英岩粉或石英砂浆粉加入碳酸钠经高温熔融后，在3～8个大气压的蒸汽锅内蒸煮而成，呈无色或者微黄或者灰白色的粘稠液体。可作粘合剂及防腐防火材料。在水利工程建设中，由于水玻璃硬化后，能抵抗大多数无机酸、有机酸的侵蚀，常调制成溶液与氧化钙溶液交替灌入土壤地基中，以加固地基，提高地基的耐酸性和不透水性；也可用以调制耐酸砂浆和耐酸混凝土，或者用水玻璃溶液涂刷混凝土结构的表面，以提高抗风化性，也可作堵塞漏水材料。

第二节　水工混凝土

混凝土是一种应用广泛的建筑材料，通常指水泥混凝土，由水泥、砂、石子和水按一定比例拌和后硬化而成，具有良好的抗压强度和耐久性，但抗拉能力很弱，通常在混凝土构件受拉区布设钢筋以承受拉力。故混凝土以是否加有钢筋而分别称为“钢筋混凝土”

和“素混凝土”。

一、混凝土的主要性能

(一)和易性

混凝土的和易性是指在施工条件下,便于操作并能获得质量均匀、密度均一的性能,通常包括流动性、粘聚性和保水性三种含义。和易性良好的混凝土,在运输过程中不容易发生离析现象(水泥、砂、石子和水互相分离),而且便于浇捣密实,分布均匀,易于充满模板的各部分,牢固地粘着钢筋,不产生蜂窝、麻面等不良现象。

混凝土的和易性根据其干稀程度不同,测定方法也不同。对于塑性混凝土、低流动性混凝土,可用坍落度来测定,对于干硬性混凝土和特干硬性混凝土,可用工作度来测定。

用坍落度测定混凝土的和易性时,将混凝土分三层装入坍落度筒中,每装一层后,用捣棒垂直而均匀地插捣 25 次,三层捣完后将溢出的混凝土刮平,然后将坍落度筒垂直提起,将筒放在混凝土锥体旁,筒顶上平放一木尺,用钢尺量出木尺底面到混凝土锥体顶面中心的距离,以厘米计,即为混凝土的坍落度(图 3-1)。

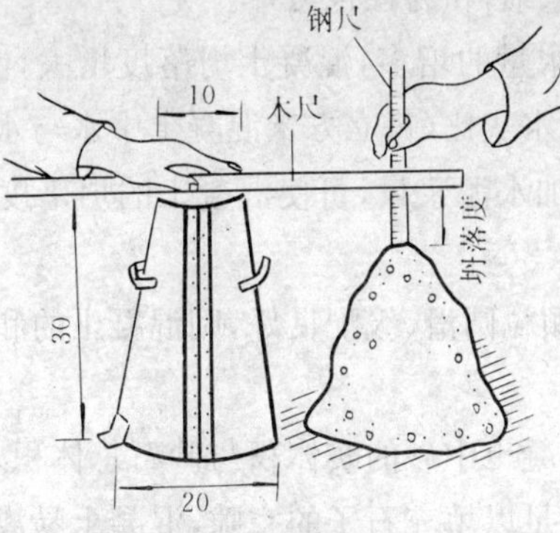

图 3-1 混凝土坍落度的测定 (单位:cm)

工作度的测定方法是将 20cm×20cm×20cm 的立方体铁模，固定在标准振动台上，用楔块夹紧使之不能移动，在模内放入圆锥筒，再按坍落度试验方法将混凝土分三层装入圆锥筒内，每层插捣 25 次，刮平后取出圆锥筒，再开动振动台，并以秒表记时，振动进行至混凝土由圆锥体下降填满立方体铁模四角，表面平整并呈现水泥浆时为止，记录所需时间（以秒计），即为混凝土的工作度，如图 3-2 所示。

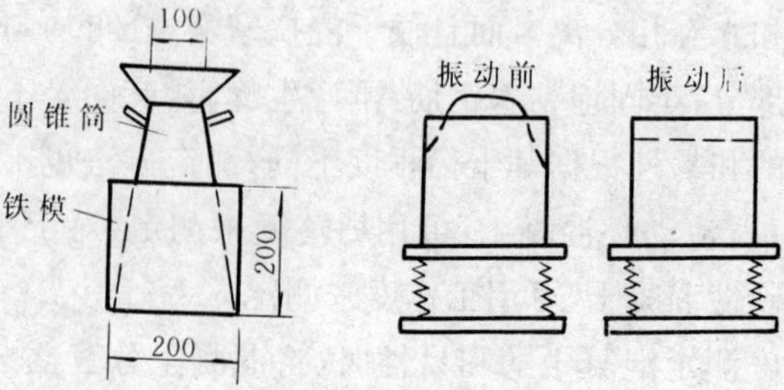

图 3-2　混凝土工作度的测定　（单位：cm）

影响混凝土和易性的主要因素有：

（1）普通水泥、硅酸盐水泥的和易性比火山灰水泥、矿渣水泥为好，水泥细度愈细，和易性也愈好。

（2）随着用水量的增多，混凝土坍落度增大，能使混凝土有较好的和易性。在水灰比（每立方米混凝土中水与水泥的重量比）不变的情况下，增加水泥浆量，可使混凝土的坍落度增大，和易性也较好。

（3）砂石的颗粒圆滑、级配良好，则混凝土的和易性好，反之和易性则差。

（4）砂率（混凝土中砂的实体积与砂石总体积之比）过小时，水泥砂浆的体积不足以填充石子的空隙，混凝土易离析泌水，和易性差。砂率过大时，包裹砂子的水泥浆层太薄，砂粒间的摩擦力加大，使混凝土的流动性减小，对混凝土的强度有影响。

(5)在拌制混凝土时，加入少量的减水剂，可以在不增加用水量和水泥用量的情况下，改善混凝土的和易性，增大流动性，降低泌水性。

(二)强度及变形

1.强度

混凝土强度的主要指标是抗压强度，而抗拉、抗折、抗剪强度均随混凝土抗压强度的不同而不同。

混凝土的抗压强度标号是按规定方法做成15cm的立方体试件，在标准条件下(温度20±3℃)养护到28天，以其所测得的抗压强度值来表示的。

混凝土强度等级有：C7.5、C10、C15、C20、C30、C35、C40、C45、C50、C55、C60等12个等级。

混凝土的抗压强度主要决定于水泥标号与水灰比，而骨料的强度与级配，砂石比率，混凝土硬化时温度、湿度，以及施工条件等都对混凝土的抗压强度有所影响。

(1)水泥标号、水灰比对强度的影响。混凝土的强度是水泥与水起水化作用，使水泥浆凝固硬化而产生的。水泥标号愈高，混凝土的强度就愈高；水灰比愈小，混凝土的强度就愈大。反之，水泥标号愈低，水灰比愈大，混凝土的强度就愈低。

(2)骨料对强度的影响。骨料级配优良和质地坚硬能增加混凝土的强度与密实性，特别是在高标号混凝土中，骨料对强度影响更大。粗骨料表面粗糙有棱角时能增大骨料与水泥浆的粘结力，所以在水灰比相同的条件下，碎石混凝土比卵石混凝土的强度略高。

(3)养护条件对强度的影响。混凝土硬化过程中，在保持一定温度条件下，温度愈高，强度增长愈快；温度愈低，强度增长愈慢。

混凝土在养护时，如温度不够，不能满足水泥水化作用的需要，将影响混凝土的强度。

(4)浇捣对强度的影响。浇筑混凝土时，必须充分捣实，才能得到密实坚强的混凝土，振捣不密实，会出现蜂窝等缺陷，影响混凝土的强度。同样的混凝土，机械振捣比人工捣固质量高。

一般情况下，振捣时间愈长，振动力愈大，混凝土愈密实。但对塑性混凝土，振动力过大或振捣时间过长，会使混凝土产生泌水离析现象，质量不均匀，强度降低。

2. 变形

混凝土变形有两种：一种是非荷载作用下的变形，如干缩湿胀和热胀冷缩；另一种变形为荷载作用下的变形，如弹、塑性变形和徐变等。

（三）耐久性

混凝土的耐久性是指混凝土建筑物在自然环境中，除能安全承受荷载外，还应能承受各种物理、化学因素的作用，具有经久耐用的综合性能，主要包括抗渗性、抗冻性、抗磨性和抗侵蚀性等。

1. 抗渗性

是指混凝土抵抗压力水渗透的能力。抗渗性的大小是用抗渗标号来表示的。水工混凝土的抗渗标号分为 S2、S4、S6、S8 及 S12 等五种，应根据承受水压的情况、水质条件和渗透水的危害程度等因素进行选用。

2. 抗冻性

是指混凝土在含水饱和状态下，抵抗冰冻破坏的能力。抗冻性的大小是用抗冻标号表示的。水工混凝土的抗冻标号分为 D50、D100、D150、D200、D250、D300 等六种。应根据建筑物所在地区的气候条件、建筑物类别以及工作条件选用。

3. 抗磨性

是指混凝土抵抗高含沙水流冲刷破坏的能力。混凝土抗磨性指标，按规定以抗冲磨强度或磨损率表示。

4. 抗侵蚀性

是指混凝土抵抗环境水侵蚀的能力，与所用水泥品种、混凝土密度和孔隙特征有密切关系。采用抗侵蚀性强的水泥，混凝土越密实，或掺用加气剂以破坏渗水孔道等措施，均可提高混凝土的抗侵蚀性。

混凝土的耐久性，主要取决于组成材料的性能和混凝土本身的密实程度。混凝土较密实，不仅强度较好，其耐久性也较高。混凝土本身虽有孔隙，但孔隙小且互不连通时，其抗渗性、抗冻性和抗侵蚀性也较高，但其强度和抗磨性不如密实的混凝土。因此，要想提高混凝土的耐久性，就应选用符合规范要求的材料，选用符合要求的材料配合比，并且精心施工，达到拌和均匀，振捣密实，养护良好的要求。

二、混凝土的组成材料

为了保证混凝土具有良好的性能，降低工程造价，必须合理选择混凝土的组成材料。

（一）水泥

1. 水泥品种的选择

选择水泥品种是根据环境条件、建筑物特点及混凝土所处的部位，力求做到经济耐久，满足工程要求。例如，水位变化区的外部混凝土，建筑物的溢流面和经常受水冲刷的混凝土，应优先选用普通硅酸盐水泥、硅酸盐大坝水泥，避免采用火山灰质水泥。当环境水有侵蚀作用时，应按规范选用合适的水泥品种。

2. 水泥标号的选择

水泥标号的选用原则是根据混凝土性能要求来决定的。一般情况下，水泥标号应为混凝土 28 天龄期抗压标号的 2～3 倍（混凝土标号较高时，可取较低倍数，反之，应取较高倍数）。为了保证混凝土的耐久性，规定用于一般水工混凝土或钢筋混凝土的水泥标号，不得低于 325 号；当有抗冻或抗磨要求时，水泥标号不得低于 425 号。

(二)粗、细骨料

混凝土的粗、细骨料，常用的是石子和砂子。由于砂石料占混凝土总重量的85%以上，砂石料质量的好坏，对混凝土的性能及造价都有很大的影响，所以必须对砂石料作必要的检验和合理的选择。

1. 细骨料(砂子)

混凝土用砂，一般采用当地的天然砂，如果缺乏时，也可用坚硬岩石磨碎的人工砂。

拌制混凝土用砂的质量，应从以下几个方面进行评定：

(1)有害杂质含量。砂子应该质地坚硬、清洁、有害杂质含量不应超过一定的限量。见表3-1。砂中的粘土淤泥可用清水冲洗，进行改善。

表3-1　砂料中有害杂质的允许含量

杂质名称	水位变化区的混凝土	位于水下的混凝土	普通混凝土
淤泥及细屑含量(%)	3	5	5
其中粘土含量(%)	1	3	2
硫酸盐及硫化物含量(以SO_3重量计)(%)	1	1	1
云母含量(%)	1	3	2
有机质含量	用比色法检验，砂料上部溶液的颜色不得深于标准色，否则应进行砂浆、混凝土试验评定		
具有碱活性的矿物含量	水泥含碱量超过0.6%时，应进行专门研究		

(2)砂的粗细程度及颗粒级配。砂粒的粗细程度是指不同粒径的砂粒混在一起时的平均粗细程度。通常有粗砂、中砂、细砂之分，水工混凝土用砂一般选用中砂较为适宜。

砂子的级配是指砂子的大、中、小颗粒互相搭配组合在一起的情况。砂子的级配良好是指其大、中、小颗粒均有搭配适当的含量，其孔隙率和颗粒总表面积都比较小，不仅可以节约水泥，而且还可以提高混凝土的密实性和强度。

2.粗骨料(石子)

混凝土中的粗骨料是指粒径大于5mm的骨料。常用的有卵石(砾石)与碎石两种。水工混凝土用石子总的要求是清洁、质地坚硬、级配良好。具体要求是：

(1)有害杂质含量应满足规范要求。

(2)最大粒径。在级配合适的情况下，采用较大的粗骨料的粒径，可使骨料间的孔隙率及总表面积减小，水泥浆用量减少，骨料用量增加都很有利。但是实践证明，当最大粒径大于150mm时，对节约水泥的效益已不显著。因此，在粒径小于150mm的范围内，如条件许可，应尽可能选用较大的粒径。

(3)颗粒级配。可参考表3-2。

表3-2　粗骨料级配选择参考表

粗骨料最大粒径(mm)	相应各粒径组(mm)骨料所占比例(%)				总计
	5～20	20～40	40～80	80～150(120)	
40	45～60	40～55			100
80	25～35	25～35	35～50		100
150或120	15～25	15～25	25～35	30～45	100

(三)水

凡适于饮用的水，均可用来拌制和养护混凝土。工业废水、污水及沼泽水则不能使用。天然矿物水是否能用，须经试验确定。其化学成分的指标应符合规范规定的要求。必要时，需作砂浆强度对比试验，即分别用矿物水及饮用水拌制砂浆试件，若矿物水所制的试件强度不低于饮用水拌制的试件强度，则此矿物水即认为可用。

（四）外加剂

掺用外加剂是改善混凝土性能、降低水泥用量的一种施工技术措施。它具有掺用量少、适应性强、成效显著、使用简便、费用低廉等特点。

外加剂的类型很多，主要有加气剂、减水剂、缓凝剂、速凝剂、膨胀剂等。

三、混凝土配合比选择

（一）配合比选择的目的及基本依据

选择混凝土材料配合比的目的，在于求得混凝土各组成材料的正确用量，使配制的混凝土满足和易性、设计强度及耐久性等要求，并最大限度地节约水泥，以降低成本。

混凝土配合比的表示方法通常有两种：一种是用每立方米混凝土中各种材料的重量数(kg)或重量的比例关系（以水泥重量为1）来表示；另一种是用材料体积的比例关系（以水泥体积为1）来表示。

（二）配合比选择的方法步骤

选择混凝土配合比的方法，通常用计算试验法，混凝土配合比的参数主要由试验确定，没有试验条件的则常用经验图表法。现仅就利用混凝土配合比表选择配合比的方法介绍如下。

目前，我国各省区都在编制适用于本省区的《混凝土配合比表（手册）》。这些配合比表，是在总结大量的试验成果的基础上编制出来的，对于中、小型工程，具有一定的适用意义。

查用配合比表时，要尽量用本省本地区的表。同时要注意该表的使用条件和编制方法。查出混凝土配合比以后，要进行试拌校正，如有必要，还可再按施工配合比拌制试件，交试验单位进行强度和耐久性的校核。为便于介绍查表法，现摘录山西省《水工混凝土配合比表》一部分，如表 3-3 所示，并举例说明用法如下。

表 3-3　　**水工混凝土配合比表**

水泥品种及标号：425 号普通水泥　　石子种类：卵石

砼标号 R28 (MPa)	石子最大粒径 (mm)	砂子细度模数 (*F. M*)	砂率 (%)	水灰比	1 立方米材料用量(kg)				混凝土容重 (kg/m^3)
					水	水泥	砂子	石子	
C10	80	3.0	32	0.80	136	170	684	1458	2450
		2.5	29	0.80	133	166	624	1527	2450
		2.0	26	0.78	130	167	560	1993	2450
		1.5	24	0.75	127	169	517	1687	2450
		1.0	23	0.70	124	177	494	1655	2450
	40	3.0	36	0.80	154	193	746	1327	2420
		2.5	33	0.80	151	189	686	1394	2420
		2.0	30	0.78	148	190	626	1456	2420
		1.5	27	0.75	145	193	584	1438	2420
		1.0	26	0.70	142	203	560	1515	2420
	20	3.0	40	0.80	170	212	807	1211	2400
		2.5	37	0.80	167	209	749	1275	2400
		2.0	34	0.78	164	210	692	1334	2400
		1.5	32	0.75	161	215	648	1376	2400
		1.0	31	0.70	158	226	624	1392	2400
C15	80	3.0	31	0.68	136	200	654	1460	2450
		2.5	28	0.68	133	196	594	1527	2450
		2.0	25	0.66	130	197	532	1591	2450
		1.5	23	0.63	127	202	487	1634	2450
		1.0	22	0.58	124	214	466	1624	2450
	40	3.0	35	0.68	154	226	715	1325	2420
		2.5	32	0.68	151	222	656	1391	2420
		2.0	29	0.66	148	224	594	1454	2420
		1.5	27	0.63	145	230	532	1493	2420
		1.0	26	0.68	142	245	527	1506	2420
	20	3.0	39	0.68	170	250	773	1207	2400
		2.5	36	0.68	167	246	714	1273	2400
		2.0	33	0.66	164	249	653	1330	2400
		1.5	31	0.63	161	256	614	1369	2400
		1.0	30	0.58	158	272	590	1380	2400

续表 3-3

砼标号 R28 (MPa)	石子最大粒径 (mm)	砂子细度模数 ($F.M$)	砂率 (%)	水灰比	1立方米材料用量(kg)				混凝土容重 (kg/m^3)
					水	水泥	砂子	石子	
C20	80	3.0	30	0.58	136	234	624	1456	2450
		2.5	27	0.58	133	229	564	1524	2450
		2.0	24	0.56	130	232	500	1588	2450
		1.5	22	0.53	127	240	459	1624	2450
		1.0	21	0.48	124	258	434	1634	2450
	40	3.0	34	0.58	154	266	280	1320	2420
		2.5	31	0.58	151	260	623	1386	2420
		2.0	28	0.56	148	264	562	1446	2420
		1.5	26	0.53	145	274	522	1479	2420
		1.0	25	0.48	142	296	497	1485	2420
	20	3.0	38	0.58	170	293	736	1205	2400
		2.5	35	0.58	167	288	681	1264	2400
		2.0	32	0.56	164	293	623	1320	2400
		1.5	30	0.53	161	304	581	1354	2400
		1.0	29	0.48	158	329	558	1357	2400

注 ① 表中混凝土的强度已较设计要求的强度提高了20%。

② 表中砂石料含水量均以饱和面干为准。若砂石料用干料，则单位用水量应再加100kg左右。

③ 表中单位用水量是指坍落度为5cm时的用水量，若要提高或降低坍落度，可调整用水量(单位用水量每增减2.5kg可使坍落度增减1cm)，或调整砂率(一般每增减5%的砂率可增减坍落度1cm)。

[例]某县某乡要修建一座渡槽，支承采用排架结构，排架上部用浆砌料石砌筑，排架下部及基础用混凝土浇筑。混凝土的设计要求强度为C20、水泥用本县生产的425号硅酸盐水泥，骨料用当地河砂及河卵石，采用人工拌和，坍落度选为5～7cm。试选择其配合比。

解：利用混凝土配合比表选择配合比：

根据设计与施工要求：已知 $R_{设}=200kg/cm^2$；水泥为425号硅酸盐水泥；坍落度5～7cm；经直观鉴定，当地骨料质地坚硬、清洁；石子最大粒径用 40mm，采用二级配，砂子偏粗，估计细度模数为 3.0 左右，查表 3-3 得出混凝土配合比如表 3-4。

表 3-4 （单位：kg/m^3）

砂率（%）	水灰比	1 立方米混凝土材料用量				混凝土容重
		水	水泥	砂子	石子	
34	0.58	154	266	680	1320	2420

试拌 10L，发现混凝土太干，坍落度达不到要求。经过校正，用水量增加 250g，水泥相应增加 430g，试拌结果，坍落度符合要求。校正前后的材料用量如表 3-5。

表 3-5 （单位：kg）

项目	水	水泥	砂子	石子	校正后总量
试拌 10L 用量	1.54	2.66	6.80	13.20	24.88
校正后用量	1.79	3.09	6.80	13.20	

实际的配合比为：

水 $$1.79\times\frac{2420}{24.88}=174(kg)$$

水泥 $$3.09\times\frac{2420}{24.88}=301(kg)$$

砂子 $$6.80\times\frac{2420}{24.88}=661(kg)$$

石子 $$13.20\times\frac{2420}{24.88}=1284(kg)$$

石子级配 中石：小石＝50：50

5～20mm、20～40mm 石子各用 642kg。

四、其他水泥混凝土

（一）干硬性混凝土、干贫混凝土

(1)干硬性混凝土。混凝土拌和物的坍落度小于 1cm、工作度在30s以上的叫做干硬性混凝土。混凝土预制工厂用干硬性混凝土的工作度可达100～200s以上。

干硬性混凝土配合比的特点是用水量少、含砂率低。因此混凝土中的水泥浆用量较少，粗骨料的相对含量较多，粗骨颗粒周围的砂浆包盖层较薄，这样，更充分地发挥了粗骨料的骨架作用。因此在相同水灰比的情况下，干硬性混凝土的强度和密实性较塑性混凝土高，水泥用量也较少，但干硬性混凝土的抗拉强度与抗压强度的比值较小，脆性较为显著。干硬性混凝土常应用于工厂预制混凝土构件。

(2)干贫混凝土。干贫混凝土是干硬性混凝土的一种，也称为碾压混凝土，它是正在发展的一个新品种。干贫混凝土的水泥用量可少至80 kg/m^3，较干硬性混凝土少得多，工作度则较大。由于水泥用量很少，水化热较小，采用分层铺筑和振动碾压实的大面积铺筑方法，大大缩短了施工工期。目前国内外都在进行试验研究，日本，美国曾先后使用碾压混凝土筑成三座混凝土坝，居于世界领先地位。

(二)流态混凝土与喷混凝土

(1)流态混凝土是易于流动、不易离析且坍落度大于20cm的混凝土。流态混凝土是塑性混凝土掺入高效减水剂拌和而成的，用水量不很多，但流动性很好，容易振捣密实。由于其强度和耐久性较高，故适于泵送、管道运输或漏斗浇筑的钢筋稠密结构、高层建筑和水下工程。

(2)喷混凝土是用压缩空气把按一定比例配合的水泥、砂、石混合物喷至喷嘴处与高压水混合后，高速喷射到岩石或老混凝土面上的混凝土。喷混凝土常掺用速凝剂以加速其凝结硬化，减少回弹脱落的损失。喷混凝土在喷射时由于受到很高压力的反复冲击，所以其强度和耐久性较高。主要用于修补混凝土建筑物缺陷、隧洞或地下建筑物的衬砌等。

（三）无砂大孔混凝土

无砂大孔混凝土与普通混凝土的主要区别在于其中无细骨料。一般选用中等粒径（10～20mm）、颗粒均匀的卵石或碎石，用水泥浆均匀地覆盖其表面。水泥浆在其中不起填充孔隙的作用，仅将粗骨料胶结在一起成为一种多孔性材料。

无砂大孔混凝土具有热传导性低、透水性大等特点，常用作保暖的墙壁以及水工建筑物中的排水暗管。

（四）纤维混凝土

纤维混凝土是将短纤维均匀拌入而成的混凝土，是纤维与混凝土组成的一种复合材料。目前研究和应用较多的是玻璃纤维混凝土和钢纤维混凝土。钢纤维混凝土的抗裂性、抗冲磨性、抗冻性、耐高温和抗爆性等比普通混凝土优越，适用于有特殊要求的混凝土工程。

五、混凝土的养护

混凝土浇捣后，逐渐凝固、硬化，这个过程主要由水泥的水化作用来实现，而水化作用必须在适当的温度和湿度条件下才能完成。因此，为了保证混凝土有适宜的硬化条件，使其强度不断增长，必须对混凝土进行养护。

如果空气干燥，气候炎热、风吹日晒，那么就会使混凝土中水分蒸发过快，影响混凝土中水泥的水化作用，出现脱水现象，混凝土表面就会脱皮起砂，甚至内部也会松散，降低其强度。而且在干燥环境中，混凝土也会产生干缩裂纹，破坏了它的耐久性。所以，对混凝土初期阶段的养护是非常重要的，是保证其正常硬化，防止出现脱水或干缩现象的一项必要的措施。

混凝土养护方法，一般常采用自然养护和蒸汽养护。

（一）自然养护

自然养护分浇水养护和喷洒塑料薄膜养护两种。

1.浇水养护

浇水养护是在自然气温条件下，用湿草帘或湿麻袋将混凝土覆盖并经常浇水进行养护。

对于塑性混凝土应在浇捣后的12小时内，即加以覆盖和浇水；干硬性混凝土在浇捣完毕后，立即覆盖，并须加强浇水。

混凝土的浇水养护日期：用硅酸盐水泥、普通水泥时，不少于7昼夜；用矿渣水泥、火山灰水泥、粉煤灰水泥时，不少于14昼夜；混凝土中掺有减水剂、加气剂时，不少于14昼夜；对于有抗渗要求的混凝土，不少于14昼夜。

浇水次数以能保持混凝土具有足够的湿润状态为宜。在一般气候条件下，浇水次数应适当增加。

养护混凝土所用的水，其要求与拌制混凝土用的水相同。

混凝土在养护过程中，如发现覆盖不好，浇水不足，以致表面泛白或出现干缩细小裂纹时，要立即加以覆盖·加强养护工作，充分浇水，并延长浇水日期，以予补救。

对于大面积混凝土结构，如楼板、地面、层面等，可采用蓄水养护。贮水池可于拆除内模混凝土达到一定强度后注水养护。

2.喷洒塑料薄膜养护

喷洒塑料薄膜养护是将塑料溶液喷洒在混凝土表面上，待溶液挥发后，塑料在混凝土表面结成一层薄膜，使混凝土与空气隔绝，封闭混凝土中的水分不再被蒸发，而完成水化作用。

塑料薄膜养护适用于大面积混凝土或浇水养护困难的情况下使用。目前采用的过氯乙烯树脂塑料薄膜养护剂，其效果较好，能在-10℃到40℃的气温范围内使用。

(二)蒸汽养护

蒸汽养护就是将浇捣成型的混凝土构件置于固定的养护坑(或窑)内,然后通以蒸汽,使混凝土在较高的温度和湿度条件下迅速凝结、硬化,达到要求的强度。

蒸汽养护能大大加快模板的周转,缩短整个生产过程的周期。蒸汽养护目前主要用于预制厂内的构件生产。主要形式有三种:坑槽蒸养、立窑蒸养和隧道窑蒸养。对于现浇结构,如果保温设施具备,也可采用蒸汽养护。

第三节 水工砂浆

一、砌筑砂浆的性能和要求

(一)和易性

和易性良好的砂浆,能涂抹成均匀的薄层而且与底面粘结牢固。砂浆的和易性好坏是用其流动性和保水性两项指标衡量的。

1. 流动性(稠度)

砂浆的流动性是指新拌砂浆在自重或外力作用下,是否易于流动的性能,其流动性的大小是用标准圆锥体在砂浆中沉入深度的厘米数表示,称为沉入度。沉入度越大,表示砂浆的流动性越强。

砂浆的流动性与胶凝材料的种类、砂子的级配、颗粒的粗细及圆滑程度等因素有关。当胶凝材料和砂子一定时,砂浆的流动性主要取决于用水量。只要加水量不变,水泥与砂子的配合比在一定范围内改变时,对流动性基本上没有影响。

砂浆的流动性主要根据砌体的种类和天气条件来选择:砌砖砂浆的沉入度约为7~10cm;砌石砂浆约为5~7cm。天气干燥时取较大值，天气寒冷或潮湿时，应采用较小值。

2. 保水性

砂浆的保水性是指砂浆保存水分的能力。保水性不好的砂浆，在运输过程中容易泌水离析，砌筑时水分易被砖石吸收，使砂浆变得干稠，这样不但影响砂浆的正常硬化，而且会减弱砂浆的粘结力，降低砌体的强度。

砂浆的保水性可用分层度衡量。砂浆在放置时，由于砂子缓慢地沉降，水浮在上层，因此上层与下层的稠度就不相同，上下层稠度之差，叫做分层度。

测定分层度时，将拌好的砂浆放入标准容器中，先测其沉入度，静置 30 分钟后，再取容器下部 1/3 部分的砂浆，测其沉入度，前后两次沉入度之差即为分层度(以厘米为单位)。

砂浆中胶凝材料用量越多，其保水性就越大。水泥砂浆的保水性一般较差，掺入石灰、粘土、加气剂和减水剂后，能提高砂浆的保水性。

砂浆的分层度主要根据施工条件来选择：分层度接近于零的砂浆，用来砌筑砖石时，砖石可不必浇水润湿，但这种砂浆易干缩裂缝不能用来抹面；分层度为 1～2cm 的砂浆，砌筑、抹面均可使用，但在干热天气施工时，砖石必须浇水润湿；分层度大于 2cm 的砂浆，在一般施工条件下不许使用。

(二)强度

1. 抗压强度

砌体中的砂浆，起着传递压力的作用，因此砂浆必须具有一定的抗压强度。砂浆的抗压强度是以边长为 7.07cm 的立方体试件，在标准条件下养护 28 天后测定的。砂浆按其抗压强度划分为 1.0、2.5、5.0、7.5、10.0(MPa)等五种标号。

影响砂浆强度的因素与混凝土基本相同。但由于砂浆的使用条件不同，所以产生的影响也不完全相同。

当用在不吸水的底面上时，砂浆强度主要决定于水泥的强度和水灰比。

当用在多孔的吸水底面上时，虽然砂浆中的用水量稍有不同，但经过底面吸水后，保留在砂浆中的水分仍大致相同。因此砂浆的强度主要决定于水泥的强度及每立方米砂浆中的水泥用量。

除上述影响因素外，砂子的级配及掺入混合材料的数量也会影响砂浆的强度。

2. 粘结强度

为了保证砌体的整体性，砂浆与砖石必须粘结牢固，即应具有一定的粘结强度。影响粘结强度的因素有抗压强度、组成材料、砖石的湿度及表面状态、砌筑和养护条件等。一般来讲，砂浆的粘结强度随其抗压强度的增大而增大。

（三）耐久性

水工砂浆经常受环境水的作用，因此，要求具有抗渗、抗冻、抗冲刷、抗侵蚀等性能。

影响砂浆耐久性的因素与混凝土基本相同。提高砂浆耐久性的措施，主要是提高其密实性，其中严格控制水灰比是一个重要措施。其水灰比不得超过表 3-6 的数值。

表 3-6　　**砂浆的最大容许水灰比**

建筑物的部位	最大容许水灰比	
	普通水泥和矿渣水泥	火山灰质水泥
位于水位升降部分		
(1)恶劣的气候	0.55	0.60
(2)中等温和气候	0.60	0.65
地下的及经常位于水下或经常受水压的部分	0.60	0.65

二、砌筑砂浆的组成材料与配合比选择

(一)组成材料

建筑砂浆是由无机胶凝材料、细骨料和水组成的。砂浆的组成材料与混凝土的情况基本相同,只是没有粗骨料,所以砂浆也可以认为是细骨料混凝土。

1. 水泥

普通水泥、矿渣水泥、火山灰质水泥等常用品种的水泥都可以用来配制砌筑砂浆。选择水泥标号(强度)一般为砂浆标号(强度)的4～5倍,所以一般采用中等标号的水泥就能够满足需要。如果水泥标号过高,则可加些混合材料。对于一些特殊用途如配制构件的接头、接缝,用于结构加固、修补裂缝等,则应采用膨胀水泥。

2. 砂

砌筑砂浆用砂应符合混凝土用砂的技术性质要求。由于砂浆层较薄,因此,对砂子的最大粒径应该有所限制。对于毛石砌体所用的砂,最大粒径应小于砂浆层厚度的1/4～1/5。对于砖砌体,以使用中砂为宜,粒径不得大于2.5mm。对于光滑的抹面及勾缝的砂浆则应采用细砂。为了保证砂浆的质量,尤其在配制高强度砂浆时,要注意选择洁净的砂子。因此对砂子中粘土杂质的含量应有所限制。对强度为10MPa以上的砂浆用砂,其粘土杂质的含量不得超过5%;对2.5及5MPa的砂浆不得超过10%;对1MPa以下的砂浆不得超过15%～20%。

3. 水

拌和砂浆用水与混凝土拌和水的要求相同,应选用无有害杂质的洁净水来拌制砂浆。

有时为了改善砂浆的和易性和节约水泥,还常在砂浆中掺入适量的石灰或粘土膏浆而制成混合的砂浆。

为了保证砂浆的质量,需将石灰先制成石灰膏,然后再掺入砂

浆搅拌均匀。

(二)不吸水底面砂浆配合比选择

对于强度和耐久性要求较高的水工砂浆，选择配合比时可先根据经验公式及有关规范选定水灰比，再假定几组不同的灰砂比，通过和易性试验，以确定其配合比，最后再检验其强度和耐久性，如不符合要求时，应调整水灰比，重新进行试验。

根据建筑物的部位及气候条件，水工砂浆的水灰比不得超过表3-3的数值。

(三)吸水底面砂浆配合比的选择

1. 计算水泥用量

$$Q_{灰}=\frac{R_{浆}}{KR_{灰}}\times 1000 \tag{3-1}$$

式中 $Q_{灰}$——1立方米砂浆中的水泥用量，kg；

$R_{浆}$——砂浆的28天龄期抗压强度，MPa；

K——经验系数；

$R_{灰}$——水泥强度，MPa。

应用上式时，砂是指松散状态且含水量为1%～3%的砂或粗砂。此种砂用于一般配合比的砂浆时，制成的砂浆体积约等于砂的体积。如用细砂或干砂时，水泥用量约需增加10%～15%。

2. 计算混合材料用量

为了改善砂浆的和易性，可掺入石灰膏或粘土膏等混合材料，$1m^3$ 砂浆的掺用量 D(L)可按下式计算

$$D=110-0.15Q_{灰} \tag{3-2}$$

D 值是指密度为 $1400kg/m^3$ 的石灰膏，或稠度为14～15cm的粘土膏。当所用材料与此不符时，其掺入量应进行试验校正。

掺入适量的混合材料可以提高砂浆的强度，掺量过多则将影响砂浆的耐久性，应对照有关规范采用适当数量。

3. 计算砂浆的配合比

砂浆的配合比一般按体积表示

$$水泥:混合材料:砂=\frac{Q_{灰}}{\gamma_{灰}}:\frac{D}{1000}:1=1:\frac{D\gamma_{灰}}{1000Q_{灰}}:\frac{\gamma_{灰}}{Q_{灰}} \quad (3\text{-}3)$$

式中 $\gamma_{灰}$——水泥的松散密度，kg/m^3。

如为水泥砂浆，则无混合料一项。

水的用量可根据使砂浆达到要求的流动性为标准，进行试拌确定。按上述砂浆配合比配制的砂浆，还须进行强度和耐久性检验，当过高或过低时，可通过增减水泥用量予以调整。没有试验条件的零星工程，可参照表 3-7 选定砂浆的配合比，然后按要求的和易性做拌和试验以确定用水量。

表 3-7 **砂浆配合比表**

砂浆种类	水泥标号	相应于各砂浆标号(MPa)的砂浆配合比(体积比)					
		20	15	10	7.5	5	2.5
水泥砂浆	525	1∶3	1∶4	1∶4.5	1∶6		
	425	1∶2.5	1∶3.5	1∶4.5	1∶5.5	1∶7	
	325	—	1∶3	1∶3.5	1∶4.5	1∶6	1∶9
	275				1∶4	1∶5	1∶8
水泥石灰砂浆及水泥粘土砂浆	525	—	1∶0.3∶4	1∶0.5∶5	1∶0.7∶6	1∶1∶8.5	—
	425		1∶0.2∶3.5	1∶0.4∶4.5	1∶0.6∶5.5	1∶0.8∶8	
	325	—	—	1∶0.2∶3.5	1∶0.4∶4.5	1∶0.6∶6	1∶1.2∶9
	275	—	—	—	1∶0.3∶4	1∶0.4∶5	1∶1∶8

注 水泥密度按 $1100kg/m^3$ 计算。

三、其他砂浆

(一)抹面砂浆和防水砂浆

抹面砂浆以薄层涂抹于建筑物的表面，既保护建筑物，又增加美观。为了便于涂抹，要求比砌筑砂浆有更好的和易性。此外，还要求在涂抹时和硬化后都能与底面很好地粘结。因此，抹面砂浆的胶凝材料用量，一般要比砌筑砂浆多一些。

为了保证抹灰表面平整，避免裂缝脱落，抹面砂浆常分底、中、面三层涂抹，底层主要起与底面粘结的作用，要求的稠度较大；中层主要起找平作用，稠度应较小；面层主要起装饰作用，要求用较细的砂。某些建筑物，如隧道、水池、堤坝、沟渠等的抹面砂浆，除要求一定的强度外，还要求具有较高的抗渗性，这种砂浆称为防水砂浆。防水砂浆一般应用级配良好的砂子配制。为了提高防渗性，常采用以下措施：

(1)提高砂浆中的水泥用量，一般灰砂比为1∶2～1∶3。

(2)在砂浆中掺入外加剂，近年来常采用加气剂、减水剂、三乙醇胺、三氯化铁等作为砂浆及混凝土的防水剂，都取得了良好的防渗效果。加气剂适用于对抗冻性、耐久性要求较高的防水工程；减水剂适用于一般的防水工程，一般常采用加气剂减水型；三乙醇胺适用于工期紧迫，要求早期强度大及抗渗性较强的工程；三氯化铁适用于水下工程、无筋或少筋防水工程、防水工程的修补抹面等。常用配合比是：水泥∶砂∶三氯化铁防水剂为1∶2～2.5∶0.03；水灰比为0.5～0.55。

(3)采用喷浆法施工。即利用高压空气将砂浆以每秒约100m的高速喷涂于建筑物的表面，使砂浆被强烈地压实，其强度和抗渗性均大大提高。

(二)小石子砂浆与勾缝砂浆

1.小石子砂浆

小石子砂浆是在水泥砂浆中掺入适量的小石子配制而成。这种砂浆主要用于块石砌筑的工程。由于块石的外形很不规则，砌体的空隙率一般达40%～50%，空隙又较粗大，如全部用水泥砂浆填充，水泥耗用量很大，采用小石子砂浆既节约水泥又能提高砌体强度。

小石子砂浆所用石子的最大粒径为10mm和20mm两种。石子的掺量一般为砂浆中骨料总重量的20%～30%。当石子粒径选用过大，可掺量过多时，小石子砂浆不易捣实。

2.勾缝砂浆

在砌体表面进行勾缝，可以提高灰缝的耐久性，同时还能增加砌体的美观。勾缝采用10MPa或10MPa以上的砂浆，并用细砂配制。勾缝砂浆的流动性必须适当，砂浆过稀灰缝易变形，过稠则灰缝表面粗糙。火山灰水泥的干缩性大，灰缝易开裂，不宜用来配制勾缝砂浆。

（三）钢丝网水泥砂浆

钢丝网水泥砂浆，简称钢丝网水泥。它是由几层重叠的钢丝网经浇捣或涂抹高标号水泥砂浆所构成，一般厚度为30～40mm。由于在水泥砂浆中分散配置细而密的钢丝网，因此，较钢筋混凝土有更好的弹性，抗拉强度和抗渗性，并能承受冲击作用。在水利工程中，钢丝网水泥砂浆主要用于制作压力管道、渡槽及闸门等薄壁结构物。

（四）修补混凝土用砂浆

修补混凝土裂缝或其他缺陷，常采用砂浆修补。所用砂浆要求收缩性较小或不收缩，以便与混凝土牢固地结合成为一个整体。为此，可在砂浆中掺用适量的铝粉，或采用喷砂浆，还可采用预缩砂浆。预缩砂浆就是将拌和好的砂浆存放0.5～1.0小时后再使用的干硬性水泥砂浆。由于砂浆在存放时间的预缩，减少了填筑砂浆的体积收缩，其收缩率可降低为原收缩率的1/2～1/7。

复习思考题

1. 建筑材料的物理性质有哪些？力学性质有哪些？
2. 简述木材、水泥、钢材的性能与用途？
3. 混凝土的性能有哪些？由哪些材料组成？如何选择配合比？
4. 怎样养护混凝土？
5. 砌筑砂浆的性能与要求有什么？
6. 如何选择砂浆配合比？

第四章　渠道及其建筑物的管理

渠道及其建筑物的管理，一般来说，主要包括工程运用管理和维修养护两个方面。为便于大家对渠道及其建筑物的管理有比较全面透彻的了解，本章着重介绍工程管理的一般要求和工程保护及有关检查观测内容与方法。

第一节　渠道及其建筑物运行管理的一般要求

一、渠道正常工作标志及管理运用的原则要求

渠道工程的正常运行是灌区运用的基本条件。确保渠道安全、正常运行，是使工程发挥最大经济效益的至为重要的问题。要做到这一点，就必须通过精心管理，达到以下标准和要求。

(一)灌溉渠道正常工作标志

灌溉渠道正常工作的标志有以下几项：

(1)输水能力符合设计要求。

(2)水流平稳均匀，不淤不冲。

(3)渠道水量的管理损失和渗漏损失量最小，不超过设计要求。

(4)渠堤断面规则完整，符合设计要求，输水安全。

(5)渠道内没有杂草与输水障碍物。

(6)渠堤绿化达到要求标准，林木生长良好。

以上各项正常工作标志，各灌区在实施过程中均有若干具体规定，应切实遵照执行。

(二)渠道管理运用的一般要求

渠道的管理运用,由于各灌区工程设施条件存在差异,其要求亦有所不同。一般应满足以下几点要求:

(1)经常清理渠道内的垃圾、杂草等,保持渠道正常行水。

(2)禁止在渠道上垦植、铲草及滥伐护渠林;禁止在管理保护范围内取土、挖沙、埋坟、打井、修塘等一切危害工程安全的活动。

(3)渠道两旁山坡上的截流沟或泄水沟要经常清理,防止淤塞,尽量减少山洪或客水进渠,造成渠堤漫溢决口或冲刷淤积。

(4)不得在排水沟内设障堵截影响排水。

(5)做好水污染防治,禁止向渠道倾倒垃圾、废渣及其他腐烂物,定期进行水质检验,发现污染应及时报告有关部门并采取处理措施。

(6)禁止在渠道内毒鱼、炸鱼。

(7)通航渠道应限制机动船行驶速度,不准使用尖头撑篙,不准在渠道上抛锚。

(8)对渠道冲刷损坏部位,要及时修复,必要时还应采取防冲措施。

(9)应及时查禁违章修建建筑物和退泄污水、废水及私自抬高水位的行为。

(10)按照规定,定期进行渠道清淤整修,渠底、边坡等应保持原设计断面要求。

(11)渠道放水、停水,应逐渐增减,尽量避免猛增猛减。

(三)渠道控制运用的一般原则

1.水位控制

为保证安全输水避免溢堤决口,各渠道必须明确规定最高允许水位,或规定渠顶超高,不得超限输水。最高水位的确定,一般按渠道设计正常水位为警戒水位,设计校核水位为保证水位。但在实际应用中,尚需考虑渠段工程设施及自然地理条件的变化,包括工程老化程度和区间径流对渠道的影响等情况而确定控制运行水位。渠顶超高一般应不小于表 4-1 所列范围数值。通航渠道的超高，可在表列数据基础上适当加大；风力较大的地区，如流量大于 $50m^3/s$，其超高应计入波浪高度。汛期输水，应视入渠洪水情况，适当降低渠道水位运行。

表 4-1　　**渠顶超高值**

渠道流量(m^3/s)	超高(m)
1	0.2～0.3
1～10	0.4
10～30	0.5
30～50	0.6
＞50	＞0.6

2. 流速控制

渠道中流速过大或过小，将会发生冲刷或淤积，影响正常输水。在管理运用中，必须控制流速。总的要求是渠道最大流速不应超过开始冲刷渠床流速的 90%，最小流速不应小于落淤流速(一般不小于 0.2～0.3m/s)。

渠道流速的控制，在工程设计时即已按技术要求作了设计计算，但在运行管理中，往往因运行不当，造成流速过大或过小而发生冲淤现象，因此要注意以下几点：一是渠道上节制闸的运用应按操作规程和控制运用指标进行调控，否则会造成渠床冲淤，甚至壅水溢堤事故的发生；二是渠道内生长的水草应经常铲除，桥桩等设施滞留的杂物应及时清除，以免水草丛生而滞留泥沙，愈积愈多而缩小过水断面，阻碍水流；三是要严格禁止渠道内擅自设置堵水设施，以防影响渠道流速造成损坏工程事故；四是渠道流速不易控制而发生冲刷现象时，可采取防冲工程措施；发生淤积时应注意经常清淤，必要时可采取裁弯取直、调整纵坡，增建排沙闸、沉沙池等工程措施。

3.流量控制

渠道过水流量一般应不超过正常设计流量，如遇特殊用水要求时，可以适当加大流量，但时间不宜过长。尤其是有滑坡危险或冬季放水的渠道不宜加大流量。浑水淤灌的渠道可以适当加大，冰冻期间渠道输水，在不影响用水要求的前提下，尽量缩短输水时间，并要密切注意气温变化和冰情发生情况，及时清除冰凌，防止流凌壅塞，造成渠堤漫溢成灾。渠道放水时采取逐渐增加或减少流量的方法，以免猛增猛减，造成冲淤或垮岸事故，每次改变流量最好不超过10%～20%。

二、渠系建筑物的管理运用要求

（一）渠系建筑物完好率和正常运用的基本标志

渠系建筑物一般具有小型、多样、数量多的特点，其管理运用因其工程类型和规模不同，要求也不尽相同，共同的要求是要保持工程完好和正常运行，须达到以下基本标准：

（1）过水能力符合设计要求，能准确、迅速地控制运用。

（2）建筑物各部分应保持完整、无损坏。

（3）挡土墙、护坡和护底均填实无空虚部位；挡土墙后及护底板下无危险性渗流。

（4）闸门和启闭机械工作正常，闸门与闸槽无漏水现象。

（5）建筑物上游无冲刷淤积现象。

（6）建筑物上游壅高水位时不能超过设计水位。

（7）各种用于测流、量水的水尺标志完好，标记明显。

（二）渠系建筑物管理中的一般要求

渠系建筑物管理是指渠系上各类建筑物进行合理运用、养护维修、使其经常处于正常技术状态的管理工作。在经常性管理中应达到以下要求：

(1)各主要建筑物应备有一定的照明设备，行水期和防汛期应有专人管理，不分昼夜地轮流看守。

(2)对主要建筑物应建立检查制度及操作规程，切实做好检查观察工作，认真记录，发现问题要分析原因，及时研究处理，并报主管机关。

(3)在配水枢纽的边墙、闸门上及大渡槽、倒虹吸、涵洞、隧洞的入口处，必须标出最高水位，放水时严禁超过最高水位。

(4)在建筑物管理范围内严禁进行爆炸活动，200m 范围内不准用炸药炸岩石，500m 范围内不准在水内炸石。

(5)禁止在建筑物上堆放超过设计荷重的重物，各种车路距护坡边墙至少保持 2m 以上距离。

(6)建筑物中允许行人的部分应设置栏杆等保护设施，重要桥梁应设置允许荷重标志。

(7)主要建筑物应有管理闸房，启闭机应有房(罩)等保护设施。重要建筑物上游附近应有退、泄水闸，以便发生故障时，能及时退水。

(8)未经管理单位批准，不允许在渠道及其建筑物管理范围内增建或改建建筑物。

(9)渠道及其建筑物要根据管理需要，划定管理范围，任何单位或个人不得侵占。

(10)不准在专用通信、电力线路上架线或接线。

(11)与河、沟的交叉工程，应注意做好导流、防淤、护岸工程，防止洪水冲毁渠系建筑物。

(三)渠系建筑物管理养护中应注意的问题

在了解渠系建筑物管理的基本标志和一般要求后，我们对渠系建筑物的管理有了一个总的共同性的了解，但这还不够，尚需要进一步了解不同类型的建筑物管理的具体要求及应注意的问题，才能满足实际工作的需要。下面分别介绍。

1. 渡槽

(1)渡槽入口处设置最高水位标记，放水时绝不允许超过最高水位。

(2)水流应均匀平稳，过水时不冲刷进口及出口部分，为此，对渡槽与渠道衔接处应经常进行检查，如发现有沉陷、裂缝、漏水等现象，应立即停水修理。渡槽进出口的衬护工程如有毁坏或变形应及时修复。

(3)渡槽槽身漏水严重的应及时修补；钢筋混凝土渡槽在渠道停水后，槽内应排干积水，特别是严寒地区更要注意。

(4)渡槽两侧无人行道设备的应禁止人畜通行，必要时可在两端设置栏杆、盖板等设施。

(5)放水期间，要防止柴草、树木、冰块等漂浮物壅塞，产生上淤下冲的现象，或决口漫溢事故。

(6)渡槽的伸缩缝必须保持良好状态，缝内不能有杂物充填堵塞，如有损坏要立即修复。

(7)跨越河沟的渡槽，要经常清理滞留于支墩上的漂浮物，减轻支墩的外加负荷。同时要注意做好河岸及沟底护砌工程的维护工作，防止洪水淘刷槽墩基础。

(8)在渡槽的中部，特别要注意支座、梁和墙的工作状况，以及槽底和侧墙的渗水和漏水，如发现漏水严重时应及时停水处理。

(9)木质渡槽要防止时湿时干而造成干裂漏水，在非灌溉时期除冬季停水外最好使槽身经常蓄水。间歇供水的在秋季停水后，可用煤焦油等防腐剂涂刷维修保护。

2. 倒虹吸管

(1)倒虹吸管上的保护设施，如有损坏或失效，应及时修复。

(2)进出口应设立水尺，标出最大、最小的极限水位，经常观测水位流量变化，保证通过的流量、流速符合设计要求。

(3)进出水流状态应保持平稳，不冲刷淤塞。进出口两端必须设拦污栅，及时清除漂浮物，防止杂物入管或壅水漫堤。

(4)经常检查倒虹吸管与渠道连接部位有无不均匀沉陷、裂缝、漏水，管道是否变形，进出口护坡是否完整，如有异常现象应立即停水进行修理。

(5)倒虹吸管停水后，应关闭进出口闸门，无闸门设施的应采取其他封拦措施，防止杂物进入管内或发生人畜伤亡事故。

(6)管道及沉沙、排沙设施，应经常清理。暴雨季节要防止山洪淤积管道。有底孔排水设备的，在管内淤积时应在停水后，开启闸阀，排水冲淤，以保持管道畅通。

(7)直径较大的裸露式倒虹吸管，在高温或低温季节要采取降温、防冻保护措施，以防管道发生胀裂破坏。

(8)倒虹吸管顶冒水者，停水后在内部勾缝填塞处理，严重者应挖开填土，彻底处理。

3.隧洞与涵洞

(1)进出口有冲刷或气蚀损坏现象，应及时处理。

(2)应尽量避免在明流、满流过度状态下运行，每次通水或放空过程中应缓慢进行，切忌流量猛增猛减，以免洞内产生超压、负压、水锤等现象而引起损坏。

(3)隧洞内不使用的工作支洞和灌浆管道等应清理并堵塞严实，如有漏水现象应及时停水处理。

(4)洞身如有坍塌、渗漏等，应查明原因，进行处理。

(5)涵洞顶部或洞顶岩石厚度小于三倍洞径的隧洞顶部，禁止堆放重物，不许修建其他建筑物。

(6)渠道下的涵管应特别注意涵洞顶渠道的渗漏，防止涵管周围填料被淘刷流失，造成基础沉陷、建筑物悬空或涵管崩裂等。

(7)砌石涵洞放水时，如发现涵洞振动，流水浑浊或其他异常现象，应立即停止放水，查明原因，予以处理。

4. 跌水与陡坡

(1)要防止水流对建筑物本身及下游护坦的冲刷,特别注意防止跌坎的崩坍与陡坡的滑塌、鼓起及开裂等现象。

(2)冬季停水期和用水前对下游消力设施,都应详细进行检查,损坏者应立即进行补修。消力池内的堆积物应及时清除,以免影响消能。

(3)跌水或陡坡与渠道连接处之上下游护坡,如有沉陷、裂缝,应及时填土夯实,防止冲刷。

(4)冰冻地区在冬季停水后应清除消力池内积水,防止结冰、冻裂。

(5)利用跌水、陡坡进行水能利用时,应另修引水口,严禁在跌水、陡坡口设闸壅水;距离跌水、陡坡口上游较近的拦水闸,下泄渠水时应按设计规定控制泄流速度与流量,切忌猛泄猛排。

(6)跌水、陡坡下游出现渠道冲刷,可采取护坦后加长砌石的办法,以保证下游渠道安全。

5. 桥梁

(1)桥梁旁边应设置标志,标明其载重能力和行车速度,禁止超负荷车辆通行。

(2)行车桥梁栏杆两端应埋设大块石料或混凝土桩,防止车辆撞坏栏杆。

(3)钢筋混凝土桥梁或砌石桥梁,应定期进行桥面养护或填土修理,防止桥面裸露而被损坏。

(4)木结构桥梁应定期涂刷防腐剂,定期检查维修损坏构件。

(5)及时清除桥梁前及桥孔的漂浮、堆积物,防止阻塞壅水。

(6)应经常检查桥孔上下游护坡底,如有淘空、掉块、砌石松动或勾缝脱落等现象,应及时整修。

6. 量水建筑物

在管理运用测流断面和特设量水设备时,应注意:

(1)经常检查水标尺的位置与高程，如有错位、变动等情况应及时修复，水标尺刻划不清晰的要描画清楚，随时清洗标尺上的浮泥，以便准确观测。

(2)经常注意检查量水设备上下游冲刷和淤积情况，如有冲刷、淤积要及时处理，尽量恢复原来水流状态以保持量水精度。

(3)对边墙、翼墙、底板、梯形测流断面的护坡、护底等部位应定期检查，发现有淘空、冲刷、沉陷、错位等情况，应及时修复。

(4)有钢、木构件的量水设备，应注意各构件连接部位有无松动、扭曲、错位等情况，发现问题及时修理。并要定期进行防腐、防锈处理，以延长其使用年限。

(5)配有观测井的量水设备，要定期清除测井杂物，疏通测井与渠道水的连通管道。

(6)有测流缆道设备的，要做好绞车、缆道的养护、检修，使绞车启动灵活。

三、排水沟道管理养护的一般要求与内容

灌区排水沟道的作用是排泄地面径流，降低或控制地下水位，是防洪、除涝和防治土壤次生盐碱化、沼渍化的重要工程设施。在管理维护方面，大致和灌溉渠道相同，但因其功能主要在于排水，故管理运用的内容和要求又有所侧重。

(一)排水沟道管理运用的标准及一般要求

排水系统在运用过程中应保证：①沟道通畅、渍水能及时排除，沟内水位低于设计排渍水位；②冲洗改良盐碱土的弃水能迅速排除；③灌溉退水、回归水能引入下级渠道，以便再次利用；④设计暴雨径流能通畅地排入容泄区，而不超过最高水位。

要达到以上标准，保持和发挥排水系统的功能，必须做好经常性的维修养护工作。维修养护的一般要求是：

(1)必须保持流水通畅，不得任意在沟内设置障碍物；

(2)必须保持沟道断面设计标准，防止坍坡垮岸；

(3)不得将含沙量大的灌溉用水退入沟内，防止淤积；

(4)不得向沟内倾倒垃圾、废土，防止堵塞；

(5)排水沟道上的控制建筑物不得任意关闭，以防阻水。

(二)排水沟道维修养护的主要工作内容

排水沟道的维修养护，主要是防冲清淤和清除杂草。具体有以下几方面工作内容：

(1)清淤除草：沟道内如有淤积时应及时清除，清淤时应注意保持沟底高程和沟道比降，防止高低不平。沟道内水草也应随时清除干净。

(2)整修岸坡：排水沟道常因两侧汇流而引起岸坡冲刷，或因地下水位高、沟坡地下水逸出坡降大造成边坡坍塌，要经常加以养护，采取稳固边坡，防止冲刷措施。

(3)植树绿化：沟道两旁应植树绿化，以稳固沟道堤岸。

(4)对排水沟道上的建筑物，特别是汇流建筑物要做好检查维护工作，保持完整无缺。

(5)防止地面径流任意流入排水沟内，冲坏沟道边坡。

第二节　工程设施及水质保护

《中华人民共和国水法》(以下简称水法)的颁布实施，标志着我国进入了依法治水、依法管水的新阶段。灌排工程的管理将随着水利法制体系的建立逐步走上法制化的轨道，更多地运用法律手段来管理运用工程设施，规范水利经济活动。这就要求灌排工程管理人员包括渠道维护工必须树立水法律意识，增强水法制观念，不断提高依法治水、管水的素质。本节将着重对灌排工程设施及水质保护作一介绍。

一、灌排工程设施的保护

(一)保护灌溉设施的法律依据

保护灌溉设施的法律依据是指水行政主管部门或其授权、委托的组织在行政管理活动中,行使管理职权,实施具体行政行为所依据的法律规范性文件。一是水法律,如《水法》、《中华人民共和国水土保持法》、《中华人民共和国水污染防治法》等;二是国务院制定的水行政法规,如《河道管理条例》、《水库大坝安全管理条例》等;三是地方性保护法规,包括各省、自治区、直辖市和省、自治区人民政府所在地的市及国务院批准的较大的市人民代表大会及其常务委员会制定的地方性水法规,如《水法》实施办法等;四是部门规章,由国务院水行政主管部门和其他有关部门制定的行政保护规章,如水利部颁发的《水利水电工程管理条例》、《灌区管理暂行办法》,水利部、国家计委制定的《河道管理范围内建设项目管理的有关规定》,水利部、财政部、国家物价局制定的《河道采砂收费管理办法》等;五是地方政府保护规章,各省、自治区、直辖市人民政府及省、自治区人民政府所在地的市和国务院批准的较大市的人民政府制定的保护规章;六是省级人民政府水行政主管部门及县级以上地方人民政府为贯彻执行省、自治区、直辖市地方性法规、规章,按照授权及法定程序制定的具有普遍约束力的规范性文件。这些水法律、法规、规章和规范性文件都是实施具体行政行为的法律依据,但其法律效力有所不同,应依照效力等级原则加以使用,即效力等级较低的规定与效力等级较高的规定发生矛盾时,应当执行效力等级较高的规定;效力等级较高而无规定的,可以参照效力等级较低的规定执行。

(二)保护灌溉设施的内容

《中华人民共和国水法》规定:"国家保护水工程及堤防、护岸等有关设施,保护防汛设施、水文监测设施、水文地质监测设施和导航、助航设施，任何单位和个人不得侵占、毁坏”。并明确规定：“在水工程保护范围内，禁止进行爆破、打井、采石、取土等危害水工程安全的活动”。

根据这一法律规定，国务院发布的《河道管理条例》以及在此之前水利部颁发的《灌区管理暂行办法》、《水利水电工程管理条例》，对河道及灌排工程的保护作了具体的规定，主要有以下方面的内容：

(1)在保护水工程及其附属设施和设备方面，禁止下列活动：①损毁堤坝、电站、渠道、水闸等水工建筑物及其观测、水文、通信、输变电、交通等附属设施；②在堤坝、渠道上垦植、铲草及滥伐防护林木；③设置危害堤坝、渠堤安全的建筑物；④盗用、挪用水利、水电物资、器材、设备；⑤在水域炸鱼、毒鱼和滥用电力捕鱼；⑥在坝顶、堤顶、水闸交通桥行驶履带拖拉机、硬轮车和超重车辆，在没有铺路面的坝顶、堤顶雨后行车；⑦在工程管理单位的通信、报汛线路上挂广播线；⑧在保护范围内爆破、打井、埋坟、采石、取土、挖砂、建筑、滥伐林木以及其他危及工程安全的活动。

(2)在维护工程效能方面，禁止下列活动：①在行洪、排洪、输水河道和渠道内修建影响行水的建筑物和设施；②在河道中修建碍航及有危害的导流、排流等工程；③在危及工程安全的河道、河岸开采砂石、土料；④在河道滩地、渠道、行洪区、分洪道种植高秆作物；⑤在水库、河道、渠道、渠堤、湖泊等水域及滩地倾倒垃圾、废渣、尾矿矿渣，堆置杂物。

(3)在渠道管理范围内建设项目管理方面，有以下规定：①需要在灌区各级渠道上增建或改变原有建筑物的，必须向灌区管理单位提出申请，经审核同意后才能进行；②改建、扩建、拆除或者损坏原有工程设施的，由后建工程的建设单位负担扩建、改建的费用和补偿损失的费用；③河(渠)道管理范围内的建设项目必须符合国家规定的防洪标准和其他技术要求，经审核同意后的建设项目必须按审查同意书的要求进行施工。施工期间，灌区管理单位有权对建设施工情况进行检查。

(4)违反水法规法律责任方面的规定：我国《水法》及有关水法规和部规章对违反上述规定的行为，均作了行政处罚规定。行政处罚的种类主要有申诫罚，即对违法的行政相对人给予批评和警告；财产罚，主要形式有罚款、没收非法所得和赔偿损失；行为罚，即对相对人权利或资格进行限制或剥夺，如吊销许可证、责令停止建设等。此外还有行政强制措施的规定，包括责令停止违法行为，限期清除障碍，限期采取补救措施以及申请人民法院强制执行等规定。构成犯罪的，依法追究刑事责任。

(三)管理范围和保护范围的划定

为了保证灌排工程的完整和安全运行，要根据管理的需要，结合自然地理条件、历史情况和社会经济的具体情况划定管理范围和保护范围，在这两个范围之内禁止有害于工程设施的活动。

所谓管理范围，是指直接维持水工程正常运行和必须确保安全的范围。在划定的管理范围内的土地和土地附着物，属国家管理的工程，其所有权属全民所有，使用权属管理单位；集体所有的工程，其所有权属集体，使用权属管理单位，其他单位和个人不得侵占。在这一范围内，要严格禁止危及水工程安全和直接影响水工程正常运用的行为。

水工程保护范围，是在水工程管理范围以外划定的一定范围的保护区域。在这一范围内的土地和土地附着物其所有权、使用权不变，但必须限制某些危害工程安全的行为。

管理和保护范围的划定，按照水法规定，国家所有的水工程应当按照经批准的设计，由县级以上人民政府依照国家规定，划定管理和保护范围。集体所有的水工程应当依照省、自治区、直辖市人民政府的规定，划定保护范围。据此，国家土地管理局、水利部以及各省、自治区、直辖市人民政府都对管理和保护范围的划定作了具体规定。

二、水质保护

保护水源水质、防止污染是灌区管理单位的一项重要职责任务，必须严格按照我国《水污染防治法》和有关水法规的规定，搞好水污染防治工作。

(一)按照水质标准要求，搞好水质监测

1.灌溉水质标准

灌溉水质是指灌溉水及其所含杂质表现出来的综合性质。灌溉水中化合物的种类和性质，以及杂质颗粒的粗细等，都是构成水质的因素。灌溉水质因不同的地区、季节及人类活动而发生变化。为了了解灌溉水质的变化情况及其优劣情况，必须定期对灌溉水质进行监测，并按照灌溉水质标准，对水质进行评价，以便采取防治措施。

灌溉水质标准是国家技术监督局、国家环境保护局发布的国家标准，即GB5084-92《农田灌溉水质标准》(表4-2)。这个标准对水作、旱作和蔬菜灌溉用水的水质要求作了规定，是具体衡量水质的尺度，其所列指标大致可分为三类，即物理、化学和生物指标。在运用时应按有关技术规范执行。

2.灌溉水质监测

水质监测是为了掌握水体质量动态，对水质参数进行的测定和分析，是水环境质量评价和水环境保护工作的基础，也是环境管理规划和方法的科学依据。一般由水质保护部门按照规划，布设具有代表性、完整性的站网进行监测。就灌区管理而言，水质监测的目的主要是为了判别、评价水体环境质量，掌握水体质量变化规律，积累本底值资料，为工农业用水和城市生活用水提供服务。同时，对污染源实施监测和控制管理。应按照灌溉水源状况及供水分布情况，合理设置监测点，定时、定点进行常规监测。对工业废水、

表 4-2　　**农田灌溉水质标准**(GB5084-92)

(单位:mg/L)

序号	项目		水作	旱作	蔬菜
1	生物需氧量(BOD5)	≤	80	150	80
2	化学需氧量(COD_{cr})	≤	200	300	150
3	悬浮物	≤	150	200	100
4	阴离子表面活性剂(LAS)	≤	5.0	8.0	5.0
5	凯氏氮	≤	12	30	30
6	总磷(以P计)	≤	5.0	10	10
7	水温(℃)	≤	35	35	35
8	pH值	≤	5.5～8.5	5.5～8.5	5.5～8.5
9	全盐量	≤	1000(非盐碱土地区);200(盐碱土地区)有条件的地区可以适当放宽		
10	氯化物	≤	250	250	250
11	硫化物	≤	1.0	1.0	1.0
12	总汞	≤	0.001	0.001	0.001
13	总镉	≤	0.005	0.005	0.005
14	总砷	≤	0.05	0.05	0.1
15	铬(六价)	≤	0.1	0.1	0.1
16	总铅	≤	0.1	0.1	0.1
17	总铜	≤	1.0	1.0	1.0
18	总锌	≤	2.0	2.0	2.0
19	总硒	≤	0.02	0.02	0.02
20	氟化物	≤	2.0(高氟区);3.0(一般地区)		
21	氰化物	≤	0.5	0.5	0.5
22	石油灰	≤	5.0	10	1.0
23	挥发酚	≤	1.0	1.0	1.0
24	苯	≤	2.5	2.5	2.5
25	三氯乙醛	≤	1.0	0.5	0.5
26	丙烯醛	≤	0.5	0.5	0.5
27	硼	≤	1.0(对硼敏感作物,如马铃薯、笋瓜、韭菜、洋葱、柑桔等);2.0(对硼耐受性较强的作物,如小麦、玉米、青椒、小白菜、葱等);3.0(对硼耐受性强的作物,如水稻、萝卜、油菜、甘蓝等)		
28	大肠菌群数(个/L)	≤	10000	10000	10000
29	蛔虫卵数(个/L)	≤	2	2	2

城市污水排放应在其下游附近灌溉取水点进行监测，以测定其水质是否符合规定标准。有城市供水能力的灌溉工程，为了保障城镇居民用水安全，应设置监控排污的实时监测系统，通常设置自动装置，对某些综合性指标如水温、pH 值、电导率和溶解氧等进行自动连续监测。

水质监测应按水质监测规范进行，基本工作有下列几项：①建立水质监测站网。②定时采样。我国水利部门规定，基本测站至少每月采样一次，辅助测站每两个月采样一次，湖泊(水库)一般每两个月采样一次，污染严重水体，每年应采样 8～12 次。③确定测定项目和分析方法：我国规定水质测定项目分为必测项目和选测项目，应按灌溉业务特点确定。分析方法应按有关技术规范执行，一般要求进行实验室分析，以保证监测数据的可靠性和准确性。④数据处理，包括对原始数据整理、统计、分析、整编。⑤编写监测报告，按上报程序及时上报，为水政执法和环保执法提供依据。

(二)严格管理，依法防止污染

水体污染主要是由于工业废水和城市污水的任意排放造成的，故要控制和消除水的污染，必须严格控制废污水的排放，将防、治、管三者紧密结合起来。就灌区管理的职权范围而言，主要是加强水体及其污染源的监测与管理，协同环境保护部门采取行政、法律与经济措施，依法保护水质。控制水污染总的原则是：工业废水、城市污水必须经过处理，化验合格，才可进入渠道。为此，应严格按照有关法律、法规规定实施管理。

(1)协同环保部门加强排污口的监督管理。严格执行“在生活饮用水源地、风景名胜区水体、重要渔业水体和其他有特殊经济文化价值的水体的保护区内，不得新建排污口。在保护区附近新建排污口必须保证保护区水体不受污染”和已有的《水污染防治法》公布前排污口“排放污染物超过国家或地方标准的，应当治理；危害饮用水源的排污口，应当搬迁”的规定。

(2)对取得排污许可证的排污单位，如污染物排放总量指标发生变化，超过国家或地方标准的，应当会同环保部门进行现场检查监测，依法处理。

(3)对排污单位发生事故或者其他突发事故，排放污染物超过正常排放量，造成水污染事故，使下游灌区工农业用水单位或城镇生活用水遭受危害和损害，未向灌区管理单位和有关单位通报的，管理单位应向当地环保部门要求调查处理，赔偿损失。

(4)通航渠道、水库应按照船舶污染物排放标准，控制含油污水、生活污水的排放。禁止船舶的残油、废油排入水体。

(5)禁止向渠道、水库、水塘等水体排放油类、酸液、碱液或者剧毒废液；禁止在水体清洗装贮过油类或者有毒污染物的车辆和容器；禁止向水体排入或倾倒含有汞、镉、砷、铬、铅、氰化物、黄磷等的可溶性剧毒废渣；禁止向水体排放、倾倒工业废渣、城市垃圾和其他废弃物；禁止在河流、渠道、水库最高水位线以下的滩地、岸坡堆放、存储固体废弃物和其他污染物；禁止向水体排放、倾倒放射性或者含有高放射性和中放射性物质的废水。

(6)利用地下水灌溉的，应防止地下水污染。禁止利用渗井、渗坑、裂隙和溶洞排放、倾倒含有毒污染物的废水、含病原体的污水和其他废弃物；在无良好隔渗的地层，禁止使用无防渗措施的沟渠、坑塘等输送或者存贮含有污染物的废水、含病原体的污水和其他废弃物。

第三节　渠道及渠系建筑物的检查观察

一、检查观察的任务

渠道及其建筑物的检查观察是掌握工程动态，保证工程安全运用的一个重要手段。一般来说，渠道工程维修养护方案的制定是以检查观察为基础的。隐患工程的发生和发展过程，总是在坚持不懈的检查观察中被发现、消除的。因而检查观察是渠道工程技术管理的重要任务和首要环节。

渠道工程检查观察的基本任务是：

(1)监视水情和水流状态、工程状态和工作情况，掌握水情和工程变化规律，为管理运用提供科学依据。

(2)及时发现异常迹象，分析原因，采取措施，防止发生事故，保证工程安全。

二、工程检查的分类及检查记载

工程检查，可分为经常检查、定期检查、特别检查，其主要工作内容是：

(1)经常检查。渠道工程管理人员应按照工程管理单位规定的检查内容、次数、时间、顺序，对建筑物各部位、闸门和启闭机械、动力设备、通信设施、管理范围和保护范围的保护状态和水流形态等经常进行检查观察。一般实行每日巡渠制度，发现问题及时处理。在汛期或水位高于正常水位期间，应增加巡查次数。必要时，对可能出现险情的部位昼夜监视。

(2)定期检查。每年汛前、汛后、用水期前后、北方冰冻严重地区在冰冻期，由管理单位组织有关人员，必要时还应请上级主管部门参加，对渠道工程各项设施进行定期全面检查。汛前要着重检查安全度汛存在的问题，防汛组织和防汛材料以及通信、照明、机电动力设备等，及时做好防汛准备工作；汛后应重点检查工程变化损坏情况，有输水任务的要及时采取措施维持渠道通水；岁修前要在汛后检查的基础上，进行岁修安全检查，据以拟定岁修计划；岁修后重点检查岁修工程完成情况；在间断供水的灌区，每次输水前后都应对渠道工程状况进行检查；冰冻期应着重检查防冻措施的落实和冰凌压力对建筑物的影响等。

(3)特别检查。当发生特大洪水、地震、重大工程事故和其他异常情况时，管理单位应及时组织力量对所属工程进行全面检查，必要时报请上级主管部门及有关单位会同检查，着重检查有无损坏和损坏程度等情况。

各种检查都必须认真执行，详细记载，存入技术档案。现仅就渠道维护工负责的经常检查的记载方法作一介绍。

目前，灌区工程检查观察记载尚无统一规定的格式和要求，一般使用的记载方法有两种：

第一种是填写检查日志。逐日将工程检查情况记入日志内。记载的内容主要有检查时间、工程名称、检查情况、检查人签名。若有异常，应详细记载发现异常的部位、性质、程度及处理情况(包括自行处理和上级处理)。这种记载方式无一定格式限制，可繁可简，适合渠道工程日常检查内容广泛的特点，但需要对记载内容加以规范，以便查核。

第二种是表格式或卡片式记载。工程检查记载表是将检查内容表格化的一种记载方式，如表 4-3 所示。这种记载方式具有分门别类、简明详细的特点，记载时，要按照管理单位规定的要求填写检查情况。

表 4-3　　　　____**灌区**____**管理养护段工程检查记载表**

检查时间　　年　月　日

检查项目	检查情况	处理情况
渠道工程 渠系建筑物 附属设施 管护范围 闸门启闭机械 水流形态		

检查人签名：

凡渠道、渠堤、河堤、护岸、渠系建筑物、闸门启闭机械、电器设备、渠堤林木，有沉陷、位移、滑坡、裂缝、变形、渗漏、漫堤、冲毁、垮塌、被损、被盗以及人为破坏、侵占管护范围、挖堤取土、开垦种植、超安全运行、异常水流形态等均属填写之列，要求详细记载发生异常情况的部位、范围、程度。

卡片记载方式，主要用于较大型渠系建筑物的检查记载，一般按部位分项记载。

此外，对险情监视应分别情况作检查或监测记载，如渠堤偶发渗漏、管涌现象，必要时应昼夜监视其变化情况，即需详加观测记载渗漏、管涌水流的增减、挟带泥沙等情况，以便分析病害的原因及发展趋势，采取相应措施。

三、检查观察的内容及方法

工程检查观察主要是对建筑物的表面状态的变化进行观察。一般采取眼看、敲打、耳听的方法进行。有经验的渠道维护工，常常能依据表面观察而判断某些工程的内在变化，达到防微杜渐的目的，这就要求渠道维护工在实际工作中对所管渠段工程的结构、性能等情况要有透彻的了解，特别是对工程的重要部位、薄弱部位和易发生问题的部位要密切注意观察。

工程检查观察的内容，因建筑物的类别不同而有所区别，主要检查内容如下：

（一）土工建筑物的检查观察

应注意堤身有无雨淋沟、塌陷、滑坡、裂缝、渗漏；排水系统、导渗和减压设施有无堵塞、损坏和失效；渠堤与闸端接头和穿渠建筑物交叉部位有无渗漏、管涌等迹象。在进行检查观察时，特别要注意以下几点：

(1)发现有裂缝时要观察有无滑坡迹象，对横缝要观察是否能形成漏水通道。

(2)发现轻微塌陷或洞隙时，要注意观察有无獾窝、鼠洞、蚁穴等隐患痕迹。

(3)要注意渠堤外坡(又称背水坡)及外坡脚一带有无散浸、鼓泡等现象。

(二)砌石建筑物的检查观察

应注意护坡块(条)石或卵石有无松动、塌陷、隆起和人为破坏,浆砌石结构有无裂缝、倾斜、滑动、错位、悬空等现象。

(三)混凝土和钢筋混凝土建筑物的检查观察

应注意有无裂缝、渗漏、剥落、冲刷、磨损和气蚀;伸缩缝止水有无损坏,填充物有无流失等。其中特别应注意裂缝、渗漏的检查观察,其观察方法是:

(1)裂缝细微时,可用放大镜检查其长度、宽度、走向等情况。并在裂缝两端用油漆作标记,继续观察其发展情况。也有的采用白色油漆涂填一段裂缝,以观察是否继续裂变。

(2)发现渗漏时,应观察其位置、面积和渗漏程度,并注意有无游离石灰(反碱现象)及黄锈(钢筋锈蚀)等析出。

(3)用小锤敲打混凝土表面,细心分辨敲击部位的声音,以判断有无离层、空洞、疏松等现象,并观察混凝土冲蚀程度、有无钢筋露出等情况。

(四)闸门和启闭机的检查观察

应注意结构有无变形、裂纹、锈蚀、焊缝开裂,铆钉和螺栓松动,闸门止水设备是否完整,启闭机运转是否灵活,钢丝绳有无断丝,转动部分润滑油是否充足,机电及安全保护设施是否完好。具体检查内容及方法详见第五章。

检查观察金属结构是否有裂缝和焊缝开裂现象,可用下列方法:

(1)观察金属表面。如表面有一条凸起的红褐色铁锈,附近有流锈或油漆开裂的地方,就可能有裂纹。

(2)用木锤敲击金属构件,从发出的声响来判断:如声响苍哑而不清脆,传声不均,有突然中断现象,就是在附近有裂纹。

(3)在发现有裂纹迹象的附近,将煤油滴在金属表面上,观察其散开情况,如油渍不成圆弧形散开,而在某处截然形成线条,该处即有裂纹。

(4)对于焊缝,可在焊缝的一面涂一层粉笔灰,然后在反面涂上煤油,在有贯穿裂纹或开焊的位置,可以看出煤油渗透的痕迹。

要检查铆钉是否松动,可注意观察铆钉头处有水锈痕迹或周围的油漆是否有裂纹,一般有裂纹的就表明铆钉有松动现象;也可用小锤轻轻敲打铆钉头两侧,若发现哑声或震动声响,即可判断铆钉有松动;还可用小锤敲打铆钉头的一侧,同时用手指触及另一侧,若有震感或颤动感,即可证明铆钉有松动。

(五)水流流态的观察

观察时应注意渠道水流是否平顺,流态是否正常。有水闸设施的渠段,应注意闸口段水流是否平直,出口水跃或射流形态及位置是否正常稳定,跃后水流是否平稳,有无折冲水流、摆动流、回流、滚波、水花翻涌等现象。在观察渠道水流形态时,应特别注意有渠下涵管等设施的渠段,如有渗漏现象发生,其水流形态会有管状漩涡出现。

(六)其他项目的检查观察

(1)附属设施如动力、照明、通信、安全防护和观测设备、测量标志、管护范围界桩、里程桩等,应注意检查是否完好,有无人为破坏或遗失。

(2)闸房设施应注意房顶是否有漏雨,门窗有无腐朽、损坏,墙体有无裂缝、风蚀,房梁有无异常变化。

(3)渠道防护林应注意有无盗伐、损毁等现象。

第四节　渠道及其建筑物的观测

工程观测是指对水工建筑物的工作状态及其变化进行的定期观测，除前面已经讲到的工程检查外，在工程运用中尚需根据需要在水工建筑物表面、内部以及周围环境中，选择有代表性的部位或断面，按需要埋设安装观测设备，用仪器对某些物理量进行经常性系统的观测。

开展渠道工程观测应根据工程级别规模、类型、结构型式和地质条件而定，一般较大的渠系建筑物、渠道高填方及高边坡渠段等均宜开展工程观测，工程观测设计应于工程初步设计阶段提出观测设备的布置设计及主要观测设备和仪器的型号、规格、数量；在技施设计阶段提出观测系统布置和结构的详图及观测设计说明。已经投入运行的水工建筑物原无观测设备的，可根据观测项目的需要作出补充观测设计。观测项目、测次、时间有规范的按规范规定进行，没有规范的由管理单位决定。观测工作要建立制度，落实人员和职责，及时对观测成果进行整理分析，使观测工作更好地为工程管理服务。下面仅就渠道维护工应了解和掌握的工程观测项目作一介绍。

一、渠道及其建筑物隐患探测

水工建筑物的隐患探测是利用机具或仪器设备对水工建筑物内部隐患所作的探查和量测。其目的是及时发现隐患，进行修复、防治，保障工程的安全运行。

探测的方法应依据水工建筑物的类型采取不同方法。土工建筑物的隐患探测，一般采用：①探坑、探槽、探井法；②锥探法；③同位素法；④电探法。混凝土建筑物的隐患探测，一般多采用无破损探测，主要有超声波法、辐射法、电磁法、共振法等。现将几种常用的探测方法择要介绍如下。

(一)探坑、探槽、探井法

这是了解渠堤等土工建筑物内部是否存在隐患或隐患情况常用的方法。一般通过渠道检查观察发现或判断有隐患迹象后,再确定位置开挖探坑、探槽或挖掘竖井。探坑、探槽、探井应根据探查范围、深度及土质情况选定。探坑的探查范围较小,深度较浅;探槽,一般是顺渠堤开挖成一长方形的槽,其截面形状有倒梯形、矩形及阶梯形三种,其长度、宽度和深度以完全暴露隐患为准。这种方法适用于隐患埋深较浅的地方,如隐患部位较深则宜于采用探井法。

(二)锥探法

锥探法多用于堤防隐患探测。是由人工或机械操纵管形锥杆,插入堤身,凭操作人员的感觉或灌砂、灌泥浆等,以判断新堤质量和旧堤内部有无隐患的一种探测方法。这是一种比较简便、可靠的方法。

1. 探测准备及场地布置

在锥探前首先对被锥探堤段进行勘查、测量,结合调查访问,查找历史资料,了解堤身情况,以确定锥探范围、深度、工作程序等。如利用灌浆或灌砂判断隐患,应选择合适的土砂料,并按锥眼数目计算使用量,运贮在适当地点。如系砂料存贮时还应注意防潮。锥探现场应设临时修锥站,以便及时修理锥身和锥头。锥眼排列,一般纵距(顺堤方向)0.5m,横距1.0m,排成梅花形,如发现隐患还应加密。锥探深度要超过临堤脚连线以下1.0m。如果是几个锥眼同时锥探,要相隔一定距离,以免相互影响。遇有坚硬表土或粘土,可在锥眼部位浇少量水,润湿表土,以利下锥。

2. 人工锥探

(1)锥探工具。主要是钢丝锥选用碳素工具钢制成。直径10～22mm,长度比预计锥眼深度超出1.0～1.2m,锥身要顺直。锥头须加工成三棱尖或四棱尖。锥头的长短大小与锥身的粗细要适应,过粗则眼大费力，过细则夹锥难下，感觉不灵。三棱尖适用于沙松土，下锥利，阻力小，锥尖长度可采用锥直径的1.2倍；四棱尖适用于粘硬土，不夹锥，锥尖长度可采用锥直径的1.3～1.5倍。钳夹是用以钳紧锥身，便于锥工操作，提高工效。锥架用以稳定锥身，防止摆动。锥身长度超过8m的必须使用锥架。

（2）锥探方法。锥探时，4人挟锥，动作要协调一致。开始时将锥提高，照准定位，垂直猛打进入地面，接着低提猛压，入土深7m后，高提深压，一次压深以3～5m为宜，过深感觉不灵。在打够深度后拔锥时，即高提猛举，当锥头快要拔出堤面时，要小心慢拔，防止锥杆伤人。不同土质的打法也不相同：沙松土可用连续下压法；一般土可用高提深压法；硬土层如系硬淤土可用旋转打法；如系堤面硬土或硬板沙可用小提小打法；堤面1m以下的硬层，如较薄者，可用高提猛打法。如遇最硬土层，人力打不进或是拔不出锥时，可用钳夹打拔，或顺锥浇少量水。拔锥时，一般松土浅锥可用单手大拔，硬土深锥可用双手小拔。无论采用什么拔法，在拔锥时第4人要握紧锥杆，防止回锥。

（3）隐患判断与鉴别。主要凭操作者在打锥时的感觉加以判断和鉴别。锥工在打锥时集中精力仔细辨别虚实情况，一般虚土下锥感觉轻松；有腐烂木料感觉松软而微发涩；遇洞穴、裂缝下锥感觉空虚，锥身有闪动；遇砖石则发声不下。如发现有异常情况应于锥眼插上明显标志，做好记录，以便进一步追查与处理。

锥探后要灌注锥眼，一是灌实锥孔不使产生新的隐患；二是用定量的沙或泥浆灌注锥眼以便进一步探测裂缝或洞穴隐患。

3. 机械锥探

机械锥探一般采用打锥机，常用的有黄河744型打锥机，打锥机由锥架、挤锥结构、锤卡结构及动力等四部分组成。锥杆长11m，直径22mm，锥头直径30mm，锥孔深度9m，挤锥轴心压力4000N，挤锥速度50cm/s，动力为5～10马力柴油机，总重量约600kg，锥架底部有活动车轮，移动方便。打锥机的进锥与提锥在结构原理上和普通 300 型钻机上的升降结构原理大体相同，其操作方法如下：

(1)挤压法。通常在松土层中使用。将锥杆直接压入堤身，达到要求深度后起锥，待锥头离开地面后，移动机架，更换孔位。

(2)锤击法。通常在硬土层中使用。将锥杆立在孔位上，利用打锥机带动吊锤进行锤击，达到要求深度后，用打锤机起拔锥杆。

(3)冲击法。通常在比较坚硬土层中使用。先用锤击法锤锥入地几十厘米后，使锥与锤联合动作，同时起锥提锤，进行冲击锥进。

上述三种方法可视堤身土层变化而交替使用。

机械锥孔后，用灌沙、灌泥浆办法探测隐患，即在锥孔中灌沙或泥浆，若沙或泥浆不漏，说明土堤无裂隙、洞穴等隐患；若沙或泥浆很快漏走，称为“漏锥”，则表明有隐患。

(三)电法隐患探测

这是根据岩土电学性质差异，利用仪器探测闸、坝、堤防工程隐患的一种无伤探测方法。在工程表面或水面布设电极，通过电探仪器观测人工或天然电场的强度，分析这些场的特点和变化规律，以达到探测工程隐患的目的。这种方法适用于堤坝裂缝、集中渗流、管涌通道、基础漏水、闸坝绕渗、接触渗漏、软土夹层及白蚁洞穴等隐患的探测。探测方法有：自然电场法、直流电阻率法、直流激发极化法、甚低频电磁法和电测深剖面法。使用时可选择一种或多种方法结合，以确定隐患的性质、位置及其分布状况。现将“自然电场法”作一简要介绍，其他方法列于表 4-4。

自然电场法是根据岩土孔隙、裂缝充水后，固相与液相的界面上自然形成双电层，当水流挟带溶液中的电介质离子在孔隙、裂隙中渗流时会产生渗透电位，形成渗透电场的原理而设计的一种探测方法。对探测集中渗流、岩溶裂隙、接触漏水、闸坝绕渗、水下基础及库底落水洞等都有较好的效果。

探测的方法是在工程表面或水面平行闸坝、堤防、渠堤工程轴

表 4-4　　电法勘探堤坝隐患(另外四种)简明表

探测项目	方法	原理	采用仪器	野外工作方法	隐患反映规律
堤坝岩溶裂隙带	甚低频电磁法	用甚低频电磁波为场源,使其遇到导体(水下岩溶裂隙带与完整岩石相比为导体)振幅引起异变而测定	PDS-1型或PDS-2型电磁仪	倾角法或波阻抗法	电磁波遇导体引起感应,使振幅、方向、相位起了畸变,这表示地下导体的存在。经施测几个剖面,点绘出各种不同参数剖面曲线,并分析确定隐患部位
土坝裂缝白蚁主巢管涌通道	电阻率法	固定供电极 AB,在中间 $AB/3$ 区内按设计点距移动测量电极 MN 两任意点,逐点测量电位差和视电阻率 ρ_s,按高值异常或低值异常判断隐患	数字电阻率仪	电位剖面法	可靠异常值为:异常峰值/正常场值=1.3~1.5 在电阻率曲线上四种异常判断:①圆顶宽幅异常,隐患较深;②尖顶窄幅,隐患较浅;③尖顶多峰,隐患不深;④低值异常:表示隐患充水或被稀泥充填
软土夹层坝体浸润线	激发极化法	利用人工电场的激发作用,使被探测的目的层产生极化,根据地质条件基本相似情况下含水量越高极化场越大、衰减越慢的特点,在地面用仪器观测极化场大小和衰减快慢来判断隐患	SDJ-3积分式激发极化仪	充电率参数法	当勘探深超过软土顶板,曲线断面即对应的 h_1 为顶板埋深,曲线上出现极大值,其对应横坐标 h_2 为底板埋深,顶板与底板之间,即为夹层埋深
普查堤坝隐患	电测深剖面法	以两个电极向地下供电,利用“供电电极距越大,电流趋肤深越深”的原理,探测不同深度的电性变化,从而推断隐患性质和部位	数字电阻率仪	等深度视电阻率剖面法(或视电阻率等值线法)	地面上测出高阻异常,坝体内有裂缝、空洞(不均匀体等高阻体);如果出现低阻异常,证明坝体有充水的裂缝、洞穴、松土层等,再按幅的宽窄判断隐患深浅

线或垂直隐患走向，布置若干剖面，每5～10m设一测点，应用铜—硫酸铜不极化电极和输入阻抗大、精度高电位仪，测量各测点相对于某点的电位差，绘制电剖面曲线及各剖面的电位等值线图。根据渗漏及水流下降区呈负电位，水流溢出带及上升区呈正电位的规律，应用曲线异常值的大小、极值点、半辐值等技术指标，判断有无隐患及其性质、位置、走向和埋深。

应用电位曲线判断隐患的基本技术要领是：电位曲线峰顶朝上为高值异常，峰顶朝下为低值异常。一般出现异常值都对应着隐患部位，但不是所有异常值都是隐患的反映，而是峰值越大，隐患机率越高。经过数理统计，隐患的可靠异常值为：异常峰值/两侧正常值≥1.5。

隐患埋深（H）的经验计算公式为

$$H(\mathrm{m}) = 0.4 \sim 0.5n \qquad (4\text{-}1)$$

式中　n——异常峰幅宽，m。

一般来说，幅宽则隐患深，幅窄则隐患浅。具体又分五种异常形态：

(1)窄幅独立异常：见图4-1(a)，一般表示隐患是埋藏较浅、单一而直立的接触漏水带。

(2)宽幅独立异常：如图4-1(b)，一般多为埋藏较深或渗漏范围较宽的隐患。

(3)双幅异常：如图4-1(c)，两峰顶分别对应不同的渗漏，幅值的宽和窄反映埋藏的深和浅。

(4)多峰异常：如图4-1(d)，反映渗透带较宽，几个峰顶都对应着集中渗漏通道。

(5)塔式窄幅独立异常：如图4-1(e)，异常峰顶与主要渗漏通道对应，两侧是较好的渗漏带。

(四)混凝土建筑物隐患探测方法简介

混凝土建筑物的隐患探测一般分破损探测和非破损探测两种

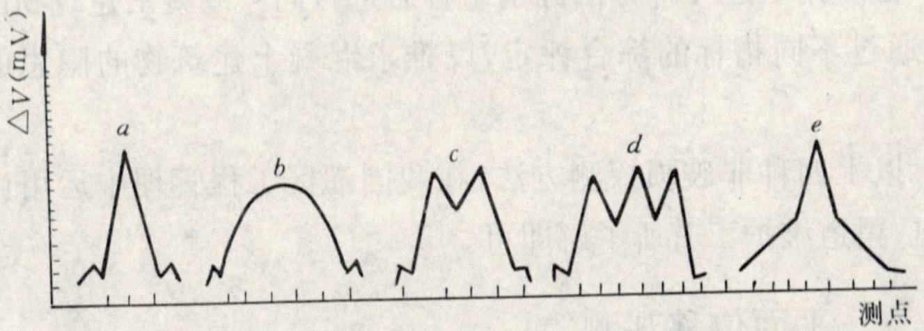

图 4-1　电法勘探独立异常曲线示意图

破损探测，一般采用钻斜孔压水、压气进行试验探测混凝土裂缝深度，查明隐患情况，此法对建筑物本身有一定损坏，建筑物某些关键部位和受力结构部位不允许采用破损探测，多宜采用非破损探测方法，常用的有以下几种。

1. 超声波法

它是利用仪器产生一定频率和波长的超声波通过被测定的混凝土建筑物，依据混凝土质量差异而对超声波传递过程有不同影响的机理，以超声波传递速度、波形的衰减以及频率等方面的变化来分析推断混凝土建筑物隐患分布情况的一种方法。用于测定混凝土建筑物内部的隐患(如孔洞和不密实等)，裂隙深度、混凝土和砂浆在浸蚀性介质的作用下损坏的程度，也用于检测混凝土强度的均匀性。

2. 辐射法

是依据混凝土结构均匀物理场遭受破坏后会产生异常场的特点，采用专门仪器，测量其异常场的分布，以推求混凝土隐患分布情况的方法，包括电磁波吸收法和电磁感应法。

3. 共振法

是根据不同结构的物质，具有不同的振动率的原理，用以探测混凝土在浸蚀性介质中的破坏程度、抗冻能力和强度的一种方法。

4. 综合法

是应用上述几种方法分别组合后进行同一混凝土建筑物的探测，通过不同指标的综合评定，以推求混凝土建筑物的隐患的方法。

以上四种非破损探测方法，在我国灌区工程管理中运用尚不多见，渠道维护工有所了解即可。

二、平面位移观测

平面位移观测的目的是验证建筑物各部位的抗滑稳定性，掌握平面位移的规律及其与水头、温度、时间等诸因素的关系，以便指导工程控制运用。在灌区工程管理中，较大型建筑物均应进行此一项目的观测。观测标点应在建筑物施工过程中设立，以便及时观测。一般于工程竣工后 1～2 年内每月观测一次，以后随建筑物变形趋于稳定，可逐步减少测次，但每年不得少于二次。当上游水位接近设计水位和校核水位以及建筑物发生显著变形时，应增加观测次数。在进行平面位移观测时，还应同时进行上、下游水位、沉陷及相关因素的观测，以便分析平面位移的相关关系。

平面位移观测，根据具体条件以及要求精度，可采用视准线法或三角网法，通常采用视准线法，现介绍如下。

（一）观测方法

采用视准线法是以平行或垂直于建筑物轴线的固定视准线为标准来测量建筑物上各点的水平位移值（一般以垂直于视准线方向的位移量来表示）。其基本方法是：在建筑物的附近两端便于工作的岩石基础或坚实土基上，各设一工作基点 A、B，以固定视准线，控制其方向和位置，并在工作基点同一视准线 AB 两端延长线上，选不受建筑物变形影响的稳固地点设立校核基点 A'、B'，以校核视准点。工作基点 A、B 和校核基点 A'、B' 是地面上的固定点，待设置稳固后，将经纬仪安置在 A 点上，后视 B 点的觇牌，以

固定视准线 AB。然后沿视准线在建筑物上选有代表性的地方布设位移标点 a、b、c……，一般要求在建筑物两个伸缩缝之间至少要安设 2 个标点。位移标点安设稳定后即测定其起始位置。如果建筑物产生了位移，再次测量时，位移标点的位置将移至 a'、b'、c'……，则 aa'、bb'、cc'……即为建筑物上各点的水平位移量(如图 4-2)。

为了提高观测精度，可分别在 A 点及 B 点架设经纬仪，由两端工作基点进行观测，测定原始成果和校测工作时正反镜各测 3～6次，取其平均数。经纬仪的瞄准精度应为±1″，即 100m 视距有±0.5mm 的误差。

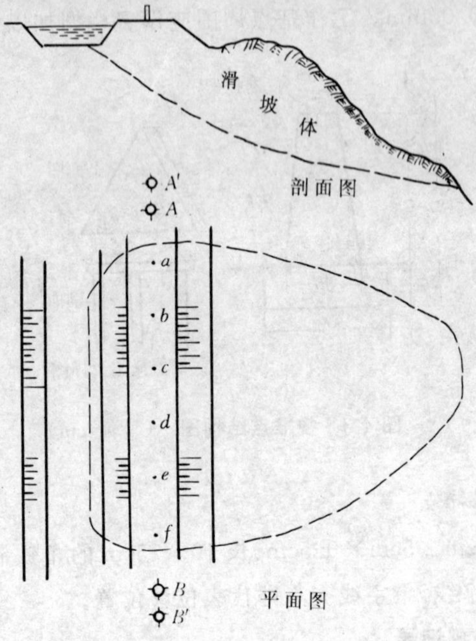

图 4-2　平面位移观测示意图

(二)观测标点的结构

1. 工作基点和校核基点

用钢筋混凝土浇筑(如图 4-3)。其构造分为两部分,底部为1.0m×1.0m×0.3m 的底板,要求浇筑到冻土层以下或直接浇筑在岩基上。上部为方形柱体,上端面为 0.4m×0.4m,下端面为0.5m×0.5m,高 1.0~1.2m。顶部混凝土内埋设支承仪器的托架,托架用铜或铁制成,三个支脚高一般为 0.5m,埋入混凝土内0.3m。托架顶板有一圆洞,其直径与仪器的基座连接螺丝相吻合,用以安设固定仪器。圆洞中心应对准工作基点中心。为便于在支承托架损坏后能准确补设,可在柱体顶面埋入刻有十字线的角铁,十字线交点即为工作基点的中心位置。支承托板应水平,两边高差应不大于 0.05mm。工作基点周围应设置栏栅加以保护。

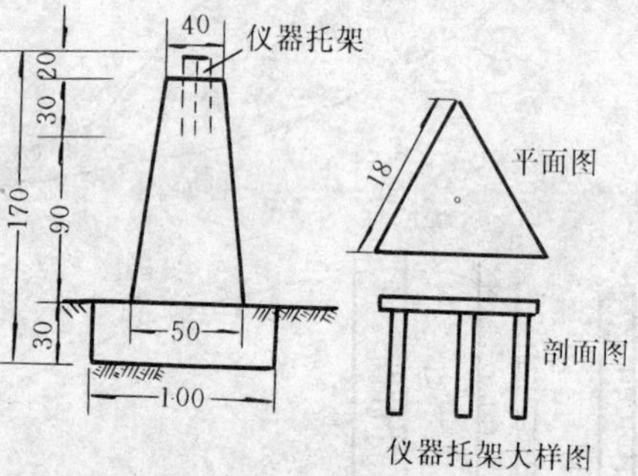

图 4-3　视准点结构图　(单位:cm)

2. 位移标点

可用 5cm×5cm×0.5cm、长 10~15cm 的角铁制成。顶部磨光,刻上十字线,十字线交点即代表位移位置。

(三)观测记录

(1)工作基点、校核基点及位移标点安设好后,应将其编号、位置、安设日期、最初测量成果等填入考证表内,并附设位置图及结构图。

(2)每次观测成果应详加记录。

(3)每年应对观测资料进行整理,并绘制平面位移图和上游水位与水平位移关系曲线图。

三、沉陷观测

沉陷观测又称垂直位移观测,是了解水工建筑物的沉陷情况,判断其安全程度,指导工程管理运用的重要手段。常与水平位移观测结合进行。

沉陷观测的方法,是在建筑物上安设沉陷标点,并以地面上设置的工作基点为标准,对沉陷标点进行精密水准测量,以求得建筑物各个部位在不同时期的沉陷量。一般要求在建筑物施工时,就应设立水准基点、校核基点和沉陷标点,及时开展观测。建筑物竣工后1~2年内应每月观测一次,以后若沉陷很小可适量减少测次,但大型建筑物每年不少于4次,中型建筑物每年不少于2次。如发现建筑物沉陷量有显著增加或其他异常特殊情况,均应增加测次。

为了保证观测精度,应尽量采用精密水准仪观测,测前要仔细校正仪器,要求对混凝土及砌石建筑物的往返测量误差值不超过$\pm 1.4\sqrt{n}$mm;土工建筑物不超过$\pm 2.8\sqrt{n}$mm(式中n为测站数)。

(一)观测点设置

1.水准基点

是观测建筑物各点沉陷量的基准点。应设置在坚实基础上。其结构型式可参照本书第二章图2-5。

水准基点应用精密仪器引测,并每年校测一次。引测和校测的水准闭合差为$10\sqrt{K}$mm,K值为接测距离公里数。

2.沉陷标点

可采用不易锈蚀的金属制造,上部为一半球形的圆盘,中间为一个正方形圆柱，下部为一凸出的正方形底座。在建筑物混凝土浇筑到顶部时，将其直接埋设在所需位置上，或预留安置孔，进行二次浇筑。如系已建成工程，则可将需要安设的混凝土凿孔、洗净，用高标号水泥砂浆浇筑。

（二）沉陷标点布置

（1）水闸应在其四角及两伸缩缝之间各布置一个沉陷标点，并在沿中心线的方向布置两个标点，上下游挡土墙及翼墙的四角各设一点。

（2）渡槽在两伸缩缝之间的槽身四角及柱基处和拱座处布设沉陷标点。

（3）倒虹吸在进出口处、两伸缩缝间沿轴线的管顶布设。地质条件和土壤变化处的地基上也应布设。

（三）观测记录及资料整理

（1）水准基点、沉陷标点安设后应将其编号、位置、型式、高程和安设日期等填入考证表内，并附位置图及结构图。

（2）每次观测成果应详加记录。

（3）观测成果应进行整理分析，以了解建筑物的沉陷过程和不均匀沉陷等情况，便于发现问题及时处理。一般应整理沉陷过程线，绘制纵横断面沉陷图。

四、渠道渗流量观测

渠道渗漏是造成输水量损失的重要因素，也是引发渠堤出现管涌、流土、滑坡等破坏性现象的重要原因。开展渠道渗漏观测的目的在于掌握渗漏量的大小和变化情况，以分析判断渠道运行情况是否正常，为渠道防渗和安全运用提供依据。

（一）渠道渗漏的测定

1. 动力测定法

在渠段设置上下两个断面，在流量稳定的情况下分别进行测流，其流量差即为渠段总的渗漏损失，再推算单位长度的渠道渗漏量。区间如有分水口，应把分水口流量计算在内；区间如有入渠水流，能封闭的可暂时断流施测，不能封闭的应测量入渠水量。在无入渠客水量条件下，其计算公式为

$$q=Q_{进}-(\Sigma Q_{分}+Q_{出}) \tag{4-2}$$

$$\alpha=\frac{q}{Q_{进}L}\times 100\% \tag{4-3}$$

式中 q——渠段渗漏损失流量，m^3/s；

$Q_{进}$——进入上游断面的流量，m^3/s；

$Q_{出}$——流出下游断面的流量，m^3/s；

$\Sigma Q_{分}$——各分水口分出流量总和，m^3/s；

α——每公里渠长渗漏损失流量百分数；

L——渠段长度，km。

2. 静水测定法

此法适宜于新建渠道未通水前，或投入运用停止排空后进行。选择渠段平直、纵坡较缓、上下断面水深差不超过5%或5cm的渠段，长度为30～50m，临时在两端筑坝隔水，然后在渠段中充水至正常水位，每隔一定时段，加入水量，维持正常水位（水位由事先在渠中设置的水尺或测针控制），如此反复进行，直到稳渗阶段为止，即连续时段加水量不再变化时，将稳渗期某一时段内所加水量除以该时段的时间，再除以渠段长度即为单位长度渠道的渗漏量。

采用此法应注意筑坝质量，否则有渗漏影响。必要时，可在两坝以外另各加筑一道隔埂，并分别在坝埂间充水，维持与试验渠段内相同的水位。

3. 同心环测渗法

用两个不同直径的同心钢环测渗，环高30cm，外环（起保护作用）直径50cm，内环35.69cm，内环面积1000cm²。测验时将同心钢环压入土内10cm，环内放一层厚3～5cm的细砾石，以免注水

时冲刷土壤。在内环内注入清水，使水深保持10cm，然后测定单位时段所注入的水量，开始时注入水量较大，逐步趋于稳定后，将稳定阶段单位时段的注水量除以时段的时间，即得渗漏量。由此推算出渠道的渗漏损失。

(二)渠堤渗流量的测定

1.棉絮吸水和定量容器法

适用于渗流量小于1.0L/s，且水量可以用棉絮吸收或水流可以注入容器的情况，如渠堤局部渗漏、小孔渗水等。对于渗漏流量小于0.2mL/s的可采用棉絮吸水法，以吸水前后棉絮重量之差和吸水时间换算其渗流量；渗流量在0.2～100mL/s的，可采用定量容器集水方法，一般使用量杯测量。

2.量水堰法

适用于渗流量大于1.0L/s，且可汇集到集水沟中的渗流。量水堰常采用薄壁堰，尽可能设置在不受泄水和地面雨水影响的集水沟内。

(1)三角形量水堰测渗流量。三角形量水堰的缺口为一顶角在下的等腰三角形，灌区通常采用90°的三角形量水堰，如图4-4所示。缺口边为锐缘，倾斜面向下游，可用木板或木板堰口镶铁皮制成。为了保证出流有足够的收缩(即保证一定的测流精度)，要求堰口两侧与渠坡的距离(T)及堰口与渠底的距离(P)不得小于最大过堰水深，堰板应另加安装尺寸(一般嵌入渠底及边坡至少10cm)。水尺安装在堰板上游两侧，或直接绘于堰上，水尺零点与堰口底的高程相同，尺面刻度应能读至5mm。当水流为自由流时，可以将过堰水深的相应流量，绘在水尺上，以便直接读出流量值。

顶角为90°的三角堰，在自由流的情况下，其流量计算公式为

$$Q=1.34h^{2.47} \tag{4-4}$$

或

$$Q=1.4h^{2.5} \tag{4-5}$$

式中 h——过堰水头，m；流量单位为m^3/s。

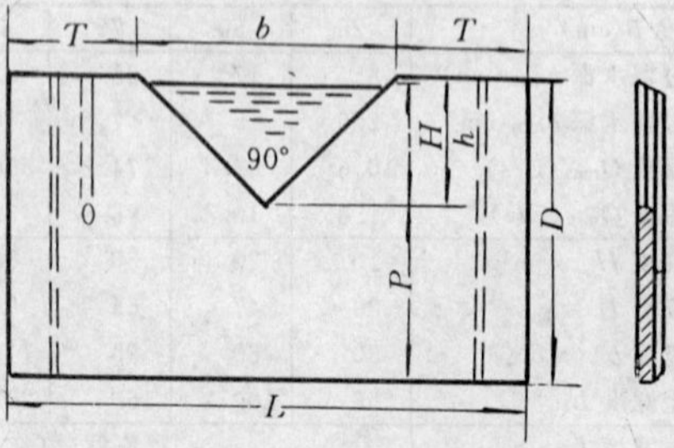

图 4-4　三角形量水堰图

过堰流量也可根据上游水尺读数从表 4-5 中查得。

表 4-5　　三角形量水堰流量表

H (cm)	Q (L/s)	H (cm)	Q (L/s)	H (cm)	Q (L/s)	H (cm)	Q (L/s)
2	0.09	10	4.55	18	19.4	26	48.1
3	0.23	11	5.75	19	22.2	27	52.8
4	0.47	12	7.14	20	25.2	28	57.7
5	0.82	13	8.73	21	28.3	29	63.1
6	1.29	14	10.5	22	31.8	30	68.6
7	1.89	15	12.4	23	35.5		
8	2.62	16	14.5	24	39.5		
9	3.51	17	16.8	25	43.8		

(2)梯形量水堰测渗流量。梯形堰的断面，为一上宽下窄的梯形缺口，堰口通常为 4∶1(直∶横)的斜边，堰口呈锐缘形状(图 4-5)。临时量水的可用 3～5mm 厚的铁板制作，固定的可用混凝土或木板制作，锐缘嵌以铁皮。

梯形堰各部分尺寸决定于堰槛宽度 B，常用的堰槛宽度为 0.25～1.5m，其标准尺寸见表 4-6，各级渠道可根据其流量的大小、允许壅高水位的多少，来确定选用不同的堰槛宽度。

表 4-6　　梯形量水堰各部尺寸及适用范围表

	堰底宽度 B(cm)	25	50	70	100	125	150
适用范围	最大过堰水深 h_{max}(cm)	8	17	25	33	42	50
	最小过堰水深 h_{min}(cm)	2.5	5	7.5	10	12.5	15
	最大流量 Q_{max}(L/s)	10.6	65.4	174.3	350.7	632.5	987.0
	最小流量 Q_{min}(L/s)	1.85	10.4	28.8	59.0	103.1	162.5
各部尺寸(cm)	堰口高度 H	10	20	30	30	47	55
	堰板高度 D	28	47	65	81	99	115
	堰口宽度 b	30	60	90	119	148.5	177.5
	堰板上宽度 L_1	56	109	160	205	252.5	297.5
	堰板下宽度 L_2	渠底宽＋(10～20)					

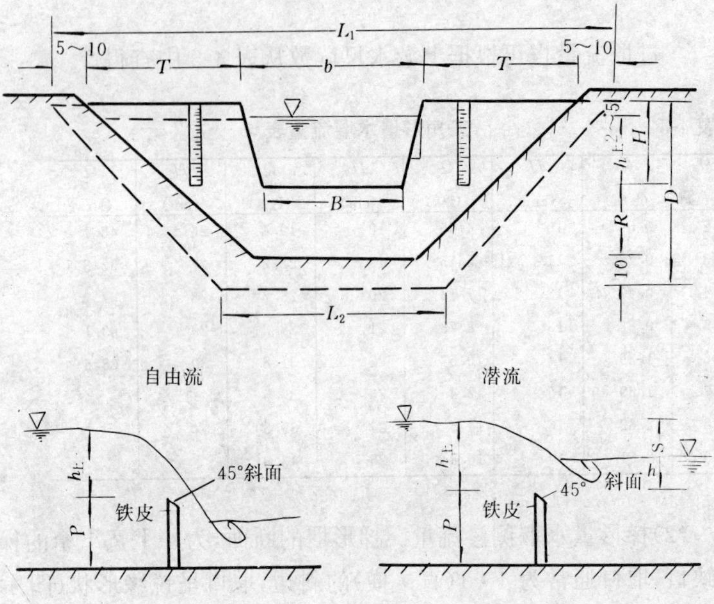

图 4-5　梯形量水堰图　(单位:cm)

为使水流在堰前能充分收缩,以保证流量系数的准确,堰槛距渠底及堰上口距渠岸的长度要等于或大于3倍的过堰水深,即$P\geqslant 3h$,$T\geqslant 3h$,实际上采用$P=T=h_{max}$,上(下)游水尺安设在堰板上(下)游距离约等于3～4倍最大过堰水深处,经试验误差并不大时，上游水尺也可绘在上游堰板旁侧。水尺零点务必与堰坎齐平，堰前平直渠段的长度不得小于 $10b$（堰口顶宽），堰后不得小于 $4b$。

梯形堰计算流量公式：

水流形态为自由流时

$$Q=1.86Bh_{上}^{3/2} \tag{4-6}$$

式中 Q——流量，m^3/s；

B——堰槛宽度，m；

$h_{上}$——过堰水深，m。

1.86 为流量系数，经试验求得，当来水流速大于0.3m/s时，采用1.9。

水流形态为潜流时，下游水面高出堰槛，堰槛上下游水面差 Z 与堰坎高度 P 之比小于 0.7，即 $Z/P<0.7$

$$Q=1.86\sigma_n Bh_{上}^{3/2} \tag{4-7}$$

式中 σ_n——潜没系数；

$\sigma_n=\sqrt{1.23-(\frac{h_{下}}{h_{上}})^2}-0.127$；

$h_{上}$——过堰水深，m；

$h_{下}$——下游高出堰槛的水深，m。

五、水位观测

水位是指河流或其他水体的自由水面相对于某一固定基面的距离。渠道水位是指水流通过渠道某横断面时水面线的高程。也可以用水尺读数加水尺零点高程表示。

水位观测在渠道运行管理中运用十分广泛，既是渠道测水的一项基本工作，又是控制渠道输水能力，确保安全运行的一项重要手段。

水位观测的方式，一般多采用水尺水位观测和自记水位计观测，随着现代科学技术的发展，电子技术在水位观测、记录和数据存储、传输、处理等方面的运用已日益广泛。

（一）水尺水位观测

水尺是传统有效的水位直接观测设备，根据其结构类型，一般可划分为直立式、倾斜式、悬垂式、矮桩式水尺等；因其用途不同，又可划分为基本水尺、测流断面水尺、比降水尺、其他专用或辅助水尺等。水尺观测一般可利用水尺读数加已知水尺零点高程测定水位。

水尺零点高程是指水尺零点与基面的高差。水位所用的基面有两类：一类是绝对基面，系由国家规定的某一海滨地点的海平面为零点，其他地点的高程均以此为起点，我国规定黄海基面为通用的绝对基面。二是假定基面，对于一个灌区，常选择一个适当的地点，作为全灌区的假定基面，渠系的水面高程均以此为起点。

渠道测水中的水源测站、渠道测站以及水工建筑物上设置的水尺，一般应能满足测算出一年内每日的日平均水位和最高、最低水位值的条件。洪水期间，应完全掌握洪峰的水位变化过程。具体的做法是，每日的定时观测和必要的加测相配合，定时观测的时间按规定为北京时间每日上午8时，但在我国西部地区在此时刻观测如有困难，或枯水季节在此时刻的水位代表性不好的话，可由有关领导机关另定其他时间。

水尺上的水位均用目测，其关键在于，正确读数和掌握每日观测次数和时间，以能准确计算日平均水位和不漏最高、最低水位为原则。

1. 正确读取水尺读数

当水面平静或风浪虽大但有静水设备时，读静止水面截于水尺上仅有的一个读数即可。读数应读至0.01m，比降水尺应读至0.005m，在风浪大而无静水设备时，则应读记波浪的峰顶和谷底截于水尺上的两个读数，记取其平均值，或等到水面出现瞬时平静时，读其截于水尺上的一个读数，这样连续观测2～3次，取其平均值。

2.水位的观测次数

观测次数是指一天24小时之内怎样观测到足够次数的水位资料。所谓“足够次数”并不是测次越多越好，而是根据水位变化情况和能否准确计算日平均水位，且不漏测最高、最低水位为原则来判断的。具体要求如下：

(1)水位平稳时，每天8时定时观测一次，不需加测。稳定封冻期水位呈均匀平缓变化时，可每2～5日观测一次。月初、月末两天一定要观测，以便于分月统计水位特征数值。

(2)水位变化缓慢时，每天分别在8时、20时各观测一次。

(3)水位变化较大或出现缓慢的峰谷时，每天测4次(2时、8时、14时、20时)。

(4)洪水期，水位变化急剧时每1～6小时观测一次，暴涨暴落期间，看情况再增加测次，如半小时或若干分钟(6分钟或6分钟的倍数)观测一次，以能测到洪峰过程为原则。

(二)自记水位计观测水位

自记水位计是间接观测水位变化的一种常用设备，一般布置在基本水尺断面内适当的位置，以代替基本水尺。水位计的记录方式有：图形曲线、数据显示(或打字)、穿孔纸带、磁带(或固体线路储存)等。根据其感应水位的方式，可分为浮筒式水位计、水压式水位计、气泡式水位计和超声波式水位计等类型。我国灌区使用较为广泛的主要是浮筒式水位计(如图4-6所示)。

浮筒式水位计的使用，应注意以下几个问题：

(1)做好检验、校正工作。安装前和使用中，要对仪器的结构是否完善，工作是否正常进行检验和校正。①检查自记笔的导杆与记录转筒轴线是否平行。将自计纸装在转筒上，保持转筒不转，再将

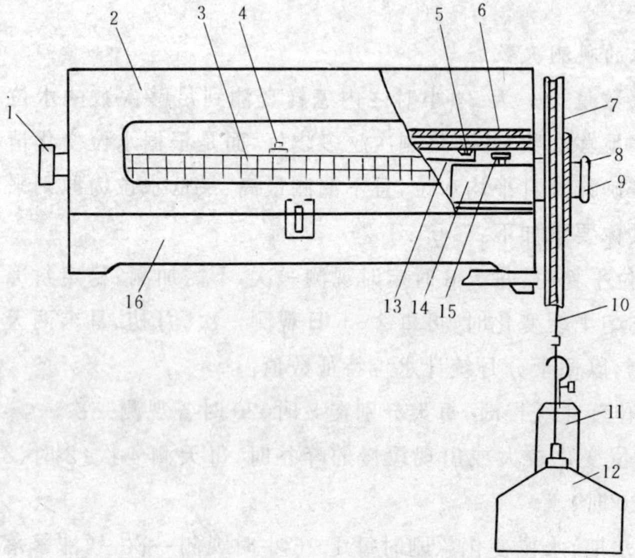

图 4-6　浮筒式水位计示意图

1—顶头；2—罩盖；3—记录筒及记录纸；4—记录笔固定螺帽；5—上钢丝轮；6—导杆；7—1∶2 比例轮；8—水位轮；9—1∶1 比例轮；10—悬索；11—平衡锤；12—浮筒；13—细钢丝；14—记录时钟；15—滑轮；16—机座

自记笔从导杆的一端慢慢移向另一端，检查所划线条，是否与纸上坐标重合(或平行)。这样在转筒的几个不同位置反复试验几次，如都能重合(或平行)，则符合要求。否则，应校正导杆。②检查记录转筒的几何轴线与实际轴线是否平行。固定一针尖靠近转筒表面，慢慢转动转筒，观察针尖与表面有无分离和挤压情况，然后将针尖移到其他位置，同样检查几次，如各处均无不正常情况，则符合要求。否则，应校正转筒转动轴线或检修转筒。③自记钟快慢检查。装好记录纸，上好自记钟发条，使自记笔尖对准记录纸上某一整时间坐标，同时记下标准钟所示时刻，然后每隔二或四小时校核一次时间，加以记录。经过 24 小时运转以后，分别统计各时段的时间误差及24小时累积误差。如自记钟为等速运行但有快慢，可拨自记钟上的快慢针，反复核对2～3次，使时间误差每24小时在±5分钟以内。④其他结构的检查。要根据具体仪器来确定，横式水位计一般应检查转筒本身的静平衡、自记笔牵引钢丝的松紧程度及导向滑动轮是否灵活；立式水位计须注意变速齿轮间咬合的松紧程度，以保证传动的灵活。

(2)搞好安装、调试。安装时，将传感器放在测井上，浮筒和平衡锤进入测井。比例轮连同整个记录器固定在测井上部的仪器台上。横式水位计的记录器转筒应严格水平。立式水位计的转筒应严格垂直。这可用水平尺来校正。

仪器初步安好后，应再调试。用手以不同的缓慢速度提放浮筒(代替水位涨落)，注意悬索在比例轮上有无相对滑动现象，并观察自记笔所画线条是否明显和光滑。

(3)设立校核水尺，做好比测和校测。无论采用何种间接观测设备，都要与直接观测相配合，即在任何一种水位计的感应设备附近设置校核水尺，其作用在于水位计正式使用前进行比测，以及在使用后经常校测。一般利用测井或支架设置直立式水尺作校核。

水位计安装以后，必须经过比测试用。就是将水位计试测(记)的水位与同时由校核水尺直接观测的水位对比，经过误差评定，认为比测合格后，方可正式使用。若比测结果不准确，应查明原因，须作适当处理。

水位计的校测须按规范规定的校测时间、要求进行。一般结合更换记录纸进行校测一次。

(4)按时更换记录纸，上紧自记钟发条。在使用中要根据记录周期，按时更换记录纸。换纸时，应上紧自记钟发条，并将自记笔尖调整到当时准确时间和水位的坐标上。自计笔尖上加适量的墨水，同时，在记录纸上记明换纸日期、时间和校核水尺水位。

(5)订正和摘录自记水位记录。在订正和摘录水位前，如自记线因受风浪影响呈锯齿状时，可用红色铅笔通过中心位置划出一条曲线；如因浮筒触及井壁等原因，线段呈阶梯状，可按成因分析其正确线型，用铅笔加以改正；一张记录纸连续使用数日，记录曲线彼此交叉者，可用不同色彩的笔分别绘出加以区别。

自记记录的订正，可包括时间订正和水位订正两方面，一日内时差超过 10 分钟，且水位变化急剧时，应按等时距比例作时间订正。当自记水位与校核水尺水位相差超过 2cm 时，需要根据检查的原因，作水位订正。

记录订正以后摘录水位，所摘录的水位，应能反映其涨落变化的完整过程；满足计算日平均水位和推流的要求。水位变化不大时，按等时距摘录，变化急剧时，应摘录转折点。在所摘数据中，必须包括 8 时及一日内的峰、谷水位，摘录时段尽量为 6 分钟的倍数。摘录点次在记录线上逐一标出，并注明水位值。

（三）水位自动报警装置

在灌排渠道的运行管理中，水位自动报警装置一般用于水位测站的夜间或无人值班的水位监视。特别是在汛期，为渠道运行超警戒水位的自动测报，提供了可靠的保证。这里简略介绍一种常见的浮子式触点水位自动报警装置，该装置由感应和信号发生两部分组成，其工作原理是：通过浮筒感应水位，浮筒随水位上下变化而移动，当渠道运行水位超过或低于预定的报警水位时，即浮筒的动触点与定触点接触闭合，形成回路电源接通，蜂鸣器发出报警信号，提醒管理人员调闸，控制进水量与排水量。

第五节　渠道林木营造与管护

渠道两旁植树造林是灌区建设的重要内容。营造渠道防护林带既可以防风固沙，防止渠堤冲蚀，延长工程寿命，调节小气候，又可为防汛抢险提供木材，是灌区节约开支、增加收入的一项重要措施，应当因地制宜地搞好营造和管护工作。

一、渠道植树造林规划

渠道造林规划是灌区绿化规划的主要组成部分，应紧密结合山、水、田、林、路综合治理规划统一布局。各级灌排渠道造林要根据渠道级别、规模及营林性质，确定树种及株行距。在树种选择上要以适应当地自然条件的速生快长、枝干抗弯和枝叶防风的乔木为主。

(1)沿灌排渠道和道路两旁植树，应视宜林地带的宽窄而定。在土地较多地段，可沿干渠或较大支渠每边种植两行、四行甚至六行；土地较少地段，灌排渠道两旁至少各种一行高乔木。路旁植树应尽可能栽种树冠高、呈塔形半塔形乔木。穿越城镇的渠道两旁植树要结合城镇规划，在临渠界限内进行绿化和美化。在闸、站等周围可栽植果树、花草，搞好园林化建设。土地集中的渠段可开辟果园或从事花草种植，发展综合经营。

(2)支、斗灌排渠两侧一般要求植树一行，行中可夹杂一些灌木，其比例为1∶1。田间固定灌排渠道，可根据具体情况由当地农民自行植树，最好两旁各种一行树干高、遮荫少的速生树种，如钻天杨等。一般渠旁种树行距，乔木、灌木均为1.5～2.0m；株距，乔木为1.0～2.0m，灌木为0.75～1.0m。填方渠道及半挖半填渠道，植于距渠堤外坡脚约1.0m以外，干、支渠填方渠段，如土地较宽广，可结合护田林带，每边植树三行，乔灌间种，也可只种乔木，行距1～3m，株距0.75～1.0m。挖方渠道可栽植在渠道岸边，与山坡交界处可直接栽于山坡上。

(3)遮荫渠道林带，有浓密树冠遮荫的渠道可抑制杂草丛生，减轻渠道养护工作。每边可种一行或两行遮荫树，可选择杨树、榆树、柳树、桑树、胡桃树等。株距1.0～1.5m。行距视土堤大小而定。一边植树两行的植于渠堤内坡岸、外坡脚；一边植一行的植于外坡脚下,距渠堤1.0～1.5m。

(4)渠道冲刷段的护渠林,宜因地制宜地选择根系发达,有很强的固土防冲护堤功能的乔灌树种或草本植物。一般多种柳树护堤,盐碱下湿地区多种紫穗槐或刺槐固堤防塌。

(5)渠道防护林带树种的选择,应根据林带立地条件选择具有生长快,封闭早,寿命长,防护作用持久,根系发达,耐旱耐涝,耐瘠薄,再生力强,繁殖容易等特点的树种。

二、渠道林木营造

渠道植树造林,一般来说具有渠线长、分布面广、时间性强、造林任务重以及与沿渠乡村有密切的利害关系等特点,应当严密组织,精心管理,确保造林任务的完成。根据各地经验,渠道林木营造主要应做好以下工作:

(1)在统一规划的前提下,实行分段负责制。干渠或较大支渠的植树造林,由灌区管理单位统一规划,按行政区域分段落实任务,列入所在县(区、市)、乡镇和管理所(站、段)绿化达标管理范围,实行目标管理责任制。由管理所(站、段)会同当地政府、绿化委员会实施,按期检查验收,兑现奖惩。

(2)在坚持渠道管理范围土地产权的前提下,实行多种形式的林木营造方式,发动和鼓励沿渠乡(镇)村、农户参与渠道绿化建设。一是渠道绿化战线较长,管理单位栽植和管理有困难的,可采取与当地乡(镇)村或农户合作造林的方式,签订合同,明确双方权责关系,实行共同投资(包括投劳折资),收益比例分成的办法;二是实行农户承包经营责任制,由管理单位与当地农户分别签订承包合同,在按合同规定定期向管理单位上交管理费的前提下,实行谁种、谁管、谁收益的原则;三是闸站周围或成片、集中造林地段由管理单位直接栽植和管护,收益归管理单位所有,可实行内部承包责任制或其他形式的经济责任制。

(3)选培树苗,适时造林。渠道林木的栽培,首要环节要抓好苗木的选育,以提高林木成活率。苗木的来源除可在就近林场苗圃订购外,有条件的管理单位可自办苗圃,培育树苗,既可节省资金,又可就近移植,保证成活,多余树苗还可外销,增加经济收入。此外,还可发动当地乡(镇)村、农户按合同要求自行培育。

苗木要选用长势旺盛、发育良好、基茎粗壮、根系发达、顶芽饱满、无病虫害、无机械损伤的合格苗木。

选好造林时机也是确保林木成活率的重要条件。春季是造林的主要季节,必须抓紧,特别是北方地区,应乘土壤刚融冻和水分较多时抓紧造林。北方地区秋季植苗,分植造林一般应在树木停止生长后开始,在土壤封冻前结束;冻害严重的地方,不宜秋季造林。南方地区温暖多雨,宜在冬初树木停止生长后至翌春发芽前植树造林。

(4)据地形及树种,清除造林地段杂物,搞好整地,准备好底肥。渠道植树一般采用开穴栽植法,开穴的深度、宽度应大于苗木的根幅与根长。栽植裸根苗木应将苗木栽正扶直、深浅适宜,根系舒展,先填表土湿土,后填新土干土,分层覆土,层层踏实,最后覆一层细土。有的小苗可挖坑靠壁栽植。

三、渠道林木的管理养护

俗话说:“三分栽七分管”。渠道林木的管理主要应抓好三个方面的工作:

(1)加强宣传教育,落实政策,履行协议。要采取多种多样的形式,广泛开展保护渠道林木的宣传教育,树立植树光荣,毁林可耻,人人爱护树木的良好风尚。同时,要切实按照签订的合作造林合同和承包经营协议,行使职权,履行职责,分成兑现,实施奖惩,充分调动有关单位和农户的积极性。

(2)依法护林,严肃法纪。渠道林木的管理必须认真贯彻执行

“森林法”和“水法”、“水土保持法”及有关法规，加强水行政主管部门与林业行政主管部门的紧密配合，严格执法，对毁坏林木的违法行为及时进行查处。管理单位可根据法律、法规，制定植树护林规章制度，经灌区代表大会审查同意，报当地政府批准后执行。

(3)搞好幼林抚育保护和成林树木的管理。幼林抚育保护是植树造林的关键，主要应做好以下工作：①除草松土。春季造林从当年开始，秋冬季造林从第二年开始，直到幼林郁闭为止，要及时除草松土，做到除早、除小、除了。②幼林抚育应根据整地方式，采用全面、带状和块状抚育的方法。块状地周围及林带间的杂草，如长得高密，要在每年旺季割除，并清除攀援植物。进行全面或带状抚育时，可实行林肥(绿肥)、林粮、林油、林菜、林药间作，以耕代抚。但应严格禁止有害林木生长的藤本作物和高秆作物。③空窝死苗要及时补栽。④加强对林木病害的防治。在大面积发生病虫害的地区，可使用化学药剂抑制病虫害蔓延，也要重视生物防治。

林木成林后，要有计划地砍伐更新。一般可在老树下先种植幼树，等长至2m高左右时，再分年砍伐老树。老树有三行时，第一年砍中间一行；第二年砍伐外侧一行，第三年砍靠近渠道的一行。老树只有一行时，可分年隔株砍伐，直至全部更新为止。

第六节　渠道防洪与抢险

山丘区或跨流域引水的灌区，渠道布置常沿等高线延伸，横越许多冲沟、溪流，割断了坡地径流的天然路径，在渠道上侧形成许多坡面汇流排水区域，需要穿越渠道排走，如排泄洪水不及时或洪水流量超过设计防洪标准，山洪就会夺渠而入，因此，应切实做好渠道防洪工作。

一、渠道防洪标准及防洪建筑物

渠道防洪标准:水利部颁发的《灌溉排水渠系设计规范》(SDJ217-84)对干、支渠道的防洪标准作了如表4-7的规定。

表4-7 干、支渠道的防洪标准

渠道设计流量(m^3/s)	洪水重现期(年)
<10	5~10
10~50	10~20
50~100	20~50
>100	50~100

干、支渠道上排洪建筑物的防洪标准,取渠道防洪标准的下限值。按照以上标准设计、修建的渠道防洪建筑物,分为入渠泄洪建筑物和非入渠泄洪建筑物两类。入渠泄洪建筑物设在渠道天然河沟交会点附近的渠堤上,配置有泄水闸,把入渠洪水泄入天然河沟。有的在渠堤上设置开敞式溢洪道,以宣泄洪水。非入渠泄洪建筑物为渠道与河沟立体交叉的排洪建筑物,有渠下泄洪涵洞(管)、倒虹吸管和渠上排洪渡槽等型式。

二、渠道防洪准备

渠道防洪工作必须贯彻"安全第一,常备不懈,以防为主,全力抢险"的方针。一般实行夏汛冬防,立足于经常性的维修养护。

汛前准备主要应做好以下工作:

(1)建立健全防汛组织,落实防汛任务和岗位职责。灌区管理单位(局、处)一般都应设立防汛办公室或防汛指挥部,负责所管工程范围的防汛指挥调度与抢修施工组织领导和技术工作。在群众性防汛组织上,重点建筑物由附近民兵组成的防汛基干队,配合渠道维护工日夜轮班守护。同时,由当地防汛指挥机构统一布置,组织群众性防汛抢险队，落实人员、物料、任务、负责人，做到召之即来，来之能战，战之则胜。

(2)制定防御洪水方案，订立防洪工作计划，建立防洪制度。在汛前，要组织进行防汛检查，了解渠道及其建筑物安全度汛状况，并根据设计防洪标准和洪水频率，认真分析可能出现的险情，制定防御洪水方案和工作计划，组织汛前加固工程，搞好清障工作，并分段规定渠道防洪警戒水位和保证水位，建立汛情传报网络，制定汛前传报制度和巡渠检查、值班守护与请示汇报制度等防汛工作制度。

(3)做好防汛物资、器材及通信、照明设备等准备工作。在汛前管理单位要根据防御洪水方案和防洪计划，储备一定数量的防汛抢险物资。工程现场应本着依靠群众，就地取材的原则，组织受洪水威胁的单位和群众采集一定数量的砂石、土料，储备一定的防汛抢险物料。

三、汛期工程运用管理

灌排工程在防汛期间，灌溉、防洪同时运用，应当本着兴利服从防洪、保证安全的原则，搞好渠道及其建筑物的运用管理。

(1)在控制运用上，渠道水位、流速、流量的控制应在灌溉期控制标准的基础上适当降低，执行防洪限制水位、警戒水位及危急水位。在汛情发生或局部降暴雨时，应根据汛情、雨情分析判断洪水入渠的时机及其影响，提前采取停止或减少引水，或者分段排水措施。如遇汛期洪水陡涨或区间暴雨强度很大骤然形成洪水入渠，危及工程安全而又来不及请示汇报时，渠道维护管理人员可及时采取泄洪措施，事后再行汇报。洪水过后，应及时恢复通水。

(2)加强检查、观测工作，坚持巡渠值班制度。在汛期，特别是降暴雨时，渠道维护管理人员应十分注意监视渠道、水库和交叉河道的水位变化，昼夜值班巡查运行状况，险工隐患工程更要专人守护，以便及时发现险情，及时进行防护抢救。在进行检查观测时，应注意通信线路、电话设备及闸门启闭设备的检查，坚持每日试机制度，及时排除故障，保证通信畅通，及时启闭闸门。雷雨季节，要做好防雷设备的维护工作，保证人身与工程安全。

(3)加强汛情、雨情测报和联系工作。在汛期，管理单位要按照事前建立的汛情传报网络，准确及时地收发报有关水文站、水位站、气象站的汛情、雨情，并及时向有关部门和下属单位传报，做到准确、及时，无错报、漏报。渠道维护管理人员应按规定及时报告汛情、雨情，并应做好与当地乡(镇)村的联系工作，协助检查落实防汛组织和物料储备情况。

(4)加强工程维修养护，确保安全度汛。在洪峰间隙或灌溉渠道停水后，应抓紧时间对工程设施进行全面检查，及时修复、加固损坏工程，疏淘淤积渠道，以利恢复灌溉用水，准备迎接下一次洪水。工程损毁严重、农田灌溉又需及时恢复通水的，应根据毁坏情况，组织群众日夜淘修，或者采取应急措施，以满足灌溉需要。

四、防洪抢险措施

防洪抢险是在建筑物遭受洪水危害出现险情时，为避免失事而进行的紧急抢护工作。下面仅就渠堤和交叉建筑物附属堤防工程常用的主要抢险措施作一介绍。

(一)堤防、渠堤漫溢的防护措施

堤防、渠堤的漫溢是指河道、渠道水位超过堤顶而出现漫流或溢流，极易造成堤防、渠堤垮塌决口，是一种极为严重的险情，必须全力进行抢护。

发生漫溢的原因，就河道而言，主要是洪峰流量超过河道行洪设计标准，也有河道设障的人为因素所造成；渠堤漫溢主要是渠道超量引水或洪水入渠，泄洪排水不足或排水不及时、渠道局部阻塞等原因造成。

防止漫溢的方法和措施，一般有如下几种。

1. 合理运用工程，加强管理养护

渠道的运用要严格按照规定的防洪限制水位运行，搞好水量调配及泄水退水工作，杜绝违章运用。在岁修或汛前加固工程时，对高度不够或已发生沉陷、坍塌的薄弱地段及违章在渠堤、堤防上开口修路的缺口等应进行加高培厚、封填缺口。河、渠道内的阻水建筑物应按照规定进行清障处理。淤积河道应进行疏淘。渠内杂草及两岸边坡淤积浮泥应定期清除，以保证有足够的过水断面。

2. 采取紧急泄水措施

在水位高涨，可能出现漫溢险情时，应采取断然措施。渠道可采取开启临近泄洪闸、退水闸，排走渠内洪水；临近泄洪、退水设施不足以排泄入渠洪水的，必要时可在适当位置开挖临时泄洪口，迅速降低渠内水位。开挖临时泄洪口应注意泄洪口的固定控制，防止泄口任意扩大，同时应做好可能造成淹没范围内的群众安全疏散、转移和善后处理工作。

3. 采取加高河(渠)堤或修筑挡水子埝的应急措施

在无法采取降低水位措施或上述措施不能满足保证工程安全要求时，应及时组织防洪抢险队伍，加高渠堤、堤防或抢筑子埝(又称拦水埂)，增加河(渠)堤高度。修筑子埝，要因地制宜，就地取材，一般有如下几种结构型式：

(1)竹笼(或铅丝笼)子埝。它是用竹料或铅丝按一定的工艺编织而成，一般长 5m(岁修施工可为 10m)，直径 0.6m，笼眼为 0.2m 左右。抢筑子埝时，顺堤埂内坡摆放。装笼时，由底层而至上层，一般视加筑高度来定层数和每层摆放笼数，如加高 2.0m 可采用四、三、二、一的垒砌方式，竹笼内大卵石 要装填饱满。必要时可加打木桩固笼，并在顺水笼上按一定间距，横装长 10m 的“搭连笼”，如图 4-7。为防止笼石浸漏，可在每层笼间加填土料或砂砾料。此种子埝有较好的抗冲能力，用于加高堤防效果较好。

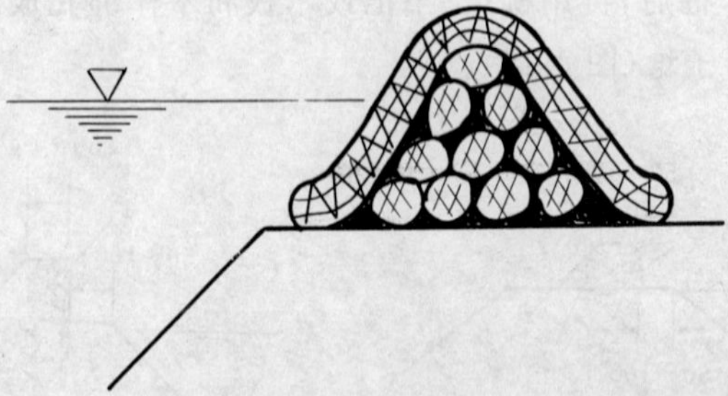

图 4-7 竹笼子埝

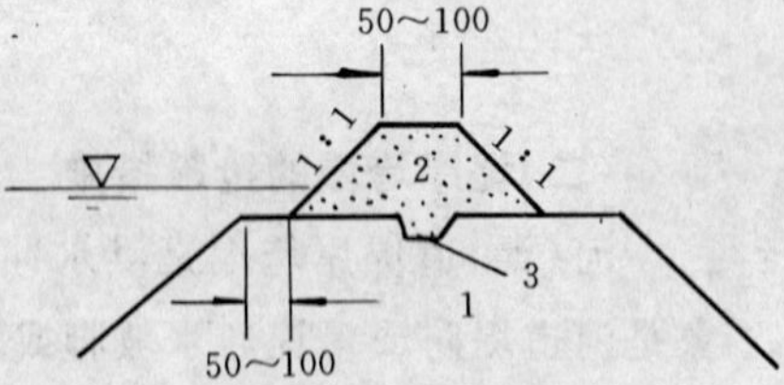

图 4-8 纯土子埝 （单位：cm）

1—坝（堤）身；2—子埝；3—结合槽

(2)土料子埝。抢险时，先清除堤顶杂草、杂物，刨松表土，并在子埝中线处开挖一条深、宽各 0.3m 的结合槽，于堤迎水坡缘0.5～1.0m 处分层填土夯实，筑至要求加到的高度。一般子埝顶宽不小于 0.6m，内外边坡不小于 1∶1(图 4-8)。

抢筑土料子埝的取土地点应在距堤脚 20m 以外。如情况紧急又无处取土，可择附近堤防较宽处，暂时借用背水坡浸润线以上的部分土料，取土宽度以不影响工程安全和防汛交通为原则。

(3)土袋子埝。抢修施工方法与土料子埝大体相同。不同的是在子埝迎水面砌筑土袋，土袋后再加土埝(图 4—9)。土袋是用草袋、麻袋或蒲草袋、塑料编织袋包装土料而成。砌筑时，袋内装土不宜过满，以便砌筑紧密。袋口最好用草绳或麻绳、塑料绳缝好，向背水面横放，每层要相互紧靠错缝，层土层袋，同步向上砌筑。土袋间较大缝隙宜用沙土填塞密实，迎水面的缝隙可用软草、麦秸等补塞严密，以防袋后土料被风浪淘刷流失。

(4)护坡子埝。与土袋子埝不同的是子埝迎水面不用土袋而采用打一排木桩后，再用柳把、苇把或木板和木棒绑扎成迎水坡，其后加填土料子埝(图 4-10)。

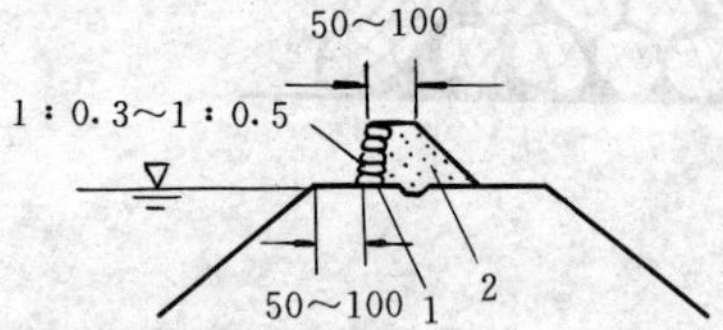

图 4-9　土袋子埝　(单位:cm)

1—土袋;2—子埝

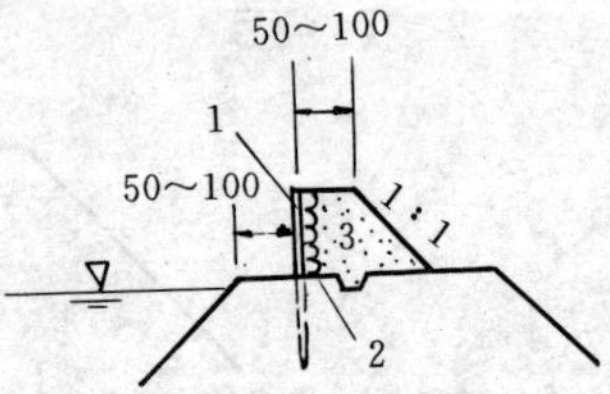

图 4-10　护坡子埝　(单位:cm)

1—木桩;2—苇把或柳把;3—填土

(二)堤岸垮塌的抢险措施

河(渠)道堤岸垮塌是洪水冲刷造成的常见险情之一，主要表象是河道堤防或渠堤迎水坡脚或坡面被冲毁、淘空，无堤防的河岸被冲垮，如不及时加以抢救维护，有可能造成堤防、渠堤决口，或冲毁大量农田，主要有两种工程措施：

1. 增修后戗(有的称加筑附堤)

当土堤迎水坡出现滑坡、坍塌，由于洪水涨势较猛、水位较高、难以抢护毁坏部位，而堤身单薄，极易出现决口事故时，常采取在土堤背水坡增修后戗(附堤)的方法，以培厚加固堤防(图 4-11)。施工时，先清除原坡面及地面杂草杂物，然后迅速分层填土夯实成后戗。高度不超过最高洪水位，坡度不应陡于原有堤坡，厚度视土堤滑坡、坍塌程度而定。

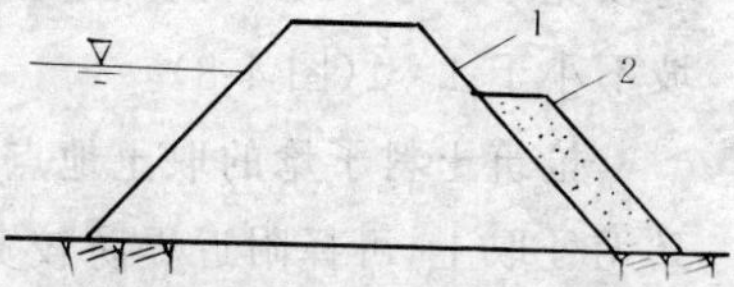

图 4-11　增修后戗示意图

1—原土堤;2—增修后戗

2. 抢护毁坏前坡

堤防迎水坡出现滑坡、垮塌，洪水位不高，有条件进行抢护时，应采取抢护措施，通常采用打桩防塌和抛石护岸、镇脚的方法，都江堰灌区多用竹(铅丝)笼护岸法。

(1)排桩防塌。在坍塌严重处,打入一排木桩,桩顶与堤顶相平或稍高于堤顶。木桩入土要在1.5m左右,桩距1m。桩后填入用树枝苇草、玉米秆捆成的柴捆或土袋,然后加土填好。必要时还可在背水坡加打附桩,前后桩用绳拉紧,以增强排桩稳固性(图4-12)。这种方法,有的改进为打桩编柳法,即在排桩后所填柴捆改为在木桩上编捆柳枝、玉米秆,以减少填充物料。在堤坡坍塌部位淹没情况下,编捆柳枝等不易操作时,仍以填入柴捆或土袋为好。

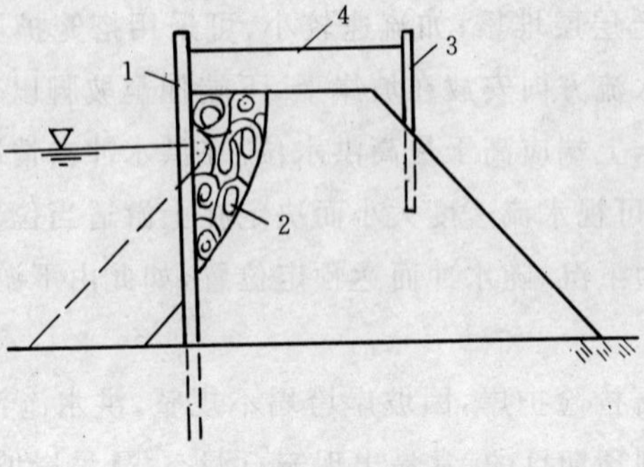

图4-12 排桩防塌

1—木桩;2—柴捆;3—加打木桩;4—绳索

(2)抛石护坡、镇脚。堤防或渠堤迎水坡滑挫或坍塌严重,洪水尚未消退,且石料比较方便的地方,可以采用此法。抛掷前,如有可能应先探明坍塌范围,并先将坍塌陡峻的堤岸上缘削成坡形,以利石料下落至适宜部位。抛石护岸高度可略低于洪水位(图4-13)。

(3)笼石护岸、镇底。采取抛石护岸,在洪水流速较缓时是可行的,但在水流过急时,抛石易被冲走,则宜用笼石护岸、镇底法。

笼石护岸如流速较大,可将前述竹料或铅丝编织而成的笼顺水流方向置于河岸坡上集中人力,装填笼石,边填边沉,顺河而下,

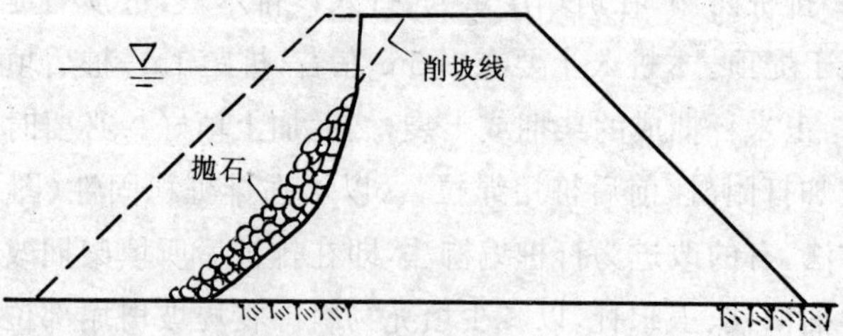

图 4-13　**抛石护岸**

如此由下而上层层堆累；如流速较小，可采用搭笼护岸方法，即将竹笼垂直于水流方向安放在坡岸上，下端伸至坡脚以外1～3m，装石镇底、护坡，上端应高于最高洪水位。在洪水冲击情况下，装置搭笼不易到位，可视水流速度大小而决定在上游适当位置下笼，以达到边装石料边下沉，随水冲而达预定位置，如此由下游而上游排列成笼坡。

使用笼石抢险护岸，因坡岸垮塌不规整，洪水淹没冲击，装笼操作不易达到预期目的，常易出现笼石漏空、悬吊岸坡或叠累散乱等现象。

(三)河(渠)堤决口的抢护

渠道输水、行洪中或河道洪水泛滥时发生渠堤、河堤决口，应立即进行抢护，防止决口扩大。发生渠堤决口时应首先采取减少或截断水源措施再实施堵口工程措施。

渠(河)堤决口的抢护，一般常用的方法是在决口两端抛入石块或土袋、柴捆，并向中间逐步进展截堵水流，然后还土复堤。如果形成渠堤决口的水源(主要是入渠洪水)无法减少或截断，河道堤防决口洪水尚未消退，流速过大，水流较深，无法堵口时，可先采取抛石或装笼石的方法控制决口两边的堤岸，不使其扩大决口，待洪水消退后，可采取抢时打桩填土袋的平堵方法或采用杩槎、笼石封缺法。

1. 打桩填土袋

在决口处采取保护堤头措施后，于决口打1～2排木桩，一般桩距0.5m，排距0.3～0.5m，桩长2～3m。在桩前抛填土袋，封住大流，再填土封口。

2. 杩槎封缺

抢险堵口时，一般在决口水不深、流速不大的情况下使用。先在决口岸上选用足够长度和梢径的马脚木，以每三根一组，用竹绳或铅丝捆绑马脚顶，掰开马脚木，在其中上部绑盘杠木，固定马脚，成立体三角形。马脚的多少以决口长度而定，下马时从下游到上游依次安放，并使迎水面的两根马脚木互相紧靠交叉、对齐，放置于轴线上。马脚安好后，在盘杠上平摆压盘木，放置石料压盘，使其稳定。然后在迎水面的马脚木下各横绑一根木料，将杩槎连接起来，再于横木上按一定间距竖绑若干木条，其上再铺竹笆，下端应紧贴渠底，即可在竹笆上填筑土料，达到封口截流之目的。

使用杩槎抢险堵口应注意稳固马脚及马脚料的质量，否则难以承受水压，必要时可在杩槎迎水面绑扎的横木上加打撑子，以增强抗压力。

3. 笼石堵口

应在洪峰过后，决口水流较浅时使用。笼石砌筑方法大体与前述砌筑子埝(拦水埂)相同。所不同的是注意笼石拦水埂与土堤结合部的连接，一般在迎水面一排顺笼应超长接于堤坡，并横装数排搭笼。搭笼应伸至堤脚以外1～3m。

复习思考题

1. 渠道及其建筑物运行管理的正常工作标志是什么？

2. 渠道与渠系建筑物管理运用的基本要求是什么？

3. 什么是渠道及其建筑物的管理范围和保护范围？

4. 保护水质和灌溉设施的法律依据是什么？
5. 渠道检查观察的基本任务和内容是什么？
6. 如何探测渠道及建筑物隐患？
7. 如何营造和管护渠道林木？
8. 渠道防洪抢险有哪些主要措施？

第五章　渠道及其建筑物的维修

维修养护是为确保工程的安全和完整，充分发挥并扩大工程效益，延长工程使用寿命而采取的重要措施。这是因为渠道及其建筑物在运用过程中，常常受各种外力的作用，其状态随时将发生变化，如不及时维修养护，其缺陷将逐渐发展，影响建筑物的安全运用，甚至会导致失事。

渠道及其建筑物的维修养护必须本着"经常养护，随时维修，养重于修，修重于抢"的原则进行。渠道维修分为经常性维修养护、岁修、大修和抢修。经常性维修主要是根据经常性检查发现的缺陷和问题，进行日常保养维护和局部修补；岁修是根据汛后或灌溉用水期后检查发现的缺陷和问题，对工程设施进行有计划的整修和局部改善；大修是对较大损坏工程进行的修复工作；抢修则是在发生工程事故，危及工程安全和正常运行时所进行的抢护修理。本章着重介绍有关工程维修方面的技术知识和技能要求。

第一节　渠道及土工建筑物的维修

常用的土工建筑物有土坝、土渠和土堤等，对这些建筑物的养护维修，是必须进行的一项经常性的工作。通过防护，防止或减轻外界不利因素对土工工程的损害，通过保养维修，及时消除土工工程的表面缺陷，保持或提高土工工程的抗损能力。

一、土工建筑物表面损坏的修补

（一）渠堤及堤防工程表面损坏的修补

堤顶如有坑洼而易于积水时，应填补齐平，并保证堤顶有一定的排水坡度。对于能通行车辆的堤顶，如有损坏，应按原堤顶修复，必要时，还应对路面加固改建。如草皮护坡有局部损坏，应及时整修，出现凹坑，要采用与原土质一致的土料填平夯实，并补植新草皮。对无护坡土堤，如堤坡有凹凸不平之处，应进行填补整平；如有冲刷沟，应及时修复，并改善其排水系统。

除上述表面损坏修补外，还应注意以下几点：

(1)预留护堤地、护渠地。即在堤脚以外应留有适当宽度的护堤地、护渠地，护堤地、护渠地的宽度通常由各地主管部门参照历史情况作出决定。

(2)栽植树草护坡。为保护堤坡稳定，一般应植草皮、栽树等以保持水土，并注意经常性的养护。

(3)消除隐患。当发现堤身有蚁穴、兽洞、坟墓及窑洞等隐患时，应及时进行开挖、回填或采取灌浆等方法进行处理。

(二)渠道表面损坏的修补

渠道在运用过程中，常出现冲刷垮岸、渠底拉槽等现象，如不及时加以修补，必将影响渠道的正常运行。

1.内坡冲刷的处理

发现渠道内坡有冲刷现象时，应立即处理，以防继续扩冲。具体处理方法应根据冲刷程度和当地条件，在不影响渠道正常输水和过水断面的前提下，可分别采取以下措施：

(1)先将冲刷部位清理规则后，用浆砌卵石衬护，背面用卵石填心进行永久性处理。

(2)用干砌片石防护，砌体与坡面一致。

(3)冲刷段打桩编柳防护，背面用泥土夯实，与坡面衔接一致。

(4)也可采用草袋、麻袋等临时性防护措施。

2.渠底冲槽、坑的处理

根据渠底冲槽、坑的深浅、宽窄程度，如所冲的槽、坑不严重时，可用粘土填满并夯实与渠底齐平；当所冲槽、坑较深，可先用大卵石或碎石填塞，然后再用粘土填平夯实，也可先装竹(铅丝)笼填槽后，再用粘土或混凝土填塞整平，以防止渠底再冲坏。

二、渠道清淤

为了保证渠道能按计划进行输水，每年必须编制清淤计划，确定清淤量、清淤时间、清淤方法及清淤组织等。清淤方法有水力清淤、人工清淤、机械清淤等。

1. 水力清淤

在水源比较充足的地区，可在每年秋冬非用水季节，利用河流、水库或泉源含沙量很低的清水，按设计流量引入渠道，有计划有步骤地分段用现有排沙闸、泄水闸等工程泄水拉沙，先上游、后下游，逐段进行，最后一段泥沙从渠尾排入河道中。在淤积严重的渠段，可辅以人工用铁锹、铁把等工具搅动，加强水流挟沙能力。有的灌区也常利用防洪、岁修断流时机，泄水拉沙，效果也较好。

2. 机械清淤

使用机械清淤能节省大量的劳力，提高清淤效率。主要应具备以下条件：①沿渠要有通行清淤机械的道路；②渠道植树应考虑机械清淤的要求；③泥沙堆积段比较集中，要具备处理措施。

机械清淤，主要是用吸泥船、挖土机、开沟机、推土机、塔式铲运装置等机械来清除渠道中的淤沙。随着农业机械化的发展，我国机械清淤在逐步推广。

3. 人工清淤

人工清淤是我国目前运用最普遍的清淤方法。在渠道停水后组织人力用铁锹等工具挖除渠道淤沙。一般一年进行1～2次，北方地区在秋收后至土地冻结前进行一次，春季解冻后再进行一次；南方地区多与岁修结合起来进行清淤。人工清淤时应注意不要损坏渠道边坡。

渠道清淤的泥沙应妥善处理，能利用的应加以利用。如用于填平取土坑、平整渠堤路面、修补渠堤、填平洼地等。粗砂、小卵石等可用作建筑材料。

三、渠道渗漏处理

渠道渗漏是渠水经透水岩土带渗漏到渠道深部和外侧的现象。需要采取处理措施的渗漏现象，主要是对渠道局部发生大量或异常渗漏破坏进行处理。

一般采取的处理方法是在渠堤迎水面截渗防渗，以减少渗水量；在背水坡导渗或压渗，稳固堤身。防渗处理方法可参考本节渠道防渗内容，防渗处理范围应超出渗漏渠段以外 15～30m 为宜。大型渠道通常采用的导渗抢护措施主要有：

1. 背水开沟导渗

在背水堤坡，自渗水逸出的最高点起至堤脚开挖若干条垂直渠堤线方向的横沟和斜沟，并在堤脚处顺堤开一道纵沟与之连通，将水引离渗水处。沟的间距与尺寸视具体情况而定，沟内按反滤层要求分层铺填滤料。此法适用于渗水严重，发展较快的渠段。施工时注意随挖沟随填料，防止沟壁坍塌。

2. 抢修滤水后戗

渠堤渗水出现险情时，可采取修筑滤水后戗的抢护措施。方法是：挖除背水面渗水部位的表层软泥及草皮，清理堤坡脚外地面，铺放芦苇(或秸柳)两层，每层厚 10cm 左右，成“人”字交叉形，柴梢向外。再在芦苇上铺稻草(或麦秸、谷草)厚 5cm，其上压土厚 0.3～0.5m。戗坡 1∶3～1∶5。土上再铺放芦苇、稻草，再填土，填筑高度应超过渗水最高点 0.5m。

3. 反滤导渗

先将背水面渗水部位湿土清除，按反滤要求回填沙土料，最上压盖片石。如无沙石，可用柴草修做，铺放芦苇、稻草、秸柳各一层，最上压沙土袋。此法适用于渗水严重开沟导流困难的渠段。

上述方法的运用，应在发生渗水险情时，查明原因和部位后，根据施工条件而定。

四、渠道防渗

常用的防渗措施的适用条件和有关技术指标列于表 5-1，供选择时参考。现将各类防渗措施的具体施工方法和技术要求简述如下。

表 5-1　　常用的几种渠道防渗措施特征表

防渗种类		适用条件	防渗效果(%)	防渗渠道表面糙率	主要优缺点
土类	原渠表层夯实	土料渠道，非寒冷地区	30~70	0.02~0.025	施工简便；但防渗效果较差，流速>0.5m/s 时易冲刷
	表面式粘土夯实 埋藏式粘土隔层 草　泥 粘土锤钉	当地有丰富粘土料，防渗要求高；流速不大；经常性输水渠道(用于周期性输水或寒冷地区的渠道)需加保护层	60~80	0.02~0.025	能就地取材，施工简便，投资少，草泥防渗及粘土锤钉防渗使用年限较短，一般仅 1~3 年
灰土类	二合土 三合土	产石灰的地区，防渗要求高；适于南方地区(在北方寒冷地区需加保护层)	85~90	0.018~0.019	能就地取材，防渗效果好，但施工工艺要求较高，对施工质量控制不好的，易剥落和裂缝
砌石类	干砌石挂淤 干砌石填缝 浆砌石	当地有石料，流速大，含推移质多	40~60 80~90	0.025~0.035 0.0225~0.03 0.020~0.025	强度较高，耐冲刷、耐久性较好；能就地取材，施工容易，但干砌石挂淤结构的防渗性较差
砌砖类	浆砌粘土砖 浆砌陶砖或上釉砖	产粘土砖、陶砖及上釉砖地区；非寒冷和盐碱化不严重地区	80~90	0.013~0.020	便于施工，造价较混凝土低，耗水泥少，但抗冲性、耐久性较差
混凝土类	矩形板 楔形板 肋梁板 槽形结构	防渗要求高，流速大，防止渠道滑坡，坍塌，当地有砂石骨料；适于丘陵地区和地形地质复杂地区及边坡较陡，且粗糙和岩层有裂隙需加固的渠段	85~95	0.011~0.018	防渗效果较好；耐久性好；强度高，适应性强，且防渗面糙率低；但耗用水泥较多，造价高
沥青类	沥青薄膜 沥青席 沥青砂浆 沥青混凝土	防渗效能高；当地有沥青材料	90~95		防渗效果较好；具有一定的塑性，能适应变形，但施工工艺较复杂，耐冲性较差；长期受日光照射和氧化，易老化，一般使用年限为 10~30 年，价廉
塑料类	塑料薄膜	防渗要求高；边坡较缓的土渠	90~95	0.02~0.025	防渗效果好；适应性强，重量轻，用量少；施工简单，耐腐蚀性强；造价低，土料保护层抗冲性差，易滋生杂草，易被草根穿破

(一)土料防渗

1.原土夯实

适用于粘性土(壤土、粘土及黄土等)渠道。先将渠道表层翻松30～50cm,然后分层夯实,夯实干密度要求达到1.6t/m³以上。冻土地区夯压层厚度需超过冻土深,并另加保护层30～40cm。

2.粘土护面

根据一些工程的实践证明,粘土防渗层厚度为15～30cm时,防渗效果较好。但纯粘土的膨胀、收缩性大,易开裂,可掺入一定数量的砂或砂砾,以提高防渗效果。

3.胶泥锤钉

在渠床表面钉眼后,插入胶泥钉(粘土条),用木板锤打胶泥钉盖,使之相互连接,形成厚约2～3cm的防渗层,上铺土料作保护层。

4.草泥护面

用经浸泡12小时的粘土,按每立方米粘土掺入20～25kg碎稻草或麦草,拌和均匀,堆置20天左右后即可铺筑。稍干后拍打、抹光,待脚踩无迹印时即可引水。

(二)灰土防渗

灰土是用石灰与粘土和其他掺入料物混合而成的一种建筑材料。按其掺入料物的种类,分二合土、三合土、四合土三种。二合土是以灰与土的重量比为1∶3～9或灰与煤灰渣1∶6.6～10拌制而成;三合土则为石灰、砂、粘土拌制而成,其重量比一般为1∶1～2∶3～4;四合土是水泥、石灰、砂、卵(碎)石混合而成,配合比一般为1∶2∶4∶6。

施工时,先将石灰粉与掺料按比例配合拌匀,再加水拌和(灰土含水量控制在21%～24%),堆放一段时间,使石灰充分沤熟,待灰土达到"握能成团,抛地松散"状态即可铺筑,四合土应在石灰、砂、卵(碎)石混合沤熟后,再加入水泥拌和使用。铺筑前,应按灰土防渗层厚度将渠床进行整修。铺筑时应分层铺料拍打捣实，如在干缩过程中裂缝，应再进行拍打，直至裂缝不再出现为止。为了提高防渗性能和表面强度，在阴干后的二合土、三合土表面可涂刷2～3遍青矾(硫酸亚铁)并加拍打，或涂抹一层水泥浆。灰土防渗厚度，在南方风化严重、裂缝发育的岩石渠道上，常用5～10cm，土渠上为25～30cm；在北方冰冻地区，厚度为20～40cm，并根据冰冻情况另加保护层。

为防止灰土防渗层因温度变化等原因引起裂缝，可每隔5～8m设一伸缩缝，缝宽1～1.5cm，以沥青砂浆或沥青木板止水。

(三)水泥土防渗

在有水泥但缺少砂石料的地区，水泥土是一种造价较低、施工简易的防渗材料。

水泥土按施工方法的不同，分塑性水泥土和干硬性水泥土两种。在相同水泥用量的条件下，塑性水泥土强度低，耐久性较差，干裂严重，在工程中很少采用。干硬性水泥土若采用现场铺筑，要求干密度达到1.7t/m^{3}以上，但施工比较困难，也容易出现开裂。为了克服上述缺点，采用水泥土预制块衬砌渠道效果较好。配制水泥土时，土的粘粒含量以不超过10%为宜，水泥掺量为12%～14%，水泥土干密度为1.85～1.95t/m^3。以此作为预制块生产的质量控制指标。

用水泥土预制块衬砌渠道，要求渠道边坡不小于1∶0.5。施工中要做到渠道平整，预制块不空架，砌缝密实。如能在预制块下垫一层10cm厚的灰土，则防渗效果更佳。

(四)砌石防渗

砌石防渗不但具有很好的防渗效果，而且还具有较好的耐磨、抗冲和稳定渠道边坡的作用。按砌筑石料可分为卵石防渗和料石(包括块石、板石)防渗。按砌筑方法的不同，有干砌、干砌勾缝和浆砌三种。

1. 干砌石挂淤

目前较多地采用干砌卵石挂淤。干砌石的防渗效果一方面是由于能加大流速，减少断面，从而减少湿周长度，另一方面随着运用过程的自然挂淤减少缝隙而提高防渗能力，渗漏率可减少到每公里0.38%～0.5%。对于砂砾地基或沙漠地带的坡度大而渗漏严重的渠道，确是一种经济的抗冲防渗措施。

干砌卵石的砌筑方法极为重要，务使卵石之间靠紧，只许有三角眼(即六面挨石)，不许有四角眼。

干砌块石护面渠道，抗冲能力和整体性比干砌卵石好。砌筑时应利用块石的不同形状互相咬接紧密，石块间的缝隙要用小石片填塞紧，尽可能使其表面平整，以减少糙率。

2. 干砌石勾缝

这种防渗形式是在干砌块石护面基础上，用30号水泥石灰砂浆或最大粒径不大于1.5cm的细骨料混凝土填塞缝隙，表面用7.5～10MPa水泥砂浆勾缝，以提高防渗效能。特别适用于采用石板防渗的情况，施工时，石板间预留1～2cm缝隙，以便填注砂浆，既节约砂浆，又整齐美观，防渗效果可达80%～90%，相当于浆砌块石的防渗效果。

3. 浆砌块石

这是目前较为广泛采用的一种防渗形式，它不仅防渗效果好，而且抗冲耐磨，坚固持久，对易滑坡、渗漏较严重的地段，尤为适宜。防渗层厚度视所用石料而定，一般为20～30cm，砌筑砂浆可用30～50号水泥粘土(或石灰)砂浆，7.5～10MPa水泥砂浆勾缝。常见的断面为梯形(见图5-1)。

为适应温度的变化，每隔20～50m应留一条伸缩缝，缝宽2～3cm，以沥青：水泥：砂按重量比为1：1：4的掺合料作为止水材料填缝。

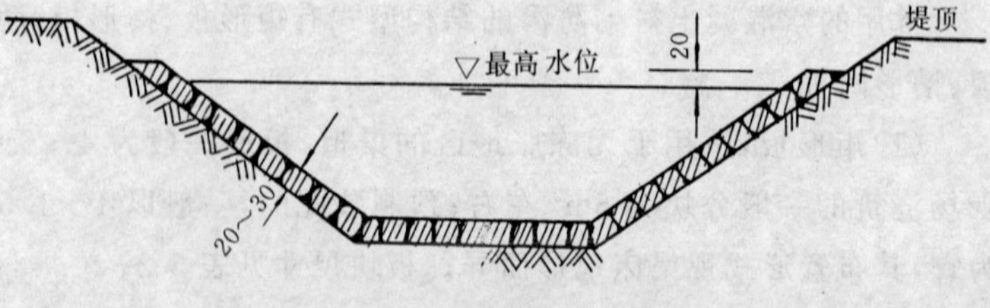

图 5-1　浆砌块石防渗　（单位：cm）

（五）砌砖防渗

对于缺乏其他防渗材料的地区，可用砌砖防渗。防渗的砖有普通的粘土砖和上釉砖及陶砖。从防渗角度来讲，以后者为优，因其抗渗性好、糙率小、强度大，衬砌厚度视边坡缓陡和设计要求而定，一般为单砖平砌或单砖立砌，即在两层砖之间夹有一层 2～2.5cm 厚的 7.5～10MPa 水泥砂浆，底层另铺一层厚 1cm 的 3MPa 砂浆垫层，其防渗效果更为理想，但造价较高。

（六）混凝土防渗

混凝土衬砌防渗按其施工方式可分为现场浇筑、预制装配和压力喷射三种。现场浇筑的优点是衬砌接缝少，与渠床结合好；预制装配的优点是受气候条件的影响少，混凝土质量容易保证；喷射混凝土的优点是效率高（比人工浇筑提高工效一倍以上），质量好，衬砌厚度薄（约 5cm），比人工浇筑降低造价 20%。这里只介绍现浇和预制混凝土防渗。

衬砌的混凝土标号常用 C10～C15。在有冻害地区，混凝土的抗冻标号可采用 M_{25}～M_{50}。混凝土的水灰比，在一般严寒地区不大于 0.6，寒冷地区不大于 0.65，温暖地区不大于 0.7。

为了改善混凝土的和易性，节约用水，提高抗裂性和耐久性，可在混凝土中掺用加气剂和塑化剂。加气剂掺量 0.35‱，塑化剂掺量 0.2%（均按水泥重量计）。

1. 结构型式

常用的素混凝土衬砌防渗的结构型式有矩形板、楔形板、肋梁板、槽形四种。

(1)矩形板，适用于无冻胀地区的渠道，板厚一般为 4～9cm。现场浇筑的一般分块为 $5m^2$ 左右；预制装配的，一般以 1～$1.5m^2$ 为宜，其布置形式视渠床地形而异。板块尺寸见表 5-2。

表 5-2 **混凝土衬砌板块尺寸表**

衬砌种类	渠道纵坡	渠道边坡	渠底宽(m)	混凝土板块尺寸(cm)	
				渠　坡	渠　底
预制混凝土板	1∶1000	1∶1.5	0.6	甲－65×65×8	300×60×10
预制混凝土板	1∶1500	1∶1.5	0.6	乙－100×80×8	300×60×10
现浇混凝土	1∶1770	1∶1.75	0.6	丙－250×182×9	500×50×10
现浇混凝土	1∶1770	1∶1.75	0.6	丁－250×365×9	500×50×10

(2)楔形板，适用于冻胀严重的地区。板厚可按阳坡厚于阴坡设计。

(3)肋梁板，适用于温差变化不大的有冻胀渠道的阴坡。

(4)槽形，适用于岩石山坡上的渠道。结构型式有埋藏式和架空式，断面形状有矩形和半圆形。

2. 伸缩缝

混凝土衬砌防渗须注意伸缩缝的处理。纵向缝一般设在边坡与渠底连接处，渠底宽超过 8m 以上时，应在渠底中线另加纵缝，渠坡坡长大于 8m 的填挖方渠段或渠坡土层沉陷不一，或折线边坡可在渠坡上设纵缝，横缝间距一般以不超过 5m 为宜。

伸缩缝有楔形、T 形、矩形、十字形、S 形等，其填充止水材料，工作缝用 1∶2.5 水泥砂浆；伸缩沉陷缝用沥青砂胶(表 5-3)或聚氯乙烯胶泥(表 5-4)填塞，表层盖以 1∶3 水泥砂浆(图 5-2)。

表 5-3　　　　　　　　　　**沥青砂胶配合比表**

材料	30#沥青	柴油	粉煤灰或水泥	砂
30 甲	19	7	14	60
30 乙	15	5	10	70

表 5-4　　　　　　　　**聚氯乙烯胶泥配合比与性能表**

编号	配合比(按重量)					性　能				
	煤焦油	聚氯乙烯	二甲酸二丁脂	硬脂酸钙	粉煤灰	耐热度(℃)	延伸值(cm)		粘结力(kg/cm²)	
							+20℃	−17℃	+18℃	−17℃
1	100	10	10	1	10	90	43.3	5.6	0.5	9.4
2	100	10	10	1	60	90	18.2	3.6	0.7	12.1

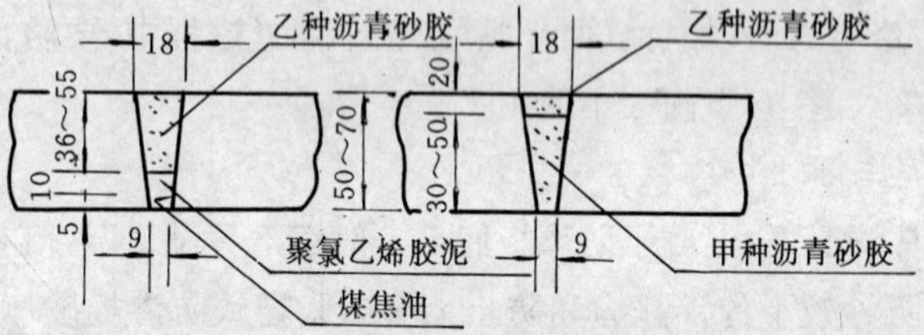

图 5-2　接缝填灌示意图　(单位:cm)

采用沥青砂胶作填缝止水材料,因其在低温下变形性能差,与混凝土面粘结不牢,容易开裂漏水。聚氯乙烯胶泥变形性能与粘结力均好,但造价高。采用焦油塑料胶泥(以下简称塑胶泥)作填缝止水材料,夏季不流淌,冬季与混凝土面粘结牢固,又经济,是一种伸缩接缝止水的好材料,塑胶泥的配合比见表 5-5。

塑胶泥的制作工艺:先将煤焦油在 120～130℃下脱水,除去杂质,并将脱水的煤焦油保持温度 110～120℃,依次加入废聚氯乙烯布、增塑剂,边加边用力搅拌约 30～40 分钟,将所有材料全部溶化后，再加入粉煤灰并搅拌均匀，即成塑胶泥。

表 5-5　**焦油塑料胶泥配合比（重量比）表**

配比编号	煤焦油		废聚氯乙烯薄膜	增塑剂	粉煤灰
	3号	5号			
24		100	20	3（烷荃磺酸苯脂）	30
27		100	20	4（邻苯二甲酸二丁脂）	30
25	100		20	2（癸二酸二辛脂）	30
26	100		20	4（烷荃磺酸苯脂）	30

塑胶泥填缝施工：清除缝中的泥土及杂物，使混凝土缝面保持清洁、干燥。将制好的塑胶泥装入有短嘴的铁桶，趁热灌注，配合灌注工序，用木板或三角刮刀封堵缝口，使塑胶泥不溢出缝外，同时在靠近混凝土缝面处用木棒搅动塑胶泥，使其与混凝土缝面粘结牢固，最后修整表面，保持缝面平整。在整个灌缝过程中，要防止杂物及土块落入缝中，下雨天不能施工。

3. 垫层与排水

在通常情况下，混凝土防渗板底部一般都不另设垫层，但有时为了减少防渗板下的浮托力和防止土壤冻胀导致防渗板破坏，也有在防渗板下设置砂砾垫层的。

垫层的厚度，如为了排水，应以排水量和垫层所用材料而定；如为了排除板下渗水，其厚度只要能满足施工要求的最小厚度即可；如为防止土壤冻胀破坏，则垫层厚度应根据冻结深度、土壤的冻结性和含水量等因素决定。

在地下水位高于衬砌渠底以上的地区，在进行混凝土护面衬砌时应在渠底和沿渠边坡，修建排水设施。一是沿一侧或两侧边坡的坡脚线开槽，并按一定间距在渠底开横向槽，使纵、横槽连通，槽内填以透水砾石或埋设有孔瓦管，用以排水出渠床；二是在渠道一侧或两侧边坡按一定间距设置排水孔，可用竹管或塑料硬管直接浇入混凝土防渗板内，也可用钢管，待混凝土初凝后取出再用。

（七）沥青材料防渗

沥青材料防渗，按其防渗的结构型式可分为沥青薄膜、沥青席、沥青砂浆和沥青混凝土等四种。

1. 沥青薄膜

先将渠道开挖平整并洒水夯实，然后将石油沥青（100 号或 60 号）加热至 200℃，装入喷洒车，在 0.35MPa 压力下喷到渠床上。喷洒时要注意厚薄均匀，每喷洒一遍厚 2～3mm。各层之间要结合良好，一般喷洒两遍，沥青用量约 4.5kg/m^2，喷好后再在其上铺设土料或砂砾保护层，小型渠道的保护层厚 10～30cm，大型渠道为 30～50cm。渠道边坡要放缓，不应陡于 1∶1.75，以保证保护层稳定。

2. 沥青席

沥青席是用玻璃丝布、石棉毡、苇席、麻布等材料涂上沥青而制成的一种卷材，宽度约 90cm。铺设时互相搭接 5cm，接缝用热沥青液粘接。

3. 沥青砂浆

多用于渠底防渗。其施工方法是：先将沥青与砂分别加热（100 号沥青加热 200～220℃，60 号沥青加热 250～280℃，砂加热 100～120℃），以沥青与砂的重量比为 1∶4 配料，拌和后保持温度 160～180℃即进行现场人工铺摊，厚度 1～2cm，然后用其上生火的大方铣反复烫压直至出油，再在上面回填土料做保护层。

4. 沥青混凝土

具有良好的抗渗性和抗挠性，有利于抵抗裂缝，能减轻冻胀的破坏作用，是一种很有发展前途的新型防渗材料。沥青混凝土按不同的施工方法，可以现浇或做成预制板。

(1)预制沥青混凝土板防渗。其主要施工方法有四个步骤：①渠床断面整修。铺砌前渠床应夯实（要求粘性土干密度不小于

$1.55t/m^3$，砂性土不小于 $1.65t/m^3$，并进行一次泡水处理，泡水沉实后将设计断面修理平整。②预制沥青混凝土板。沥青混凝土配合比见表 5-6，每立方米混凝土需用热沥青 185kg。将沥青加热到 160～180℃，粗细砂 150℃，石子 180℃后，先将砂石按比例加入拌和锅内拌匀，再将溶化好的沥青按比例加入拌匀，拌和料出盘温度控制在 160～180℃，每次拌和量在 $0.15m^3$ 左右。浇注时将拌和料倒入预制模内（预制板厚度 4～5cm，面积以不超过 $0.5m^2$ 为宜）摊平，用重型烙铁（35kg）先烙光一遍，再用小烙铁拍实，最后再用重型烙铁烙光，待 15 分钟后即可拆模。③沥青混凝土板的铺筑和勾缝。先铺渠底后铺边坡，铺砌时将沥青纸条（用水泥袋纸裁成 15cm 宽的纸条浸泡沥青制成）平垫缝下，再用 1：2.5 沥青砂浆勾缝烙光。④最后将边坡顶上的预制板用草泥封顶。

（2）现浇沥青混凝土防渗。为了提高沥青混凝土的延伸性和粘接力，可将国产沥青材料进行混配，对酸性石料作改性（掺外加剂）处理。其配合比设计见表 5-7。

表 5-6　　预制沥青混凝土板配合比表

沥青（30 号）	细　砂（d<0.1cm）	粗　砂（d=0.1～0.5cm）	石　子（d=0.5～2cm）
1	2.14	3.03	7.30

表 5-7　　现浇沥青混凝土配合比表

编号	沥青类别	沥青含量（%）	矿料配比（重量%）				外加剂（消石灰）	备　注
			石料	石屑	砂料	矿粉		
1	混 1	8	38	17	30	15	总矿料重的 2%	料石、卵石（酸性）
2	混 1	8	35	20	30	15	—	料石、碎石（碱性）

注　混 1 沥青 200 号与 10 号沥青混合配制而成，其配比为 200 号：10 号＝2.5：1。

沥青混凝土的制作。先将 200 号及 10 号石油沥青分别加温至 160℃下脱水，然后按掺配比例混合并搅拌均匀备用。将石料（卵石或碎石、石屑及砂料)与矿粉分别加热至140～150℃。消石灰烘干后过0.1mm筛,按配合比与石料混合,最后按配合比将沥青倒入石料。边倒沥青边掺矿粉,直至全部搅拌均匀。

沥青混凝土的浇筑。将拌和好的沥青混凝土保持温度130～150℃,运至预定铺筑地点,按预定厚度(比设计厚度厚1～2cm)摊铺好,用钢碾(直径98cm,长100cm、重约1100kg)进行碾压,边坡用卷物机操纵,碾压约20～25遍即可。在边界辗压不到之处,应辅以人工捣实。

(八)塑料薄膜防渗

塑料薄膜具有良好的不透水性和耐冻性,质地柔软,有一定的强度和韧性,同时还具有耐酸碱及易于加工成型等特点。因此,它已广泛应用于渠道防渗工程中。其衬砌的施工程序如下。

1.塑料薄膜的选择与加工

通常选用聚氯乙烯薄膜。这种薄膜生产量大,品种多,价格低,抗延性强,不易老化,在严寒地区使用其效果更佳。薄膜厚度采用0.12～0.2mm,且以深色为好。成卷的塑料薄膜裁剪时,应按铺设渠道横断面的长度裁取,并一幅一幅地重叠整齐。然后利用热合机将每幅两侧分别与上下层交错相间地热合粘接。为便于搬运和铺设,每段总长以不超过100m为宜,折叠应注意按紧薄膜,防止空气卷入,形成气泡。

2.铺膜断面的开挖与整理

按设计尺寸开挖铺膜断面后,应对开挖断面进行检查,要求尺寸正确,表面平整,无土块树根。铺膜断面上口两肩最好挖一道30cm×30cm的水槽,以便薄膜边缘埋入槽内防止下滑。

3.薄膜铺设与接缝

铺膜前渠床要洒水润湿。铺膜时将粘接好的薄膜展开拉平,但不宜拉得太紧,要留有小折皱,并排除薄膜下的空气,边铺膜边回填。薄膜的接缝最好采用焊接或粘接,无条件时可采用搭接,如图

5-3 所示。不论采取哪种接缝方法，均必须保证接缝不漏水。

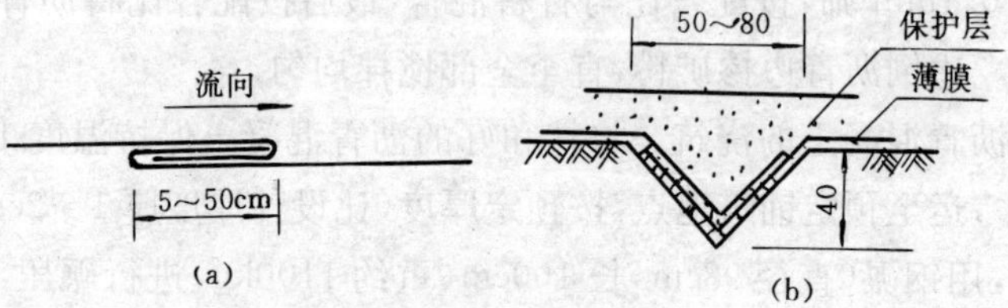

图 5-3 塑料薄膜搭接形式 （单位：cm）

(a)无槽搭接；(b)有槽搭接

4. 填保护层

腐殖质土、细砂土、盐碱土等遇水后易产生液化土壤。这种土及含杂草、树根的土壤均不能作保护层。保护层要求分层夯实。边坡回填时要多出 10cm，以便挂线修坡。夯实干密度要达到 1.45～1.65t/m³。

保护层厚度 60cm，即在薄膜上回填粘土 20cm、砂土 20cm，最后在表层衬砌 20cm 干砌石，防冻抗冲效果都好。

五、土工建筑物发生管涌现象的处理

管涌是堤(坝)基或闸基在较大渗透压力作用下产生的险情，其处理方法，可采取降低内外水头差，减少渗透压力或用滤料导渗等措施。

1. 滤水围井

抢筑围井应在地基好、管涌影响范围小的情况下进行，其具体做法是：

(1)在管涌口沙环的外围，用土袋围一个不很高的围井。然后用滤料分层铺压，其顺序是至下而上分别填 0.2～0.3m 厚的粗砂、砾石、碎石、块石，一般情况可用三级级配。滤料最好清洗，不含杂质，级配应符合要求。

(2)围井内的涌水，在上部用管引出，如图 5-4 所示。

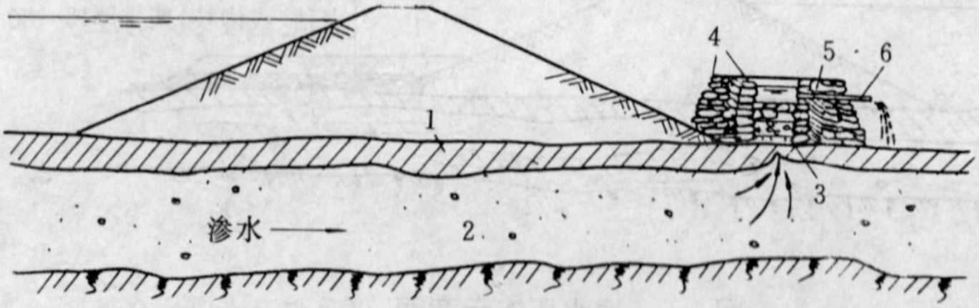

图 5-4 滤水围井示意图

1—覆盖层；2—基础透水层；3—三层滤料；4—土袋；5—粘土；6—竹管

(3)如出险处水势太猛，第一层粗砂被喷出，可先以碎石或小卵石消杀水势，然后再按级配填筑；如遇填料下沉，可以继续填砂石料，直至稳定。

(4)若发现井壁渗水，应在原井壁外侧再包以土袋，中间填土夯实。

2. 蓄水减渗

险情面积较大，地形适合而附近又有土料时，可在其周围填筑土埂，形成一个水池，不让渗水排走，利用池内水位升高，减少内外水头差，控制险情发展，对此，群众称之为"养水盆"。

3. 塘内压渗

若堤(坝)后面的渊塘、积水坑、闸后渠道、坝后河床内积水水位较低，发现在水中有不断翻花或间段翻花等管涌现象时，不要任意降低积水水位，并可采取以下措施进行处理：

(1)用芦苇秆或竹子做成竹帘、竹箔、苇箔(或荆笆)围在出险处周围，然后在苇圈内填放滤料，以控制险情的发展。

(2)如果需要处理的险情范围较大，而砂、石、土料又可解决时，可先向水内抛铺粗砂或砾石一层，厚 15～30cm，然后再铺压卵石或块石，做成透水压渗台，如图 5-5 所示。

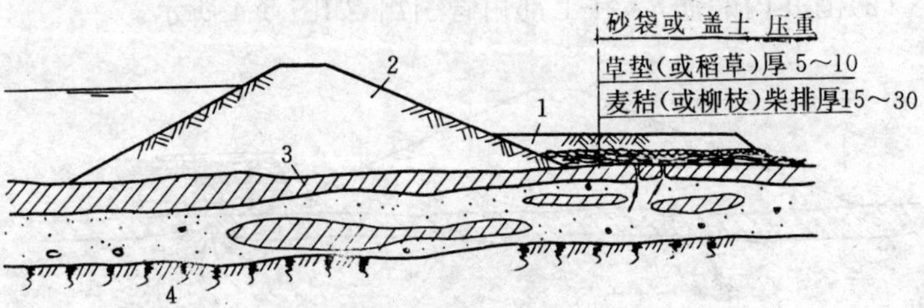

图 5-5　透水压渗示意图　(单位:cm)

1—压渗台;2—坝体;3—覆盖层;4—透水层

(3)用柳枝秸料等做成 15～30cm 厚的柴排(尺寸可根据材料的情况而定)，柴排上铺草垫厚 5～10cm，然后再在上面压砂袋或块石，使柴排潜埋在水内，亦可控制险情的发展。

4. 降低水位减少渗透压力

如堤(坝)后严重渗水，采用临时抢护措施尚不能改善险情时，在可能的情况下，降低渠(库)水位，以减少渗透压力，使险情不致迅速恶化。但应进一步分析渗水的原因，确定有效的处理措施。

六、渠道裂缝处理

渠道裂缝大都由于填方段的两端新老土接合不好和不均匀沉陷而引起的，也有因土壤干缩和渠坡滑动引起。对裂缝一要仔细观察，认真分析，以便采取有效的处理措施。

裂缝有横缝和纵缝。横缝是与渠道轴线垂直的裂缝，危害性最大，必须严格处理。平行于渠道轴线的纵缝，若由非滑坡引起的，一般问题较小，但也要认真对待。常用的裂缝处理方法有以下几种。

1. 挖沟回填

沿裂缝开一梯形槽，深度应比裂缝深 0.3～0.5m，宽度以便于施工为原则，长度需比裂缝长出 1m 左右(图 5-6 所示)。对横缝，如裂缝较长时，应开挖锁口沟槽(结合箱)，如图 5-7 所示，再采用与原土质一致的土料进行分层回填夯实。

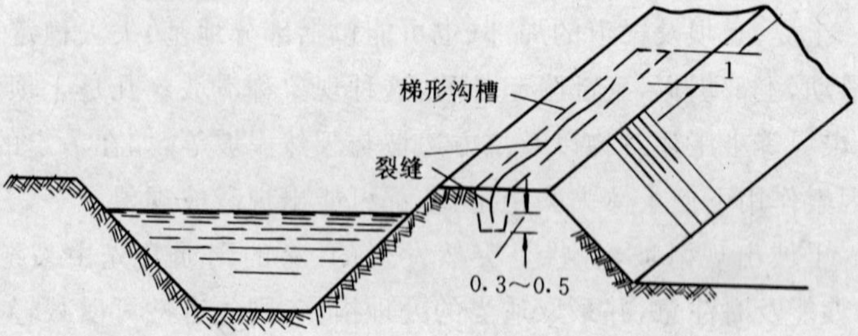

图 5-6　**纵缝处理示意图**　(单位：m)

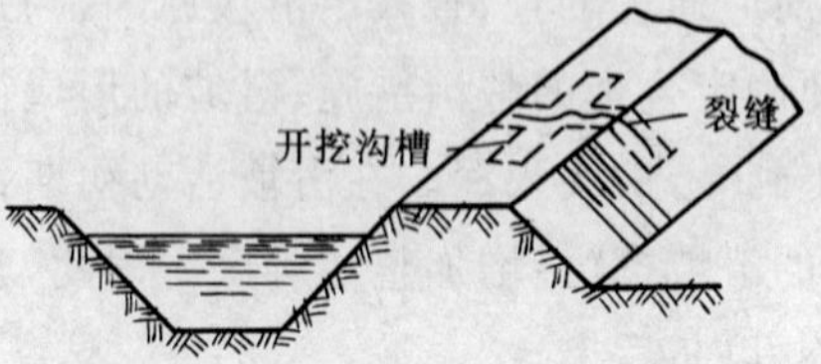

图 5-7　**横缝处理示意图**

2. 泥浆灌缝

裂缝较小(2cm 左右)可用泥浆灌注。灌注前用清水冲刷，灌浆时最好一次灌满。灌满停几天后，泥浆干缩，裂开的小缝要反复灌实。在灌注中，如果泥浆流动迟缓或停止不流，可用清水冲洗继续再灌泥浆。拌制泥浆的土料，可采用干燥的粘土、黄土粉碎过筛，再与水拌合成浆。其稠度要看缝的大小而定，缝小要稀，缝大要稠。一般的水土比例为 1∶1～1∶2(重量比)。必须注意，冲洗裂缝时，不要灌水过多，以免破坏均衡稳定，引起更多的裂缝。

对于脱坡引起的裂缝，不能盲目灌注泥浆，应当根据具体情况，采用削头减重，排水稳坡等办法，制止脱坡继续发展。在渠坡稳定的基础上，再开挖回填，处理裂缝。

七、渠道滑坡的处理

土堤、土坝及渠道的局部(也可能包括部分地基)失去稳定，发生滑动，上部坍塌，下部隆起外移，这种现象称滑坡。凡是土坝、河堤、渠堤等土工建筑物以及挖方边坡与天然岸坡等，如在一定的内外因素作用下使土体失去稳定性，都可能出现滑坡现象。

土坡出现滑坡，有些是突然发生的，有的则通常先由裂缝开始，如能及时注意，并采取适当的处理措施，则危害性可以减轻，否则，一旦形成滑坡，就可能造成重大损失。因此，必须严加注意。现仅就渠道滑坡处理措施介绍如下。

滑坡处理前应通过勘查，查找出滑坡原因，判别滑坡的类型和稳定程度，以便确定合理的整治措施。滑坡的形成往往有一个发展过程，一般由小到大，由浅入深。在滑坡活动初期，整治比较容易，一旦形成了大的滑坡，就会增加整治难度。因此，整治滑坡贵在及时，并要求根治，以防后患。

整治滑坡常用的方法有排水、减载、反压、支挡、护坡、换填、暗拱、渡槽及改线等措施。上述措施中，除排水是普遍适用的方法外，其余措施可因地制宜单独或综合采用。

(一)排水

排出地下水、疏干地下水是整治各类滑坡的首要措施，应根据不同情况采取不同的排水措施。

1. 地表排水

对滑坡体以外的地表水应以拦截排引为主，即在滑坡周界5m以外修筑环形截水沟。要注意截水沟的深度和质量，力求做到滑坡体外的水不再渗入滑坡体内。对滑坡范围以内的地表水，首先要把滑坡体上的各种裂缝夯实，防止地表水继续下渗。然后利用滑坡范围内的自然排水沟或新建的排水沟，使地表水及时地汇集出滑坡体外。

2. 地下排水

排出地下水常用盲沟、盲洞和钻孔排水等。为了防止滑坡范围以外的地下水渗入滑坡体内，常需设置截水盲沟(如图 5-8 所示)。盲沟的深度应深入相对不透水层，沟底纵坡不小于 4%～5%，并每隔 30～50m 设一检查井。

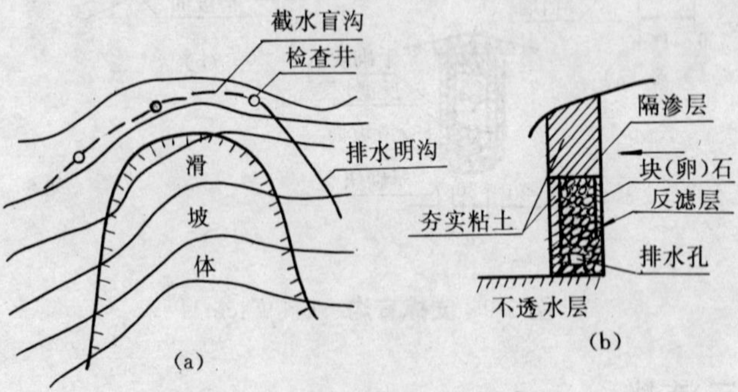

图 5-8　截水盲沟

(a)平面；(b)剖面

对滑坡体内的地下排水，常采用支撑盲沟。这种盲沟兼有排水和支撑抗滑作用。支撑间距一般采用 6～15m，宽度根据抗滑需要和便于施工等因素确定，一般采用 2～4m。盲沟基底应深入滑动面以下 0.5m 的稳定地层中，并修成 2%～4%的排水纵坡。当滑动面较陡时，可修筑成台阶形，如图 5-9 所示。

盲洞比盲沟能排更深部的地下水，但工程量大。有时采用打井孔排水的方法处理(垂直井孔应深入透水层，井内回填砂砾石，若滑坡床下透水层很深，则应在骨坡床下另打水平排水孔)。

(二)削坡反压

通常是将滑坡体上部削下的土体反压在坡脚，从而达到稳定滑坡的目的。如渠道属内滑坡，则只能采用削坡减重的措施，当削坡减重后仍不能达到稳定滑坡的目的时，则常采用减重与支挡相结合的处理措施。

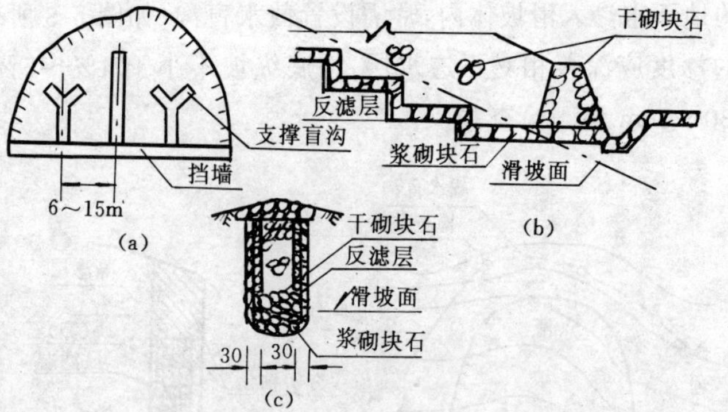

图 5-9　**支撑盲沟**　（单位：cm）

（三）支挡

在渠道已经塌方或将要塌方的地段，如受地形限制，单纯采用削坡方量很大时，则可根据具体条件，因地制宜地采用下述支挡护坡措施。

1. 支衬

若渠内山坡为砂页岩互层，下部页岩风化剥落成空腔，上部块状砂岩即将下塌时，可采用浆砌条块石封闭页岩和支衬砂岩（如图 5-10）。

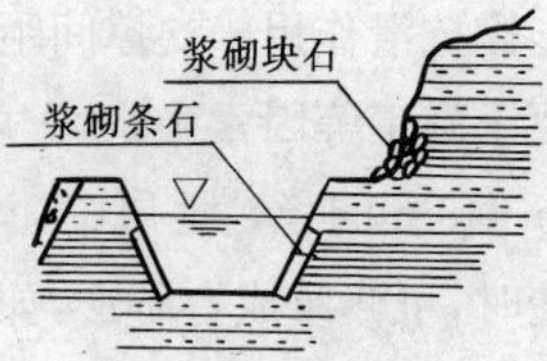

图 5-10　**山门寺渠道支衬示意图**

2. 重力式挡墙

在处理渠坡抗滑稳定上，可利用当地丰富的石料，修筑圬工重力式挡墙（有仰斜墙、垂直墙及俯斜墙等），如图 5-11 所示。

为了使墙后积水易于排出和防止积水渗入地基，应在墙身布置排水孔，并在最低排水孔下铺设粘土防渗层，墙顶面层用粘土或浆砌石封闭。排水孔间距一般为2～3m，排水孔入口处应设置反滤层。挡墙每隔10～15m或在基础较硬交界处设沉陷缝（兼作温度缝），缝宽2cm，缝内嵌塞止水材料。

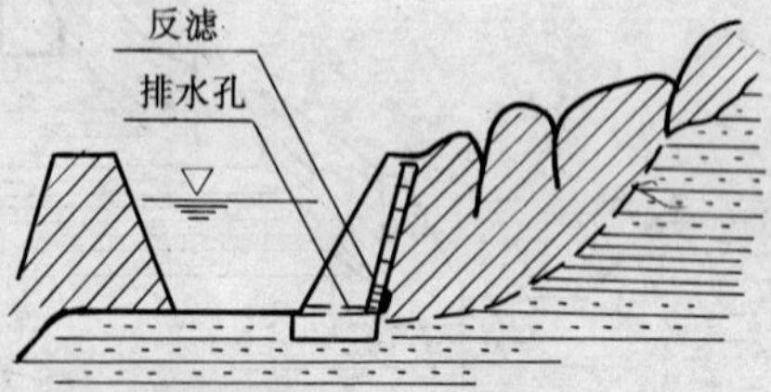

图5-11 **仰斜式挡墙示意图**

3.拱式挡墙

拱式挡墙可将拱间土压力经过拱座传至两端基岩上。连拱式挡墙拱间的水平推力可以相互抵消，因此比重力式挡墙更为经济。拱圈尺寸一般顶宽0.3～0.4m，底宽0.3H（H为拱圈高）。见图5-12。

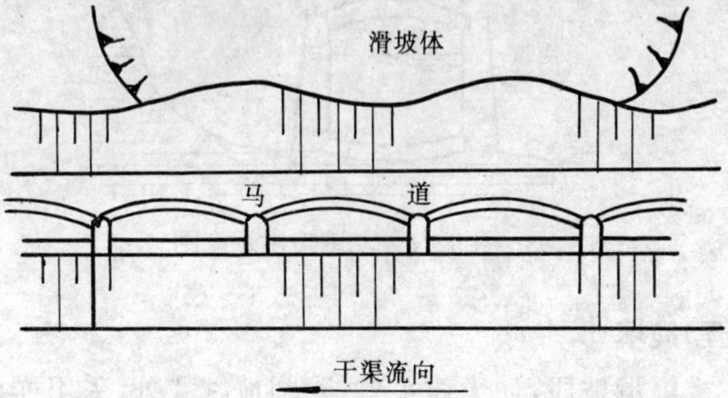

图5-12 **连拱式挡墙示意图**

4.分级挡墙

分级支挡是在斜坡坡度缓、滑面下伏基岩呈阶梯状情况下采用的，沿滑动主轴线方向自上而下分级设置支挡的处理措施。见图5-13。

分级支挡比从渠底一次修高大挡墙断面小，挖基浅、施工方便，又可防止次生滑坡发生。

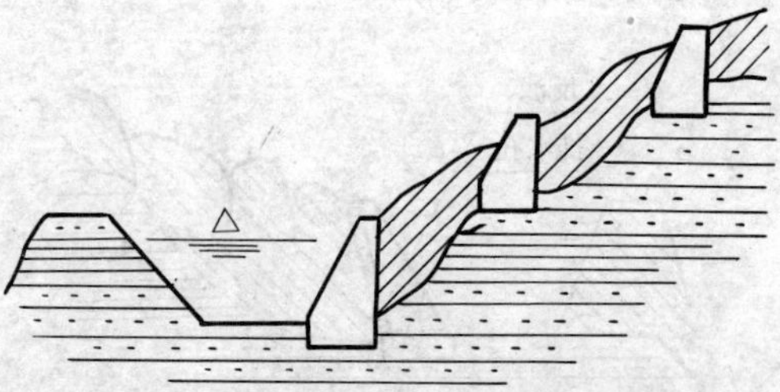

图 5-13　重力式分级挡墙示意图

(四)暗拱

一般在渠段穿过覆盖很厚的坡积层时，由于切槽较深，造成高边坡失稳。如采用削坡减载，则挖方量很大；如修筑挡墙，也难以维持其稳定，即可采取明挖暗拱的措施。见图 5-14。

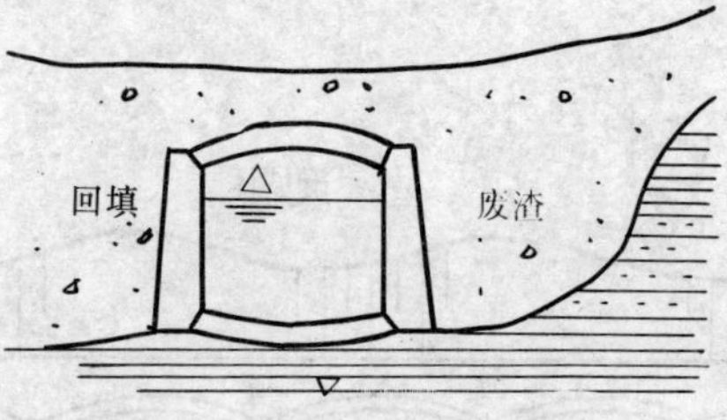

图 5-14　友谊暗拱示意图

(五)换填

在土渠滑坡段，如土质很差，除削坡减载外，采用换填好土，重新夯填密实，改善土的物理力学性质，也能达到稳定边坡的目的。

(六)改建渡槽

山区渠道常在陡峻的山坡上开渠，而这些地段往往容易产生岩石崩塌。因限于地形条件，要维持渠道稳定十分困难，有时采取改建渡槽输水，亦能奏效。

八、渠堤蚁穴和兽洞的防治

(一)蚁穴的防治

土栖白蚁是一种在土中建巢过群体生活的昆虫，在临近水源具有适宜食物的温湿地带容易孳生繁殖。对渠堤、土坝具有不同程度的危害性。蚁穴往往引起渠堤垮塌，应及时加以防治。

对土栖白蚁的防治，要采取“以防为主”、“防治结合”的办法，凡有白蚁为害的渠堤、土坝应迅速治理，并设专人负责检查，定期观察。

土栖白蚁的防治方法主要有找、杀、灌三个环节。

1. 找

首先在白蚁活动季节进行普查，把发现白蚁活动的地表特征作好标记，进行处理。寻找白蚁的方法可从以下几方面进行：

(1)找泥被、泥线。泥被、泥线是白蚁活动明显的表面特征。一般在杂草丛生、阴湿的地方，泥被、泥线较多，下雨后出现泥被、泥线也多，而干燥、低温时较少。通过泥被、泥线作细致的挖土，挖出较大的泥路，就可进行灭治。

(2)寻找分群孔。在每年4～6月的分群期，白蚁在地表要做大量分群孔，供分群飞翔之用。按上述特征在堤坝上找分群孔。从分群孔撬开土壤，找出泥路，就可跟踪寻找蚁巢，因为最早出现分群孔的地方离主巢较近，一般在不太深或不很远的地方就可以找到主巢。

(3)挖坑引诱。在堤坝怀疑有白蚁的地方每隔20m左右，挖一土坑(重点位置加密，每隔5m一个)，土坑大小约为30cm×30cm×30cm，土坑内放入白蚁爱食的桉树皮、甘蔗渣、干松枝及杂草等，上面盖上草皮或其他覆盖物，保持阴湿，四周开挖排水沟，过

7～10 天左右进行检查，如发现白蚁活动，即可寻找蚁路，灌药毒杀，或放药使白蚁带回蚁巢，从而杀灭白蚁。

(4)铲表土。在可疑地段，每隔一定距离铲去一块深约 10～20cm 的表土层，如有白蚁，过一个晚上后，白蚁就会在新铲出的土层做泥线，很容易找到泥路，继续追找比较大的泥路，进行灌药灭杀。

2. 杀

就是毒杀白蚁。常用的方法有：

(1)灌药毒杀。可用 1.5%的“1605”农药和 3%可湿性“666”的混合粉，配成 2‰～5‰的药液，或用 2‰～5‰的五氯酚钠溶液毒杀。这几种药物对毒杀白蚁效果较好，但药物残效期长，对人畜毒性大，对水质容易造成污染。最近试验出一些低毒特效药，见表 5-8，可供使用参考。灌药工具可用灌浆机或自制铁皮漏斗连以管

表 5-8　不同药物的稀释液对土栖白蚁的毒杀效果表

药物名称	对白蚁的效果				最高致死所需要时间（小时）
	黑翅土白蚁		黄翅大白蚁		
	稀释倍数	死亡率(%)	稀释倍数	死亡率(%)	
80%敌敌畏乳剂	1∶5 万	99.4	1∶2 万	100	黄翅 4.5 黑翅 4
敌百虫	1∶2000	99.6	1∶1000	100	4
乐果	1∶4000	99.9			20
鱼藤精	1∶2000	78.8	1∶1000	94.3	24
亚胺硫磷	1∶500	100.0			24
“7180”菌	1∶300	91.6（三天后）	1∶100	100.0（三天后）	72
柴油乳剂			1∶10	100.0	24
食盐			1∶100	98.3	24
40 度农用氨水	1∶10	68.7			16
石灰			1∶10	75.1	24

插入蚁洞内灌注。灌药时注意坡面周围情况，看有无药液流出，以免浪费和影响效果。

(2)毒土灭杀。毒土灭蚁可分表土毒杀和深土毒杀两种。表土毒杀是用药液喷洒到堤坝坡表面，毒杀地表土活动的白蚁和幼龄巢。根据解剖，洒药一星期后的堤坝坡土层，在 15～20cm 深的白蚁全部死亡，效果很好；深土毒杀白蚁或幼龄巢(20～30cm 深的土层)可采用打洞毒土办法，洞距为 30cm，洞眼深为 30cm。以上两种方法的配药比例是用 1%的五氯酚钠或"666 粉"的药液，或用 80%的敌敌畏乳剂稀释液，喷洒堤坝表土或灌入洞眼，这是消灭浅土层幼龄巢的一个有效方法。

(3)磷化铝熏杀。即用磷化铝(片剂或粉剂)释放出磷化氢毒气进行毒杀。具体方法是：用长约 15～20cm 一端带节的竹筒，内放磷化铝 6～8 片或磷化铝粉 12～16g，对准蚁路，用土封固，即可达到熏杀目的。

3. 灌

就是用手摇或电动压力灌浆机，从蚁路口压灌泥浆或掺有水泥的泥浆。压力灌浆可以填充密实堤坝体内部被白蚁挖通的蚁巢空洞和通道，加固堤坝。在泥洞直径达 2cm 以上的情况下，通过压灌泥浆后，基本上可以代替人工翻挖。泥浆由泥路灌入，不仅能填实蚁路、蚁巢，又能很快将蚁王、蚁后和所有白蚁固结在泥浆内全部致死。如能在所灌泥浆内加入适量药液，效果则更好。

(二)兽洞的防治方法

常见的害堤动物有狐、獾、鼠及蛇等，这些害堤动物在堤身内营造巢穴，造成堤身隐患，其洞径一般为 0.1～0.5m，洞道纵横分布，互相连通，有的甚至横穿堤身，以致汛期高水位时造成穿漏及塌坑，危及渠道、堤防安全。

害堤动物的捕杀和兽洞的处理方法是：

(1)人工捕杀。当发现有害堤动物的活动足迹后，在其经常出没的地方可设置笼、铁夹、竹弓、陷阱等捕捉。

(2)药物诱杀。在害堤动物经常出没的地方,放一些经过掺拌药物(如有机磷农药和磷化锌鼠药等)的食物,诱其吞食使之中毒死亡。但应该注意,毒物的剂量需只能致动物死亡方可,要防止家畜误食。

(3)开挖追捕。对较大的害堤动物,如獾及狐,可用人工开挖追捕。既可捕杀害堤动物,又可开挖处理洞穴隐患。

(4)锥探灌浆。用锥探灌浆方法除可堵塞各种害堤动物的巢穴外,还可将害堤动物驱走或堵死。

第二节 砌石建筑物的维修养护

一、浆砌石结构的病害处理

对于浆砌石水工建筑物的损坏,可根据不同的情况分别采取以下修补措施。

(一)灰浆脱落的处理

砌石勾缝灰浆的脱落,主要由于勾缝灰浆质量差,勾缝型式不当,受冻融破坏、水流冲刷、气蚀作用以及人畜破坏等原因所致。处理的方法是:先凿开损坏部位的原有灰浆,清洗干净后,再用水泥砂浆进行勾缝。新勾灰缝应与原平面保持一致,新旧衔接要好,并应洒水养护。

(二)局部松动或脱落的处理

造成局部砌石松动或脱落,主要由于部分石料的质量不符合设计要求;运用中发生风化碎裂和冲刷损坏;砌石灰浆损坏和内部灰浆不密实;砌石基础的沉落以及人畜破坏等原因造成。修补措施是:先拆除松动或脱落的块石,凿去四周风化或损坏的砌体灰浆,清洗干净后,用符合质量要求的石块与原砌体强度相适应的砂浆,将拆除部分补强完整，并按要求勾好灰缝。施工中应做到新老砌体犬牙交错，并用坐浆法安砌，以保证施工质量。

（三）浆砌体裂缝的处理

按产生裂缝的原因，可分为沉陷性裂缝和应力性裂缝两类。沉陷性裂缝主要因砌体基础软硬不一，发生不均匀沉陷所致。应力性裂缝则是由于石料强度不够，砂浆标号过低以及砌筑施工质量控制不严等所造成。当砌体产生上述裂缝后，降低了建筑物的抗渗能力，严重时，还会引起管涌、流土现象，危及建筑物的安全。

对于砌体裂缝的处理，常用的措施有：堵塞封闭裂缝；局部翻修嵌补；彻底翻修以及辅助性补强加固等。

(1)堵塞封闭裂缝。采用砂浆沿裂缝滴入（自下而上进行），缝隙填满后，应用铁抿自下而上依次塞缝并抿光。

(2)局部翻修嵌补。如裂缝较严重，应将其沿缝拆除一部分，清洗干净后，用混凝土填塞嵌补，嵌补好后，应与原平面保持一致，并用铁抿抿光，并洒水加以养护。

(3)彻底翻修。若属基础冲坏出现的不均匀沉陷裂缝，用上述方法不能解决时，只能采取彻底翻修措施。彻底翻修是将原砌体裂缝范围全部拆除后，重新进行浆砌。

(4)辅助性补强加固。在不影响渠道过水断面的前提下，除对裂缝进行填塞外，加强基础，预防沉陷，或在其表面再进行衬护加固处理。

（四）漏水处理

砌石建筑物的漏水有两类：一是砌体本身的漏水；二是沿建筑物边缘的漏水。一般常用的处理措施有：水泥砂浆勾缝，水泥砂浆粉面，快凝砂浆堵塞漏水孔道，设置防水层和反滤排水设施等。

（五）防冲措施

(1)抗冲刷的加固措施有：在冲刷面上加砌一层纯水泥砂浆或混凝土护面。必要时，在混凝土中适当布置单层温度钢筋，并将钢筋的一部分插入老砌体灰缝中，以便结合牢固。

(2)改善消能设施，减轻水流对下游冲刷。

(3)清障清淤，改善水流形态，减少冲刷。

二、干砌石护坡护底的整修

(一)干砌石护坡损坏的整修

若发现干砌石护坡有石块松动或脱落现象，应及时进行整修，否则将会造成垮坡，影响渠道安全。

整修时，应先将松动块石或脱落部位全部清除掉，重新进行安砌。干砌卵石护坡，在补修时要预先选好石料，最好采用冬瓜形。砌筑时要大头向内，砌石要六面靠紧，即一个砌石与上下左右周围的六个砌石点与点接触，石间缝隙为三角眼孔，每檐错缝，以增强砌体的稳定性，坡面与原坡面一致，防止砌成“掉脚楼”。

(二)干砌石护底损坏的整修

整修时，先将松动石全部取出，将底部平整后，用符合质量规格的石块进行嵌砌，嵌砌卵石同样要做到一个石头六面挨石，决不能有四方眼孔。嵌砌好后，应用片石或小卵石塞缝卡紧。

第三节　混凝土建筑物的维修

一、混凝土建筑物表层损坏的修补

混凝土表层损坏的现象一般表现为表面的蜂窝、麻面、骨料架空外露以及表面被冲刷、磨损等。对出现上述损坏现象，无论因何种原因所产生，均需对其损坏部位进行及时修补，以防止表面损坏继续扩大。混凝土表层损坏修补的方法一般有以下几种。

(一)水泥砂浆修补

水泥砂浆修补，应先将混凝土损坏部位进行清除洗净，对损坏面积较大、深度较浅的，可用人工凿毛、湿润，再将砂浆抹到修补部位，反复压光后加以养护。

（二）预缩砂浆修补

采用预缩砂浆修补，其抗压、抗拉以及与混凝土的粘结强度均较高，且收缩性较小，平整度高，施工简便。对于修补面积较小或工程量较少的，可采用此方法。先将表层损坏的混凝土清除、凿毛，并在其表面涂一层 1mm 厚的水泥浆，然后填入预缩砂浆，经分层用木锤捣实，最后一层表面反复压实抹光后养护。

（三）喷浆修补

喷浆修补是用高压喷浆设备将水泥砂浆喷至修补部位的修补方法。

喷浆一般可分为刚性网喷浆、柔性网喷浆和无筋素喷浆。刚性网喷浆是指喷浆层有金属网，并承担水工结构中的全部或部分应力。柔性网喷浆是指喷浆层仅起保护作用，不承担结构应力，其中金属网仅起加筋和连接喷层的作用。无筋素喷浆则多用于浅层缺陷的修补。

喷浆修补应对被喷面凿毛、冲洗，并在喷前 1 小时对受喷面洒水，保持湿润，以保证喷浆与原混凝土的良好结合。喷浆层一次喷射厚度：仰喷时一次不超过 2～3cm，侧喷时不超过 3～4cm，俯喷时不超过 5～6cm。同时，喷射厚度一般不小于最大骨料粒径的1.5倍，喷射间隙时间应在上一层没有完全凝固时开始，一般为 2～3 小时，当需要挂网喷浆修补时，为使喷浆层和被喷面结合良好，须使钢筋网与受喷面保持一定距离，钢筋网外面的保护层厚度以 15～25mm 为宜，喷浆层要在初凝前抹面，然后洒水养护，以免发生收缩裂缝。

（四）环氧材料修补

环氧材料用于混凝土表层修补的有环氧基液、环氧石英膏、环氧砂浆和环氧混凝土等。环氧材料具有较高的强度和抗蚀、抗渗能力，能与混凝土等材料很好地粘结。环氧材料的修补，一般应与其他方法配合使用，即宜在其他填补材料的表面预留 0.5～1mm 深度，再涂抹环氧材料作保护层。环氧基液是由环氧树脂、增韧剂、稀释剂、固化剂等经加温、拌匀组合而成，对用于修补混凝土裂缝方面的配方，其配合比可参考表 5-9。

表 5-9　　环氧基液配合比（重量比）

序号	环氧树脂	固化剂			增韧剂		稀释剂	
	6101#	间苯二胺	二乙烯三胺	乙二胺	304#	二丁脂	690#	丙酮
1	100	16			30		20	
2	100			6～7		20		
3	100		10			15		10

在环氧基液中，加入适量的水泥，可制成环氧胶泥；加入水泥、河砂，则可制成环氧砂浆，其配比参见表 5-10 所示；在环氧砂浆中加入适量的碎石，则可制成环氧混凝土。由于环氧材料的种类很多，各地在实践中采用的配方也很多，因此，必须根据工程的具体情况结合当地条件试验选用。同时，因环氧材料均为有毒或易燃物质，因此应严格按照一定的工艺过程进行。

二、混凝土建筑物裂缝处理

混凝土建筑物的裂缝一般可分为：沉陷裂缝、干缩裂缝、应力缝、施工缝以及温度缝等。裂缝产生的原因主要是由于设计考虑不周，使建筑物断面过于单薄、配筋不足、影响结构强度；或因分缝分块和温度控制不当、地基处理不善、施工质量控制不严以及运用管理不善等。

裂缝处理方法的选择，主要决定于裂缝的性质、部位及其危害程度。其主要方法有如下几种。

表 5-10　　　　**环氧砂浆配合比(重量比)**

序号	环氧树脂			固化剂		增韧剂		稀释剂			填　料			
	637#	634	6101	间苯二胺	乙二胺	304#	邻苯二甲酸二丁脂	690#	甲苯	丙酮	水泥	石英粉	砂	石棉
1	100			12			10		15			600	800	
2			100	15～17		30		20				500	850	
3		100		18			20	15				150	450	
4			100	14		30						125	375	
5		100			6		15		5				1040	
6			100		10		10			20	300			100

(一)表面涂抹

表面涂抹的方法是用水泥浆、水泥砂浆、防水快凝砂浆、环氧基液及环氧砂浆等涂抹在裂缝部位的混凝土表面。

1. 水泥砂浆涂抹

将混凝土裂缝附近表面凿毛,洗净,洒水保湿,然后用纯水泥涂刷,再用 1∶1～1∶2 水泥砂浆涂抹,总厚度一般为 1.0～2.0cm,最后用铁抿压实、抹光。高温时应适时洒水进行保养;冬季应注意防冻。

2. 防水快凝砂浆涂抹

在水泥砂浆内加入防水、快凝剂,由于快凝砂浆凝固快,涂抹时应随拌随用。先将裂缝凿成深约 2cm、宽约 20cm 的毛面,洗净保湿,然后涂刷一层防水快凝灰浆(厚度约 1mm),硬化后即涂抹一层防水快凝砂浆(厚度 0.5～1.0cm),再抹一层防水快凝灰浆,又再抹一层防水快凝砂浆,直至与原混凝土面齐平为止。防水剂可采用成品,也可自行配制,快凝灰浆、砂浆配合比如下:

灰浆(重量比)		砂浆(重量比)	
水泥	100%	水泥	100%
防水剂	69%	砂	220%
水	50%	防水剂	24%
初凝时间	约2分钟	水	46%
		初凝时间	约3分钟

3. 环氧砂浆涂抹

对于水上部位的裂缝,可用普通环氧砂浆涂抹。涂抹时,应先沿混凝土裂缝凿槽,将槽面洗刷干净,涂抹一层环氧基液后,再涂以环氧砂浆,使其与原混凝土表面齐平,用烧热的铁抹压实抹光,表面用塑料布覆盖,塑料布上面加一层木板,并加支撑或重物压紧,以便使环氧砂浆与混凝土面结合得更好。在环氧砂浆养护期间,必须严格控制温度,以防止温度变化对环氧材料的施工产生不良影响。

(二)表面粘补

表面粘补就是用胶粘剂把粘补材料粘贴在裂缝部位的混凝土面上,以达到封闭裂缝防渗堵漏的目的。常采用橡皮等止水材料粘补、玻璃布粘补和紫铜片与橡皮联合粘补的方法。

1. 橡皮等止水材料粘补

橡皮粘补通常采用环氧材料胶粘剂粘贴橡皮,主要方法有夹板条法和划缝法两种。

(1)夹板条法。先沿裂缝凿槽(槽宽一般14~16cm,槽深2cm),待冲净,槽面干燥后,在槽内涂抹一层环氧基液,即用水泥砂浆涂抹一层,厚5mm,待抹平凝固后,在其表面刷一层环氧基液,再沿裂缝走向放一根宽度与高度均为5mm的木板条,并按其高度涂抹一层环氧砂浆,然后将事前进行好表面处理的橡皮(橡皮厚度以3~5mm为宜,按凿槽宽度下料,放入浓硫酸中浸泡5~10分钟,用水冲洗干净凉干后,在粘贴面涂刷一层环氧基液)从裂缝一端开始铺贴在刚涂抹好的环氧砂浆上，用力均匀压紧，直至环氧砂浆从橡皮边缘挤压出来为止。进行侧面或顶面施工时应设木支撑加压，以防橡皮滑动、脱落。冬季施工应在粘贴橡皮后进行加温养护，以加速其固化。在环氧砂浆固化后，可将支撑拆除，沿橡皮表面涂刷一层环氧基液，再抹一层环氧砂浆保护。

(2)划缝法。其粘补工艺及表面处理要求与夹板条法基本相同，不同的只是取消水泥砂浆层，并在环氧砂浆中间顺裂缝方向划缝，在缝内嵌入石棉线以代替夹入木板条。划缝宽度视裂缝开度而定，一般为2～3mm。

2. 玻璃布粘补

玻璃布一般采用无碱玻璃纤维织成的无捻粗纱布、平纹布、斜纹布、缎纹布及单向布等产品。常用的是无捻粗纱方格布，它具有强度高、气泡易排除、施工方便等特点。

玻璃布粘补的胶粘剂多为环氧基液。粘补前应先对玻璃布进行除油蜡处理。一是将玻璃布放入碱水中煮沸0.5～1小时，然后用清水漂净；另一种方法是将玻璃布放在烘烤炉上加温到190～250℃进行热处理。烘烤后的玻璃布再放在浓度为2%～3%的碱水中煮沸约30分钟，清洗后烘干或凉干。同时应将修补部位的混凝土面凿毛、洗净，如表面不平，可先用环氧砂浆抹平。粘贴时，先在粘贴面上均匀刷一层环氧基液(不能有气泡产生)，然后展开、拉直事先按照需要剪裁好的玻璃布，抹平紧贴于混凝土面，用刷子或其他工具刷展玻璃布表面，使环氧基液浸透玻璃布并溢出，再在玻璃布上刷环氧基液，按同样方法粘贴第二层玻璃布，但上层玻璃布要比下层玻璃布稍宽1～2cm，以便压边。一般粘贴2～3层即可。

3. 紫铜片和橡皮联合粘补

先沿裂缝凿一条宽20cm、深5cm的槽，槽的上部向两侧扩大10cm凿毛面，清洗干净，用水泥砂浆填平槽底，厚度15mm左右。待水泥砂浆凝固干燥后，再涂刷一层环氧基液，涂抹厚度约5mm

的环氧砂浆，随即将事前裁剪好的紫铜片紧贴在环氧砂浆上，并用支撑压紧。环氧砂浆固化后拆除支撑，再在紫铜片上刷一层环氧基液，并抹上 3～5mm 厚的环氧砂浆，然后将事前裁剪好并进行过表面处理的橡皮贴上压紧。为防止橡皮老化，可在橡皮表面再加涂环氧基液和环氧砂浆作保护层。

（三）凿槽嵌补

沿混凝土裂缝凿一深槽，内嵌补各种防水材料，如环氧砂浆、沥青油膏、沥青砂浆以及聚氯乙烯胶泥等，缝槽的形状和尺寸可参考图 5-15，对槽缝处理，必须凿毛、修理平整、清洗，然后用选定的防水材料进行嵌填、抹平、养护。

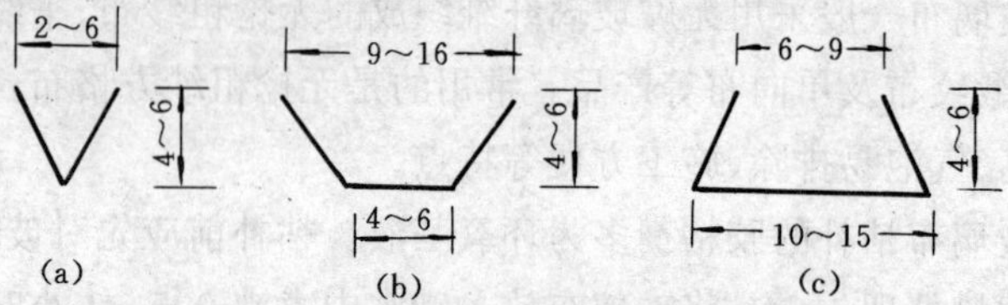

图 5-15　缝槽形状尺寸图　（单位：cm）

（四）喷浆修补

喷浆修补，根据裂缝的部位、性质和修理要求等，一般可选用纯喷浆(无筋素喷浆)、挂网喷浆或挂网喷浆结合凿槽填预缩砂浆以及挂网喷浆结合凿槽嵌填沥青水泥等。

纯喷浆的喷浆层常因与混凝土的收缩和膨胀性能不一致以及喷浆层过厚的原因，常易引起喷浆层开裂或脱落。因此，一般宜采用挂网喷浆修补。喷浆时，必须严格控制砂浆质量和施工工艺，避免由于水泥层薄、不均匀干缩率大而产生裂缝。

（五）钻孔灌浆

钻孔灌浆通常指在裂缝内部采用灌浆处理。灌浆材料可根据裂缝的性质、开度、施工条件等，选用水泥、沥青和化学材料。

水泥灌浆，一般适用于开度大于 0.3mm 的裂缝，其灌浆的施工程序是：先在建筑物上钻孔、冲刷、埋管，然后灌注。

化学灌浆材料具有较高的粘结强度和良好的可灌性。适用于开度小于 0.3mm 或更细微的裂缝，同时还能调节凝结时间，以适应各种情况下的堵漏防渗要求。因此，凡是不能用水泥灌浆进行内部处理的裂缝，均可采用化学灌浆。灌浆的材料一般有甲凝、环氧树脂、丙凝、聚氨脂等。

三、混凝土碳化的防止措施

混凝土的碳化是混凝土中的氢氧化钙在大气中二氧化碳的作用下逐渐变成碳酸钙，混凝土由原来的碱性变为中性的过程。对钢筋混凝土的耐久性有很大影响，严重时会使混凝土开裂、剥落，从而使钢筋混凝土保护层遭受破坏，逐渐锈蚀，最终导致钢筋混凝土结构的破坏，这种病害有混凝土“癌症”之说，关键是应采取防止措施。

首先是在工程施工中要选择抗碳化能力强的水泥品种，如快硬早强硅酸盐水泥、硅酸盐水泥和普通硅酸盐水泥等；在混凝土中可掺入优质适宜的外加剂，如减水剂、阻水剂等，以改善混凝土的某些性能，提高其密实性和抗渗、抗冻性；要严格控制混凝土的水灰比，加强混凝土的早期养护，提高施工质量，保证混凝土的密实度和强度。

其次是在混凝土建筑物运用过程中应注意检查观测，发现混凝土表面有开裂、剥落现象时应及时采取措施。目前，国内所采取的主要措施是在混凝土结构表面设置保护层，即利用防护涂料对混凝土表面进行封闭，以防止腐蚀介质的侵入，减轻混凝土的碳化。经试验和应用的防护涂料有：呋喃环氧树脂涂料(FAEP)、585# 不饱和聚脂涂料、ES 丙烯酸脂共聚乳液等。此外，还可利用石灰乳化沥青涂料，或者在混凝土结构表面涂抹一层20～30mm

的水灰比为1∶2的水泥砂浆层，也可收到较好的减缓碳化效果。

第四节　渠系建筑物常见病害的处理

一、无压隧洞的病害处理

无压输水隧洞是山区、丘陵区常见的一种渠系建筑物。常见病害主要有洞口失稳、拱圈断裂、洞身坍塌等现象。本部分将着重叙述洞身的病害处理。

隧洞常见的病害是衬砌体的表层损坏、裂缝渗漏，边墙向洞内挤出，底板向上隆起等，甚至发生洞身整体性的坍塌破坏。其病害处理应根据病害形成机理和部位采取相应措施。

（一）表层损坏的修补

无压隧洞混凝土衬砌体表层出现蜂窝、麻面、磨损剥蚀或成块脱落等现象，对洞身安全影响较大，均需及时进行修补，以防止损坏继续扩大。修补时除应根据损坏部位、原因分别提出抗冻、抗渗及抗蚀等要求外，还要求修补材料的强度不低于原混凝土，并且有耐磨性和一定的韧性，通常采用的表层修补材料有水泥砂浆、预缩砂浆、环氧材料及混凝土等。前三种处理方法参见本章第三节。要采用水泥砂浆修补时，如修补部位深度较大，可在水泥砂浆中掺适当砾石，以增强砂浆强度和减少干缩。高标号水泥砂浆的配合比可参考表5-11。

在采用预缩砂浆修补时，预缩砂浆的配合比一般可按灰砂比1∶2～1∶2.5（砂的细度模数为1.8～2，水泥用原混凝土水泥品种），水灰比为0.3～0.34，并掺入水泥重量1‰左右的加气剂（松香热聚物或松脂皂），拌和时先将水泥、砂干拌均匀后，再掺入含有加气剂的水溶液翻拌3～4次（此次砂浆仍为松散体，不是塑性状态），归堆放置30～90分钟，使其预先收缩，即可使用。

表 5-11　　　　**高标号水泥砂浆配合比参考表**

砂浆标号	水泥品种及标号	水灰比	每立米砂浆材料用量(kg)			重量配比
			水	水泥	砂	(水泥：砂)
150#	普通水泥 425	0.72	280	389	1516	1：3.9
	普通水泥 325	0.64	280	437	1475	1：3.4
	矿渣水泥 425	0.65	285	438	1462	1：3.4
	矿渣水泥 325	0.57	285	500	1408	1：2.8
200#	普通水泥 425	0.61	280	459	1457	1：3.2
	普通水泥 325	0.53	280	528	1398	1：2.6
	矿渣水泥 425	0.55	285	518	1393	1：2.7
	矿渣水泥 325	0.48	285	594	1329	1：2.2

铺填预缩砂浆要在修补面上先涂抹一层水泥浆(水灰比0.45～0.5)后进行。分层铺填,每次铺料层厚 4～5cm,捣实后为2～3cm。分层用木锤捣实,层与层之间用钢丝刷或竹刷刷毛,表面需用铁抿反复压实抹光。铺填完后应有专人养护。

(二)裂缝处理

隧洞衬砌出现裂缝后,首先要查明裂缝部位、宽度、深度、长度、分布范围及裂缝特征等,然后结合设计、施工资料分析裂缝原因及危害程度,以便制订相应的处理措施。

根据裂缝宽度、深度及渗水情况,水工钢筋混凝土裂缝分为以下四类:

Ⅰ类:龟裂缝宽小于 0.1mm,深度未超过保护层。

Ⅱ类:浅层裂缝宽 0.1～0.2mm,缝深已穿过第一层钢筋。

Ⅲ类:深层裂缝宽 0.2～0.4mm,缝深小于结构厚度的 1/3。

Ⅳ类:贯穿缝构件基本断裂,严重危害结构安全。

对于素混凝土或砖石衬砌的隧洞,如裂缝宽度小于 0.2mm,又无渗水现象,一般可不作处理。对于钢筋混凝土结构,当裂缝深度超过保护层,影响钢筋的耐久性时,则应作处理。裂缝的处理方法分表面处理、内部处理和结构补强处理。可参照本章第三节有关混凝土建筑物裂缝处理措施进行。

(三)散渗或集中渗漏处理

1. 回填灌浆

当衬砌体与围岩之间回填不密实而形成散浸或集中漏水时，可沿洞壁用风钻人工打孔，穿过衬砌体进行水泥(或掺一定比例的细砂)回填灌浆。灌浆孔距和排距一般为 2～4m，灌浆压力为 0.2～0.5MPa。灌浆前应先补好裂缝，堵塞漏水孔，并预留排气、排水孔。灌浆时如有冒浆现象，应及时封堵，直至排气、排水孔冒出浓浆后，用木塞或其他方法塞住并停止灌浆。待浆液终凝后，用高标号水泥砂浆或环氧砂浆填补。

回填灌浆使衬砌体与围岩连成一整体，从而改善了衬砌的受力条件，也是结构补强处理中很重要的一条措施。

2. 表面涂抹

对于大面积细微散浸，可涂抹快凝水泥砂浆或适于潮湿面涂抹的环氧砂浆。

3. 堵塞孔洞

孔洞漏水可根据漏水量和水压大小，分别采用直接封堵和降压导渗封堵。

(1)直接封堵。如水压小，一滴一滴渗漏或呈线状从孔内流出，可先将孔洞稍微扩大，然后将快凝灰浆塞入孔内用手指顶住并揉压，待一分钟后灰浆结硬，再用水泥砂浆填满漏孔，见图 5-16。

当水流速度较大时，也可先在孔洞中楔入棉絮或麻丝，以降低流速和漏水量，然后再进行堵塞。

(2)降压导渗封堵。对于大面积孔洞漏水或水流呈射状漏水，要进行堵漏首先就得降低渗透压力。因此，在漏水较严重的部位适当埋设导水管将水排出，以便进行其余部分的填补工作，最后按直接封堵法封孔或用压力灌浆封孔，如图 5-17。

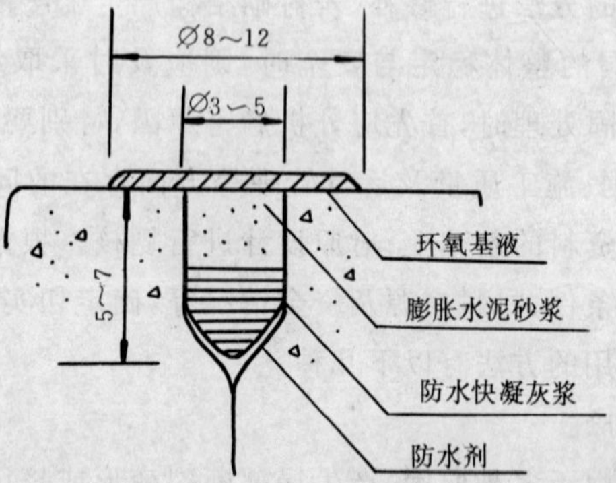

图 5-16 孔洞直径堵洞示意图 （单位:cm）

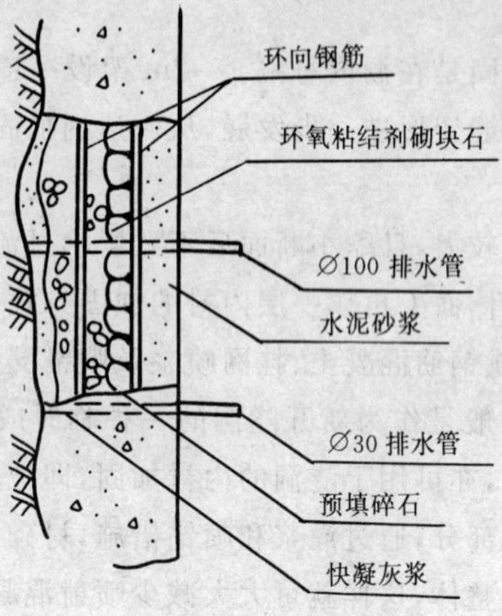

图 5-17 降压导渗堵漏示意图 （单位:mm）

建立排水暗管(沟)是堵漏的一条很重要的措施。无论对裂缝或其他部位损坏的修补,凡是存在渗漏的,都要首先处理好排水问题,才能进行修补工作。

(四)整体性加固处理

隧洞衬砌出现了上述表层损坏及裂缝漏水等一般性缺陷,可按照前面叙述的方法进行修补。若衬砌结构产生了严重的断裂、变形，并危及隧洞的整体稳定与安全时，则应及时采取结构加固措施。在进行加固处理时，首先应分析病害原因，特别要弄清地质情况、原设计依据、施工质量及运行管理等方面存在的问题，然后在取得可靠基本资料的基础上，对原设计进行复核。根据复核结果，结合施工技术条件、材料来源及资金情况等，确定切实可行的加固方案。通常采用的方法有以下几种。

1. 局部拆除

隧洞衬砌由于多种原因，产生局部断裂变形或挤压破坏，可采取局部拆换修复方法处理。

2. 支撑加固

隧洞支撑加固是在洞内每隔1～2m架设一道框架(门架)，用以控制衬砌体裂缝变形进一步发展，从而达到加固隧洞的目的。

3. 洞内加衬

当隧洞断面较大，且缩小断面后不致影响过流能力时，也可采取在洞内原衬砌体面上再作一层内衬的加固方式。内衬可采用浆砌石料、混凝土或钢筋混凝土、挂网喷浆及喷锚支护等方式。

喷锚支护一般是作为新开隧洞的一种临时或永久衬砌方式，根据同样的原理，亦可用于隧洞的内衬加固，即把需要加固的衬砌体视作围岩的一部分，通过灌浆和喷锚措施，衬砌体和围岩连结成一个共同工作的整体，这样就可大大减少喷射混凝土的厚度。

采用喷锚支护作为内衬加固，要特别注意新老砌面的结合，同时还应了解原衬砌体与围岩之间是否回填密实，以及围岩的地质情况等，确定是否需要采取灌浆措施和进行喷锚支护的设计。

喷锚支护是锚杆支护、喷射混凝土支护、锚喷支护及锚喷网联合支护的总称。这些支护型式虽已在实践中广泛应用，并已取得了很好的效果，但在设计理论方面尚待继续完善。

锚杆和喷射混凝土，既可单独支护，又可联合运用，现将其一般布置原则概述如下：

（1）锚杆支护的一般布置原则：锚杆支护的作用原理，是将开裂变形的衬砌体及可能松动的围岩，通过锚杆拴定在内部稳定的岩体上，从而达到限制裂缝和变形继续发展，加固衬砌体的目的。通常采用的锚杆有楔缝式锚杆（见图 5-18）或楔缝式灌浆锚杆和普通钢筋砂浆锚杆（见图 5-19）。其布置原则是：①锚杆的布置位置，根据加固部位的不同，分水平、垂直或略呈扇形沿洞壁布置。锚杆埋设方向一般应垂直于洞壁表面。②锚杆的长度应穿过可能松动坍落的岩层（如无实测资料时可采用计算的围岩坍落拱高度）。并应有一小段（15～20cm）嵌入稳定岩层中。通常采用的锚杆长度为 1.5～2.5m，直径为 16～25mm。③锚杆的间距，应视围岩裂隙间距、锚杆长度等因素综合考虑确定。试验表明，当锚杆间距小于锚杆长度的 1/2 时，能在围岩中形成一个厚度不小于锚杆长度1/3 的均匀压缩带，相当于岩石承重拱的作用。为此，锚杆的最大间距不宜超过 1.5m，一般为 0.8～1.2m。④楔缝式灌浆锚杆安装后即能受力，比普通钢筋砂浆锚杆锚固力大，施工质量也易保证

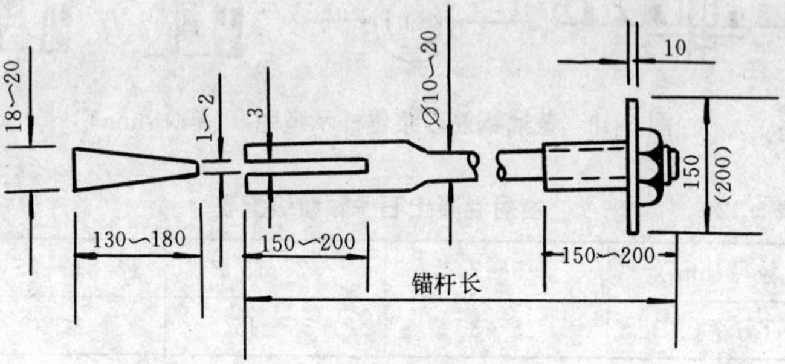

图 5-18　楔缝式锚杆示意图　（单位：mm）

（2）喷射混凝土支护的一般要求：①对原材料的要求。水泥以采用标号 425 号以上的普通硅酸盐水泥为好。砂应优先选用中砂或中、粗混合砂。石子用碎石或卵石，以卵石为好，石子的颗粒级配

见表 5-12。②喷射混凝土的配合比。在一般情况下，水泥与骨料之比为 1∶4～1∶4.5。原始配合比中水泥用量为 375～400kg/m³，砂率以 40%～50%为好。速凝剂掺量在满足施工工艺要求的前提下应尽量少掺，一般应控制在水泥重量的 2.5%～4%的范围。喷射混凝土配合比可参考表 5-13。③喷射混凝土的厚度。喷射混凝土衬砌一般都要求配置网筋和锚杆，喷层厚度不宜小于 10cm 和大于 25cm。

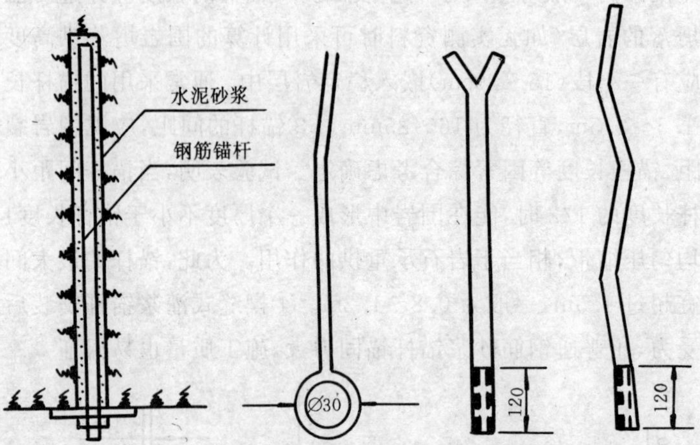

图 5-19　普通钢筋砂浆锚杆示意图　（单位：mm）

表 5-12　喷射混凝土石子颗粒级配表

粒径(mm)	5～7	7～15	15～25
百分率(%)	25～35	55～45	<20

表 5-13　喷射混凝土配合比(重量比)表

材料	水泥	砂	石子	水灰比
配合比	1	1.5～2	2	0.35～0.5

二、倒虹吸管的病害处理

(一)倒虹吸管的淤积处理

倒虹吸管的淤积包括三个方面,即漂浮物的堵塞、推移质的堆积和悬移质的沉积。漂浮物的堵塞,可通过在进口设置拦污栅解决;推移质堆积,可通过设沉沙池和冲沙孔解决;悬移质沉积,亦可通过管道断面设计解决。

(二)倒虹吸管的冻害处理

在我国北方一些省区,存在着倒虹吸管的冻害问题。但据河北、吉林等省的调查,凡管道埋于冻线以下的均无冻害现象,运行正常。只有露出地面的进出口部分容易遭到冰冻的袭击,应考虑防冻措施。其具体方法见本节渠系建筑物冻害防治。

(三)倒虹吸管裂缝漏水的处理

在处理裂缝之前,应首先查明裂缝的部位与开裂程度(裂缝的长、宽、深度及范围),其次是认真分析裂缝的性质及原因,不要一见裂缝就急于处理。没有弄清原因就急于处理,往往达不到预期的效果。

据有关资料介绍,凡管壁裂缝宽度小于 0.1mm 的,对渗透和钢筋锈蚀均无显著影响,可不作处理。裂缝宽度超过 0.1mm 的则应作处理。

处理倒虹吸管裂缝应达到防渗、防钢筋锈蚀和管身补强的目的。根据裂缝的不同,一般有如下两种处理措施:

(1)补强处理。补强处理包括内衬钢板、钢丝网水泥砂浆、钢丝网环氧砂浆及化学灌浆等。

(2)防渗处理。防渗处理包括环氧砂浆贴橡皮、环氧基液贴玻璃丝布(或麻布)、聚氯乙烯胶泥填缝、乳化沥青掺苯溶氯丁橡胶刷缝及直接涂抹环氧浆液等。

三、渡槽病害处理

（一）石拱渡槽病害处理

石拱渡槽的主要病害仍然是裂缝和漏水。对于一般非受力裂缝的处理，多采用表面涂抹、凿槽嵌补、环氧基液粘贴橡皮或玻璃丝布等。其具体施工方法见本节隧洞裂缝和漏水处理。对于影响结构安全的受力裂缝则应采取专门的结构加固措施。

（二）渡槽接缝漏水处理

渡槽接缝止水的方法很多，如橡皮压板式止水，套环填料式止水及粘合式（粘贴橡皮或玻璃丝布）止水等。目前采用最多的是填料式止水和粘贴式止水。

1. 聚氯乙烯胶泥止水

（1）胶泥配合比（重量比）。煤焦油 100，聚氯乙烯 12.5，邻苯二甲酸二丁脂，硬脂酸钙 0.5，滑石粉 25。按上述配方通过粘贴强度试验，粘贴面先涂一层冷底子油（煤焦油：甲苯＝1：4）。其粘结强度可达 0.14MPa。不涂冷底子油可达 0.12MPa。将试件作弯曲 90°和扭转 180°试验未遭受破坏，能满足使用要求。

（2）浇灌工艺。槽身接缝间隙在 3～8cm 的情况下，可先用水泥纸袋卷成圆柱状塞入缝内，在缝的外壁涂抹 2～3cm 厚的 10MPa 水泥砂浆，作为浇灌胶泥的外膜，待 3～5 天后，取出纸卷，将缝内清扫干净，并在缝的内壁嵌入 1cm 厚的木条，用粉液抹好缝隙作为内膜。然后将配制好的胶泥慢慢加温（温度最高不得超过 140℃，最低不低于 110℃），待胶泥充分塑化后即可浇灌。对于 U 形槽身的接缝，可一次浇灌完成；对尺寸较大的矩形槽身，可采取两次浇灌完成。第二次浇灌的孔口稍大，要慢慢灌才能排出缝槽内的空气，如图 5-20。

2. 塑料油膏止水

（1）接缝的处理。接缝必须干净和干燥。这是保证工程施工质

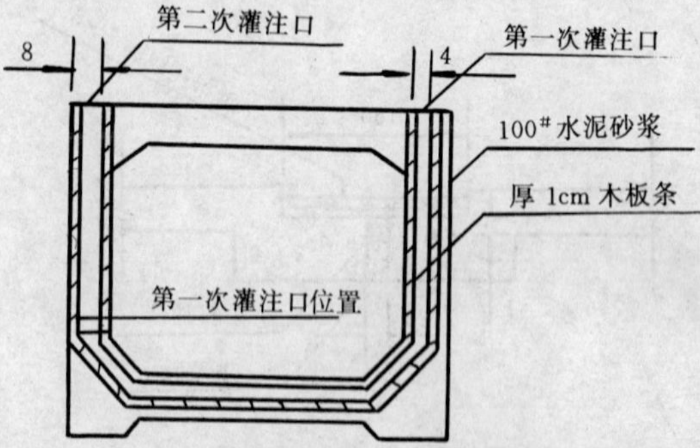

图 5-20　矩形槽身填料止水灌注示意图　（单位：cm）

量的关键。

(2)油膏的选择与熔化。目前国内生产的塑料油膏，有 703 号和 802 号，分别适用于我国北方和南方。油膏最好是间接加温，温度保持在 120℃。

(3)灌注方法。先用水泥纸袋(或其他物质)塞缝并预留灌注深度约 3cm，然后灌入预热熔化的油膏。边灌边用竹片将油膏同混凝土接触面反复揉擦，使其紧密粘结。待油膏灌至缝口，再用皮刷刷齐。

(4)粘贴玻璃丝布。先在粘贴的混凝土表面刷一层热油膏，将预先剪好的玻璃丝布贴上再刷一层油膏和粘贴一层玻璃丝布，最好再涂刷一层油膏，务使粘贴牢固(如图 5-21)。

3. 木屑水泥止水

采用锯木屑水泥填缝，上面涂一层油膏，再贴一层布或玻璃丝布保护油膏的止水方法。施工简单，造价低廉，适于灌排工程使用，如图 5-22。

4. 环氧混合液粘贴玻璃丝布、橡皮止水

采用环氧及聚酸氨树脂混合液粘玻璃丝布、橡胶板止水。如图5-23。

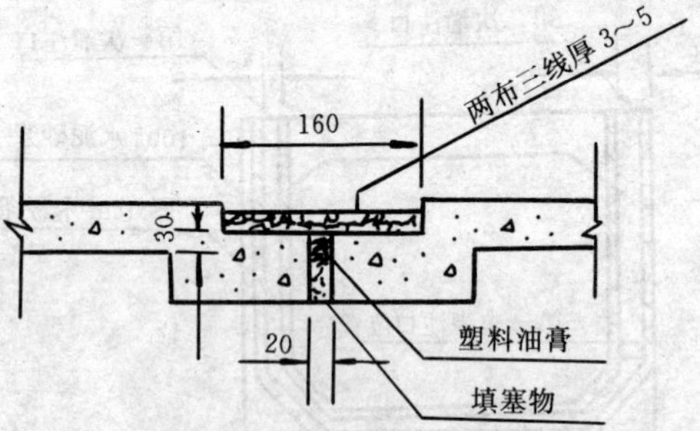

图5-21 渡槽油膏止水接缝示意图 (单位:cm)

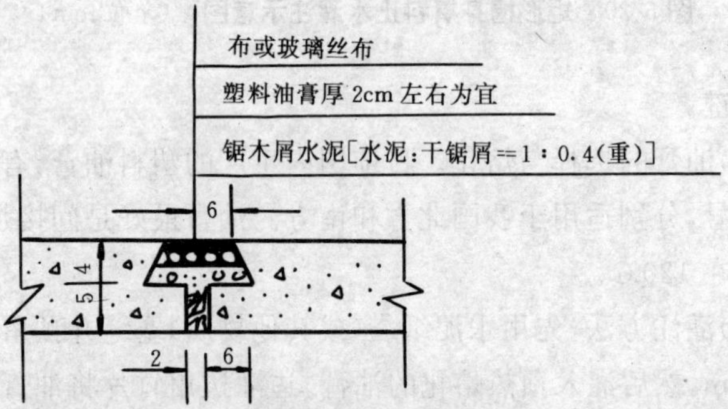

图5-22 侯照渡槽接缝止水示意图 (单位:cm)

(三)钢丝网水泥渡槽裂缝及损坏的修补

钢丝网水泥渡槽,目前大多为手工操作施工,常因施工质量差和养护不当造成裂缝、露网、印网及孔洞等情况,均需及时进行修补,一般采用以下几种方法。

(1)对露网、印网或印筋部位,先用尖凿打毛,清水洗净并保持湿润,然后刷一道水泥浆打底,再用40MPa以上砂浆修补,新老砂浆结合处必须抹平光滑。

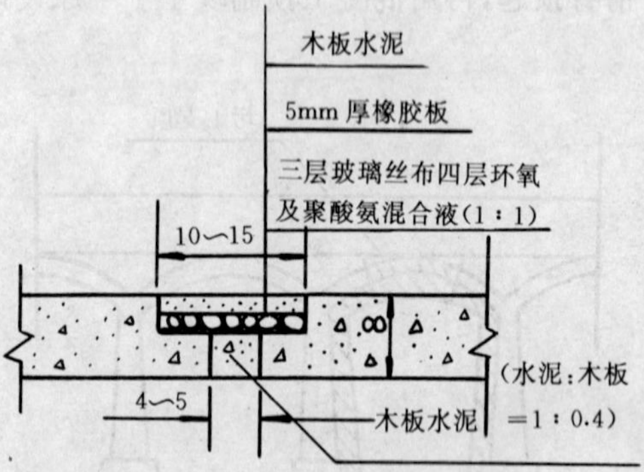

图 5-23 **思旺渡槽粘结橡胶板止水示意图** (单位:cm)

(2)对较大的裂缝应凿槽嵌补。如损坏严重,筋网已有锈蚀或断裂成孔洞,则应把锈蚀严重的筋网割去,重新换接筋网,并适当加密钢筋,再涂抹 1∶1 水泥砂浆修补。注意在砂浆初凝后要多次压抹密实,使新老砂浆粘结好。为了防止干缩裂缝,可在砂浆表面涂刷或喷上一层 1∶4(水玻璃∶水)的水玻璃溶液。

(3)对受力构件裂缝或损坏的修补,涂抹环氧基液、环氧砂浆较好。

(4)对于细微裂缝、印网印筋及槽身散浸等现象,也可采用氯丁橡胶沥青漆涂刷处理。

(四)渡槽支墩的加固处理

(1)对于多跨拱形渡槽,由于施工不平衡,基础沉陷或其中一孔遭到破坏等原因,使支墩失去平衡而产生裂缝(多为水平裂缝)。除对裂缝本身要进行补强处理外,为了预防拱跨的连锁反应,还应视具体情况,对每隔若干拱跨中的一个支墩采取加固措施。方法有加大支墩断面,在支墩两侧加斜撑,在拱圈发生严重断裂的拱跨加设圬工支顶等,见图 5-24。

(2)当渡槽支墩发生沉陷而使槽身曲折时,可在支墩上放置油压千斤顶将槽身顶起，再用混凝土预制块垫平至原设计高程，见图5-25。

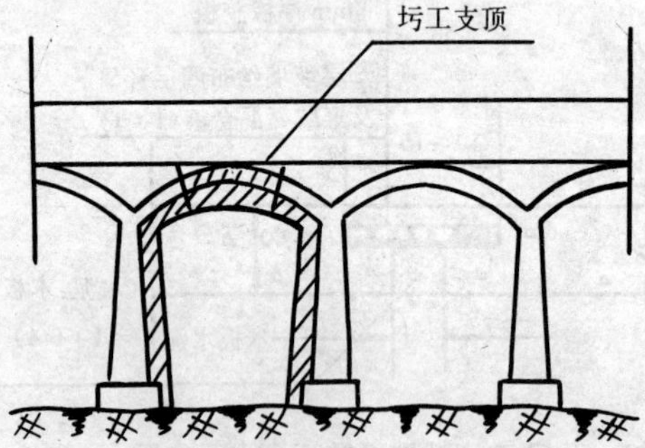

图 5-24 圬工支顶示意图

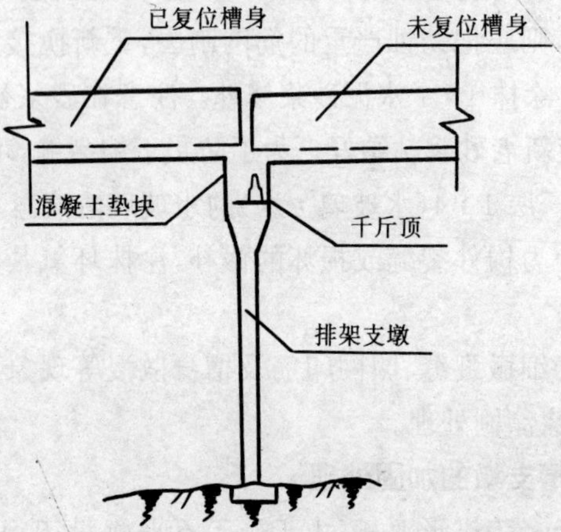

图 5-25 流冲渡槽支墩沉陷复位示意图

(3)在运行过程中，当渡槽支墩基底承载力不够时，可及时采取扩大基础的加固措施，如图 5-26。

(4)当支墩下沉量不大，又不影响结构整体稳定时，亦可采取扩大基础顶回原位的处理方法，如图 5-27。

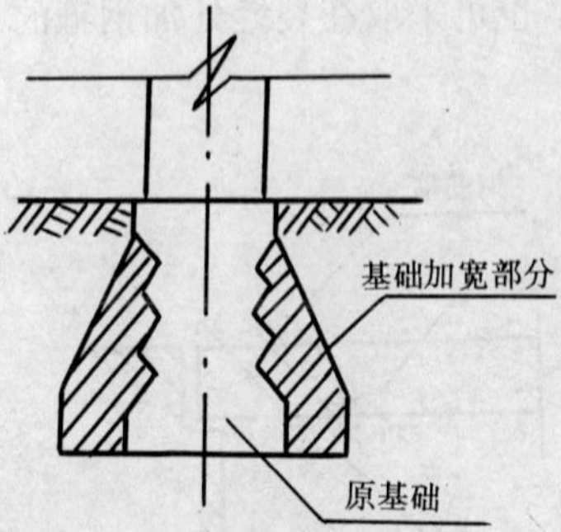

图 5-26　扩大支墩基础示意图

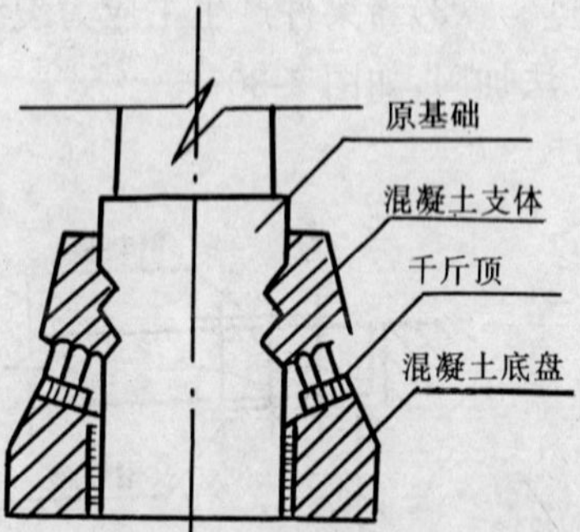

图 5-27　扩大基础顶回原位示意图

（五）钢筋混凝土梁式渡槽的加固措施

（1）当梁件产生裂缝，负担不了实际荷载时，可架设支墩，在梁件下面架设拉筋（见图 5-28）或架设桁架处理（见图 5-29）。

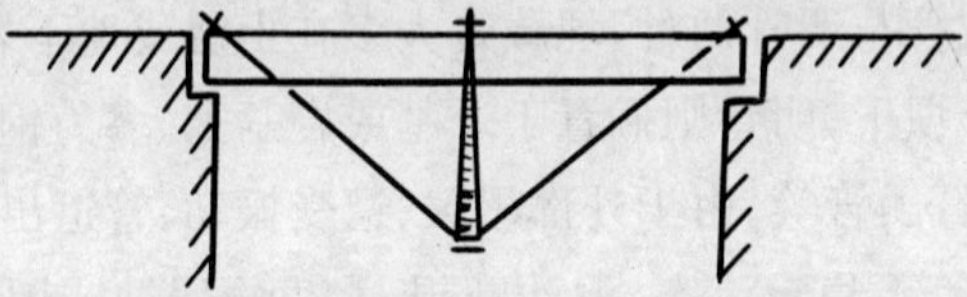

图 5-28　梁件下加设拉筋示意图

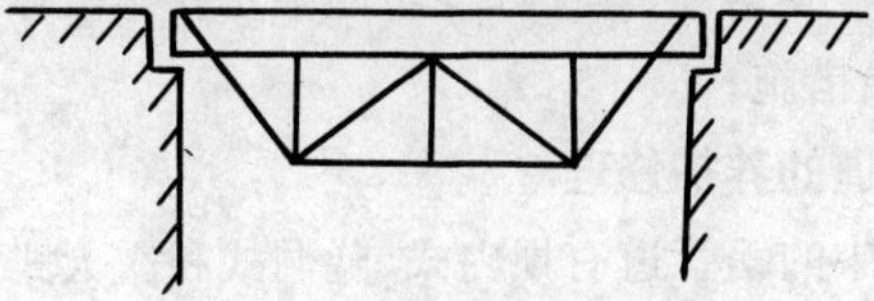

图 5-29　梁件下加设桁架示意图

（2）当梁件由于拉力或剪力产生裂缝时，可采用侧面帮宽、底面帮厚或同时加宽帮厚梁件的方法进行处理。加固时可适当凿开原结构以便焊接钢筋，并注意加固部位的主钢筋与原有梁上主钢筋的连接。

(3)当梁件产生主应力裂缝时，也可采取在裂缝处加钢箍的方法加固，如图 5-30。

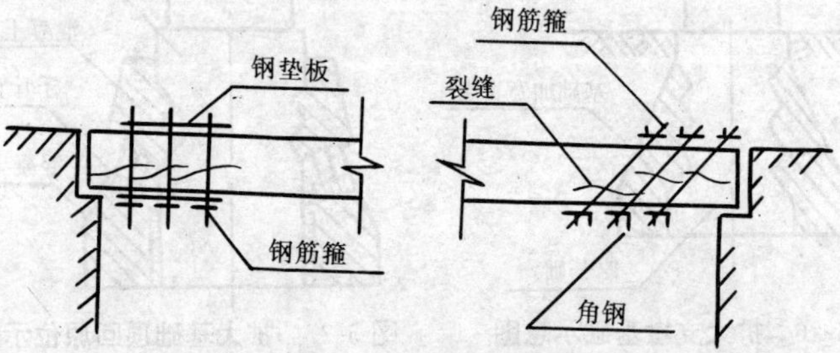

图 5-30　梁件钢箍加固示意图

四、输水管道的养护修理

输水管道常用于农田灌溉、引水发电、城镇生活和工业输水等工程。有埋藏管与明管两种，埋藏管大多在土层或地下岩石中开凿埋设，或埋于坝下；明管则搁置于土基或岩基上。多为钢管、钢筋混凝土管和砌石涵管等。由于外部超载、遭受振动、管道出现明流、满流过渡交替等不稳定流态、泥沙磨损、水生物侵蚀或因地质变化、施工质量与人为因素等，均有可能使管道产生裂缝、断裂、冲刷、空蚀、接头漏水、管身锈蚀、爆裂和支墩超限位移等破坏，应根据具体情况，采取防治措施。

（一）钢管道的养护修理

水利工程中的钢管道有坝内式、隧洞式和露天式三种，均承受较大的内水压力，有时管内流态很不稳定，易遭受各种损坏。

1. 钢管道养护

(1)对各种型式的支座构件应保持清洁，有足够的润滑脂。

(2)滚动型或摇摆型支座的防护罩应保持密封，不得有雨水、灰尘等进入罩内。

(3)钢管内外壁及支承环、加劲环和其他附属设备等的防腐保护层，应保持良好状态，如产生锈蚀时应进行处理。

(4)当气温下降到0℃以下时，要防止管内结冰。伸缩节有渗水时冬季要注意保温。

(5)为预防钢管发生爆管事故而设置的各种排水设备和其他装置，应进行经常养护，保证完好。

2.钢管道修理

钢管道属于薄壳结构，在受外压和管内产生负压时，容易失去弹性稳定而发生皱曲破坏，钢管出现鼓包和鱼脊形变形；露天式明管由于材料和结构型式不当及受温度变化影响，其管壁、焊缝等易发生脆性破坏；另外还常出现钢管裂缝、变形、空蚀及磨蚀和支座超限位移等破损现象。采用的修理方法主要有：

(1)结构补强。管壁发生裂缝时，应立即停止使用，进行补焊；管壁出现小鼓包和鱼脊形变形时，可采用顶压复原，并在钢管外设加劲环加强，如鼓包面积较大或整段钢管被压缩皱曲时，应割除已损坏段，重新设计的钢管应增设加劲环或更换较厚钢板；露天明管的管壁、焊缝及有关构件突然发生断口，呈晶粒均匀平面，并与构件表面垂直的，应立即在钢管外壁加设钢箍，将有尖锐缺口或外形突变的构件改为弧形过渡段形式；一些间断的焊缝应加焊为连续焊缝，质量较差的焊缝要铲除重焊。

(2)空蚀和磨蚀的处理。钢管内壁出现空蚀主要是由于钢板表面不平整所引起，应将突起物铲除或采取研磨措施使管壁达到要求的平整度；钢管内壁的磨蚀破坏，主要是水流挟沙较多造成的，应尽量减少磨蚀介质来源；磨蚀严重的可采用抗磨性能良好的环氧基液、不饱和聚脂涂料等涂抹处理。

(3)为防止钢管受震动的破坏，可采取减震措施。最简单的方法是加设钢箍，调整加劲环距离，增设小支墩，以改变钢管的自震频率，降低钢管的震幅。如震源是由于涌浪或气灾产生，可适当增加补气。

(4)法兰盘式伸缩节的水封盘根老化及磨损而引起漏水时，可调紧压环螺栓。盘根失效无法再调时，应更换新件。

(5)支墩基础不好而引起支墩变位时，可将原支墩加大，以减小基础土壤的单位承载力。如因地下水位高引起支墩变化时，可在支墩四周作排水设备以降低地下水水位。寒冷地区对支墩应采取防冻措施。

(6)进入孔法兰盘如有漏水，可将法兰盘连接螺栓拧紧或更换垫片，排气阀内导向轴承磨损过大时应予更换。通气孔座及阀盖漏水时，可重新研磨，使孔座及阀盖表面接触良好。

(二)混凝土管道养护修理

1.混凝土管道养护

(1)应经常清理管道上下游的漂浮物，以防止阻水、卡堵等破坏门槽。

(2)运用中应尽量避免管道中出现明满流交替过渡的流态，并监听水流声有无异常。

(3)管道附近禁止爆破和强裂震动，以免将管道伸缩缝拉开张裂而渗水。

(4)冬季管道内存水应全部放空，避免冰冻。

(5)管道表面出现细小裂缝渗水时，应及时封堵避免扩大。

(6)埋藏管道应注意检查观察填土有无渗水迹象。坝下埋管为无压流管，应观察出口坝面是否变潮湿、松软或涵管出口周边与管壁间是否有洇湿渗水现象。如发现有渗水迹象应采取预防措施。

2.混凝土管道修理

(1)表面损坏的处理。可根据损坏范围的大小、性质，采用环氧砂浆或与原管道相同标号的一级配混凝土进行修补(参见混凝土表面处理)。

(2)管道渗水处理。可根据渗水水量大小，分别采取以下修理措施。①局部堵漏。管道个别部位渗水，可先将渗水砂眼凿开，用玻璃纤维堵塞渗水水眼，表面抹1∶1.5～1∶2的水泥砂浆或环氧砂浆。②灌浆。管道质量差、横向渗水严重或埋管与土坝坝体接触不好，夯填不实而引起的纵向渗水，不可能挖开填土进行修补的，均可在管内或坝上、填土上进行灌浆处理。坝下埋管外壁渗水可灌注泥浆或粘土水泥浆；大型管道强度要求较高的，可灌注环氧水泥浆。③内部加衬或喷浆。当混凝土管道渗水严重，范围很大，而又有条件缩小管径不影响用水时，可采用内部加衬砌或套管处理；若管径较小，又不允许缩小很多过水面积时，则可用钢丝网喷水泥砂浆处理。先将原保护层打掉，凿成毛面，然后铺网喷浆。

(3)断裂处理。一般采用灌浆与结构补强修理。如由于不均匀沉陷产生的管身断裂，可先加固地基，待沉陷趋于稳定后，采用水泥灌浆或环氧灌浆处理(参见混凝土建筑物裂缝处理)。对损坏较严重的管道，可用钢管、钢筋混凝土管或钢丝网水泥管等制成品进行内衬，然后在成品管与原管壁间填充水泥砂浆或预埋骨料灌浆。也可采用现场浇筑混凝土、混凝土预制块或用钢丝网喷水泥砂浆等方法补强。无论是内衬或内套，必须使新老管壁结合良好。坝下埋管管径较小，破坏严重无法加固补修，条件适宜时可废弃旧管，用顶管法重建新管。

(三)砌石涵管的养护修理

砌石涵管常用作中小型水库的灌溉和供水的输水建筑物，也有用作排水的涵管。常见的病害主要有：管道埋置过浅而受冻害，基础未处理或处理不好而出现不均匀沉陷，砌石质量不好而石质风化，使砌体产生断裂、漏水。坝下埋管如大量渗水，会使坝体出现管涌或塌坑现象。

1. *砌石涵管养护*

(1)在运用期应禁止承受超过设计荷载和应力。

(2)坝下砌石涵管输水期间，应在附近置备土料，以备涵管断裂渗水使坝体出现塌坑时紧急抢堵之用。

(3)砌石涵管顶上部土层厚度较小时，禁止堆放重物或修建其他建筑物。

(4)涵管附近严禁爆破。

(5)砌石涵管第一次放水前和停止输水后，要注意检查勾缝、抹面和伸缩缝是否完好，有无冲刷、脱落情况。

2.*砌石涵管修理*

(1)涵管灰缝脱落渗水，可将灰缝剔成宽 4～5cm、深 5cm 的缝槽，用玻璃纤维或其他材料塞紧，再用 1∶2 水泥砂浆勾缝，也可用环氧材料堵塞。

(2)涵管拱圈出现裂缝纹，视其损坏程度进行补修，必要时可重砌拱圈。如因地基沉陷而使管节有错口，应翻修并加固基础。

(3)浆砌石涵洞未预留伸缩缝或施工缝不合理的，将导致环向裂缝，应重新设缝并将裂缝处理好。

(4)坝下埋的砌石管出现裂缝、断裂和渗水时，应分别情况慎重处理。横向断裂渗水和涵管外壁与坝体衔接部位的纵向渗水，可采用灌浆处理，也可采用内套钢管、套管与洞壁灌浆的方法处理。直径较小的涵管，可进行开挖，在原涵管外包一层混凝土或浆砌石，外包时要做好截水环，以防沿管壁渗水；个别断裂的地方，也可拆除重做。砌石涵管的混凝土盖板有成段断裂的，可采用在洞内加支撑的方式加固，盖板破坏严重的可重新翻修，对于地基不均匀沉陷引起的断裂，除加强管身结构强度外，重点是加固地基。

五、橡胶坝的养护修理

橡胶坝是由若干层高强力合成纤维织物（如锦纶、维纶帆布等）经橡胶（如氯丁胶等）粘结并用橡胶作保护层制成胶布袋，锚固于底板上，充水（气）后而形成的挡水坝。在运行过程中，由于光、热和大气各种因素以及水流的作用，会产生机械磨耗、损伤和老化而影响使用。

(一)橡胶坝养护

1. 检查工作

要进行经常检查和运行前后的定期检查。发生大洪水、暴风和出现重大工程事故时,应进行特别检查,做好记录和标记。检查的主要内容有:

(1)坝袋有无刺伤刮破。

(2)坝袋下游面是否磨损。

(3)外覆盖胶层有无脱落、粉化、龟裂和生物蛀蚀现象。

(4)帆布层是否发生永久变形、穿破和腐烂。

(5)坝袋下与基础接触部位底板表面是否光滑。

(6)各种锚固件是否有松动,钢铁锚件有无变形、锈蚀,木锚件是否翘曲、劈裂或被虫蛀。

(7)坝袋里面胶层是否磨损、脱层。

(8)充排水(气)孔有无堵塞。

(9)阀门和管有无漏水(气)情况。

2. 坝袋养护

橡胶坝在水流作用下将引起坝袋的蠕动、震动和拍打,使坝袋与底板混凝土表面或侧墙表面产生摩擦、撞击,造成坝袋磨损或撕裂。运行养护时,应查明发生震动和拍打的原因,并避免在此情况下运行。要经常清除坝袋与基础底板接触部的锐角物和砂石等杂物,保持底板混凝土面的光滑平整。坝袋下游易磨损部位可涂敷耐磨防老化涂料或贴上耐磨胶片以增加抗磨性。在水帽顶部粘胶布,减轻坝袋的磨损,必要时可将坝袋外层橡胶加厚以防外伤,或者在坝袋最外层加保护袋。为预防坝袋老化,可在表面涂防老化涂料。涂料有通用型(GNA 型)氯丁橡胶改性胶液和氯磺化聚乙烯涂料等。高温季节,可采取灌水降温等措施。

3. 锚固件养护

各种锚固件若有松动、脱落要及时旋紧、补齐,腐蚀严重或已劈裂的要更换。钢铁锚固件应防腐蚀，木质锚固件应防生物蛀蚀。

4. 充排水(气)设备养护

手动操作的各种阀门开关要标明旋转方向。电动机、水泵、阀门、管道及接头部件，应按有关维修制度进行养护。

(二)橡胶坝袋修理

1. 坝袋修理措施

应根据破损情况，分别采取以下修补抢救措施。

(1)面胶层有轻度磨损、刺伤和刮破，未伤及帆布时，可通过粘补胶片修理。

(2)局部磨损较严重，外层胶和第一层帆布磨损时，可在磨损部位粘补坝袋胶布补强，胶布的经向纬向应与坝袋相同，其尺寸应比磨损部位四周大10cm以上。

(3)坝袋磨穿或刺孔，可在坝袋内、外面分别贴补坝袋胶布修理，也可在坝袋里面粘贴补强胶布。补强胶布尺寸比磨损部位四周大15cm以上。坝袋在运行中出现的小孔，可用木塞、橡胶塞进行抢救处理。如穿孔较大或局部撕裂面积较大，可临时用钢板与螺栓组合的夹补法处理，钢板尺寸应大于破损尺寸的15cm以上。

(4)胶布起泡，如果是面胶层水泡(胶泡)，可挖掉面胶，烘干帆布，粘补胶片；如果是帆布层水泡(布泡)，可挖掉帆布在坝袋两面补强，也可不挖帆布，排水烘干，用等强胶布补强。

(5)坝袋撕破口的可在两面粘补与坝袋等强的胶布，并贴封口胶条，防止坝袋浸水。撕裂面积较大的，可视具体情况采用两面粘补法或重新换整幅胶布。

2. 坝袋修理工艺要求

坝袋在现场粘结时，宜在温度18～25℃、相对湿度低于70%的情况下进行。坝袋破损处和补强胶布(或胶片)都要清洗、晒干，均匀打麻，按顺序涂刷配制好的胶浆，尽量做到均匀。然后将补强胶布(或胶片)与坝袋胶布粘结，并用手辊纵横反复压实，不得留有空隙和残存气泡，再用砂袋或重物平压24小时以上。在自然硫化期间，坝袋修理部位不得折叠，严防水浸泡。

六、冻害的防治措施

我国北方地区水利工程都有季节性冻害问题。常见的有涵闸底板破坏，挡土墙破坏，桥梁、渡槽桩墩基础破坏，堤坝护坡破坏以及混凝土建筑物的冻融破坏等。严寒地区，除在工程设计、施工等方面采取防冻措施外，在工程运用管理上主要是从削减冻因上考虑，采取防治措施，如改善排水条件，降低地下水位和土壤含水量；沟渠在大冻前，尽可能停止过水，排干建筑物内积水；一般的局部损坏应及时修补，损坏严重需要重新翻修时，可采取以下几种防治方法。

（一）换填非冻胀土

换填中粗砂、砂砾或砂卵石等非冻胀（或弱冻胀）性土，是减少建筑物冻胀力常用的方法。

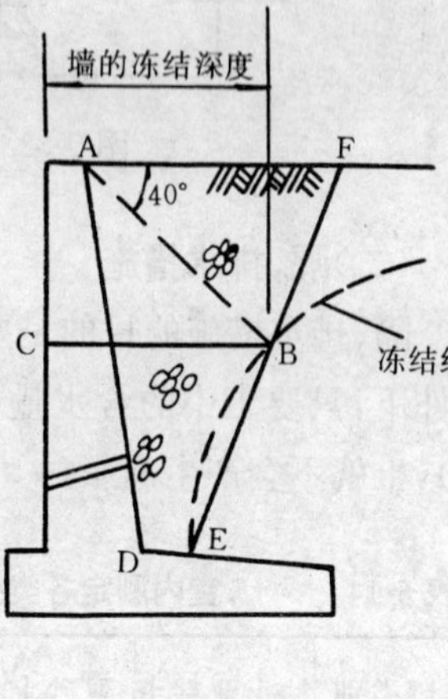

图5-31　支挡建筑物换填断面示意图

换填土只改变了冻土的土质条件，还必须同时考虑排水条件，换基效果才会更好。图5-31为一般建筑物的换填断面，图5-32是一种减压换填形式，即在挡土墙与冻土之间设一三角形减压槽，当墙后土体冻胀时，楔形土将向上挤出（隆起），从而减少了作用于墙背的水平冻胀力。

此外，还可采取以下一些措施：

(1)墙后填土。即墙后填土至墙顶以下1m处，留一2m宽的槽，以减少对墙背的冻胀压力。

（2）墙背涂刷沥青。填土前在墙背涂刷一层沥青，使墙和冻土不致紧密冻结在一起，可以起到减小切向冻胀力和调整法向冻胀力的作用。

（3）回填含有植物残骸的土，如泥炭等，因这类土很难形成冰晶体，有较好的抗冻性能。

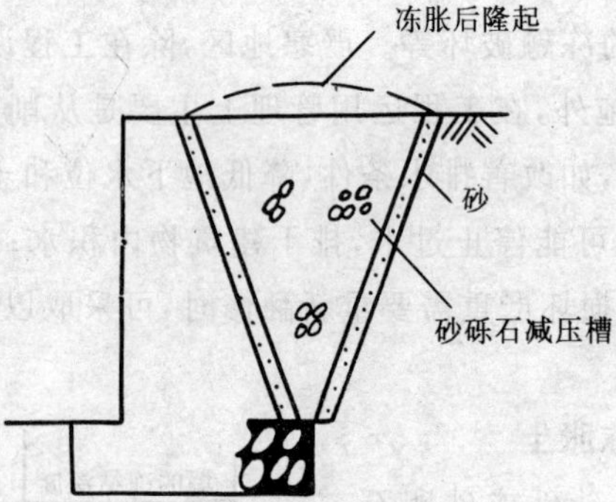

图 5-32　减压槽换填土形式

（二）隔、排水措施

隔、排水措施的目的是要切断水的补给条件，在无水源补给的条件下，只要土中的含水量不大于起始冻胀含水量 W'（参见表 5-14），土就不会产生冻胀。

表 5-14　　室内测定各类土壤起始冻胀含水量 W' 表

土壤类别	粘土亚粘土	亚砂土	砂土		砂砾石土		草炭层
			细砂	中粗砂	砂砾	含粉粘粒	
W'（%）	12～17	10～14	12～8		6～8	8～10	～54

1. 隔水

对于粘性土地基的板形基础（闸室、消力池底板及护坦等），采用铺设沥青或油毡层等隔水材料（见图 5-33），或在墙后铺设砂卵石层(见图 5-34),以截断毛细管水自下向上转移补给,从而达到减轻冻胀的作用。

2. 排水

无论是回填粘性土或砂土,设置排水设施后,均会显著降低土的冻胀作用。因此,在采取其他防冻措施的同时,亦应尽量设置排水设施。支挡建筑物常用的排水型式如图 5-35 所示。

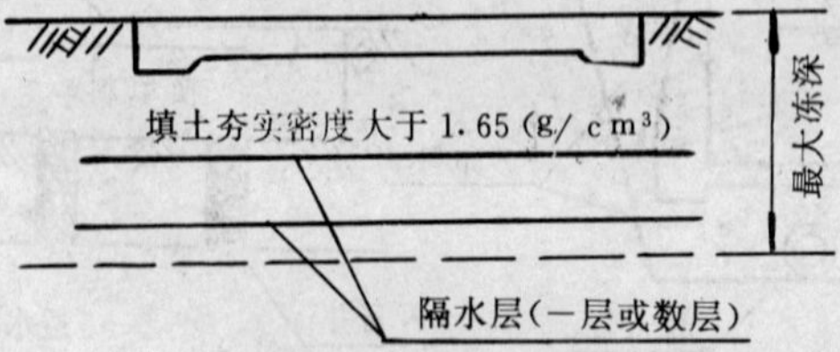

图 5-33 铺设隔水层示意图

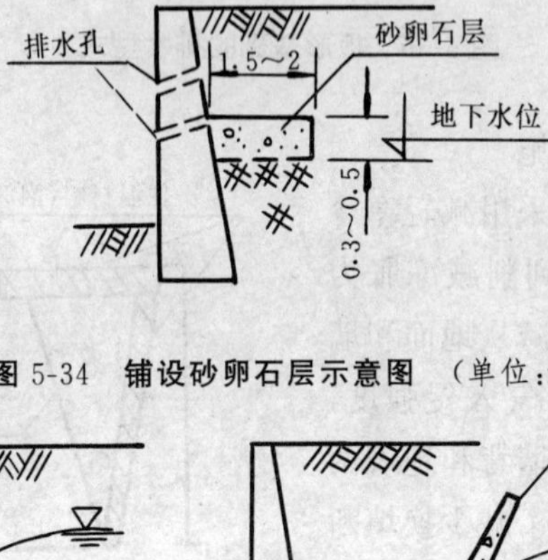

图 5-34 铺设砂卵石层示意图 (单位:m)

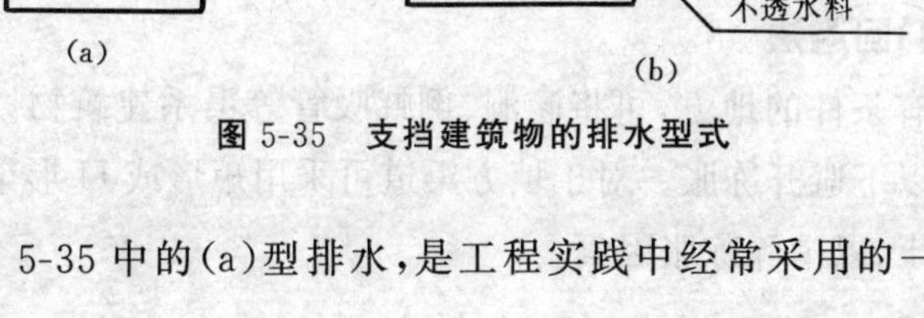

(a) (b)

图 5-35 支挡建筑物的排水型式

图 5-35 中的(a)型排水,是工程实践中经常采用的一种排水

型式。挡墙后地下水位较高时，这种排水型式对减少水平冻胀力效果不显著，因为地下水可直接补给到墙背，建议采用(b)型为好。

板型基础的排水出路比较困难，图 5-36 为板型基础排水常采用的一种型式。

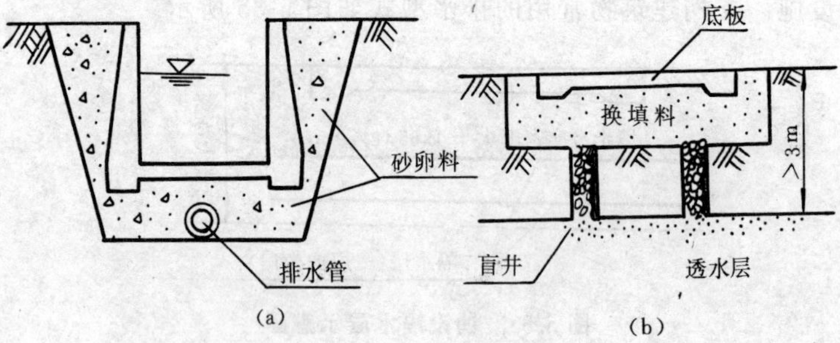

图 5-36 板形基础的排水型式

(三)保温措施

保温措施是采用减轻寒冷因素的办法，达到削减冻胀力的目的。为了削减从地面和墙体两个方向的冷气入侵强度，保温材料通常在墙背和地表两个方向铺设。为了减少换填断面积，有时也采用保温和换填结合的措施。如图 5-37。

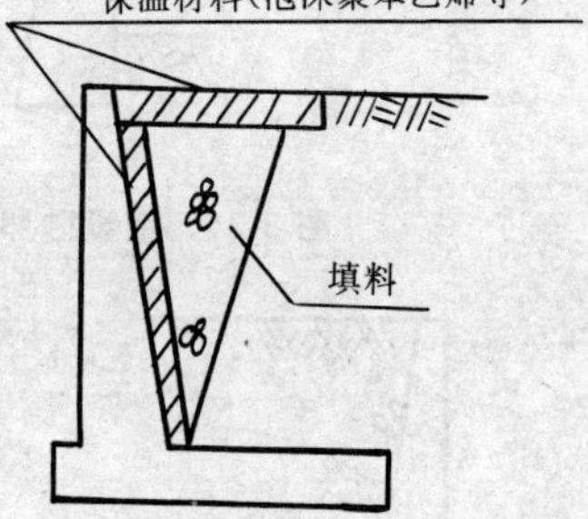

图 5-37 保温和换填结合的防冻型式

(四)回避法

在有条件的地方，可将涵洞、倒虹吸管等渠系建筑物，布置在冻结线以下避开冻胀。对于填方渠道可采用矩形或 U 形渠槽，两侧不填土，以消除冻胀因素。

(五)结构措施

主要从研究冻胀力的大小及其分布规律着手,改变建筑物的基础型式、结构的总体布置,以提高建筑物抗御冻害的能力。其主要措施有加深和扩大基础,采用反拱底板、连拱式挡土墙、一字形闸及分离式底板等。

1. 加深和扩大基础

(1)爆扩桩(见图 5-38)。适用于各种冻胀性土,在爆扩范围内,没有砂卵石层和流砂层。利用扩大的桩头起锚固作用和抵抗冻拔力。爆扩桩的深度 L 应大于最大冻深 H_{max},且一般不小于 3m。爆扩桩的大头直径按承载力确定。

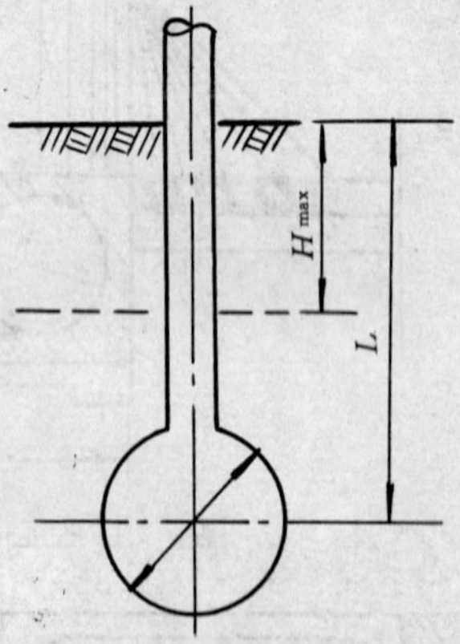

图 5-38　爆扩桩示意图

(2)锚固底梁(见图 5-39)。适用于各类冻胀性土和大开挖施工的基础。系利用横梁与桩柱连接成一体而起锚固作用。锚固梁底面置于最大冻深以下,使其不承受垂直冻胀力,因此桩基深度也可大大减小。

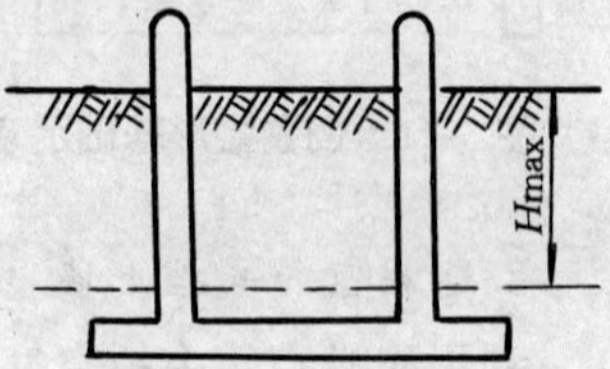

图 5-39　锚固梁示意图

(3)空心底板(见图 5-40)。为了加大基础砌置深度,又不使底板用材增加,常采用钢筋混凝土空心底板。

(4)倒置盒型基础(见图 5-41)。这种结构型式刚度大,整体性强,大部分修建在粘性土壤地基上。板长一般 4～5m,钢筋混凝土板厚 5～6cm,按构造配筋,四周边墙等于或大于冻深。在有砂砾料的地区,盒型板内最好填砂砾。

2. 反拱底板

将底板制成反拱状，利用反拱来抵抗冻胀力（见图 5-42）。这种结构对于淤泥地基和地下水位很高的地基不宜采用。

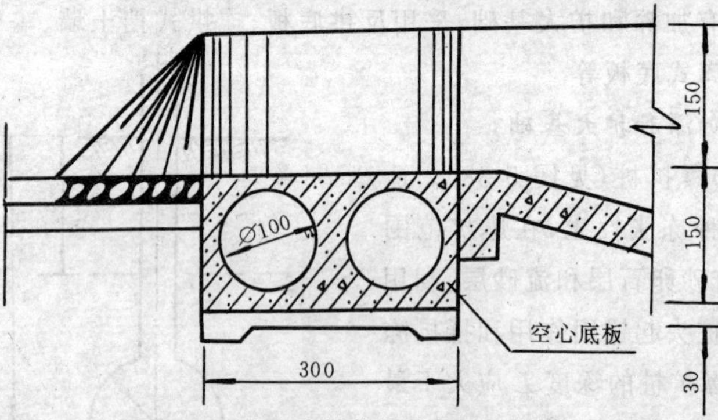

图 5-40　空心底板基础示意图　（单位：cm）

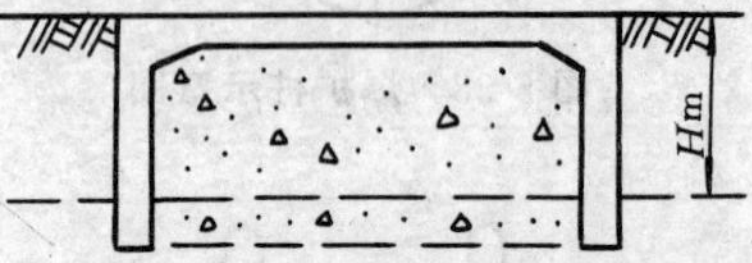

图 5-41　倒置盒形基础示意图

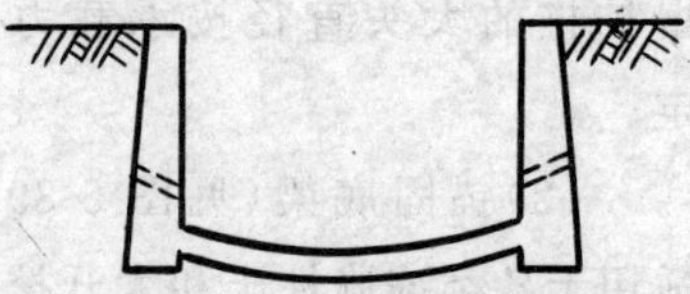

图 5-42　反拱底板示意图

3. 连拱空箱式挡土墙

利用连拱空箱中的空气保温，从而减少墙后冻深及冻胀力。如结合墙后换填措施，则效果更好（见图 5-43）。

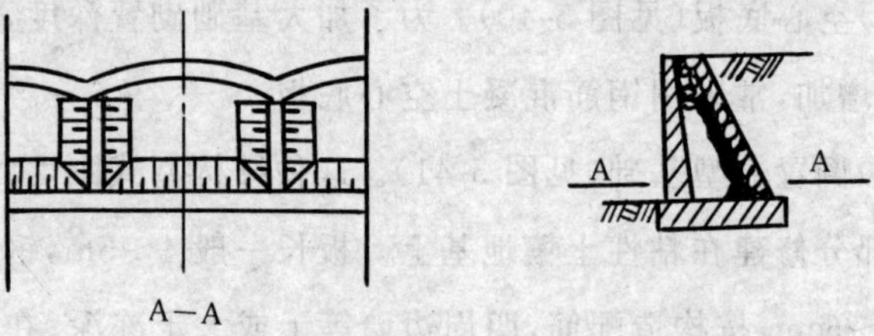

图 5-43　连拱空箱式挡土墙示意图

4. 活动性底板或分离式底板

适用于中小型涵闸及中等冻胀性土基。要保证挡土墙基础有足够深度并不致冻胀变形。活动性底板一般采用 1m×1m 的预制混凝土板，板块做成楔口形，铺砌在 10～20cm 厚的砂垫层上，冻胀作用于板块可适当变形，人工也便于及时维修，如图 5-44。

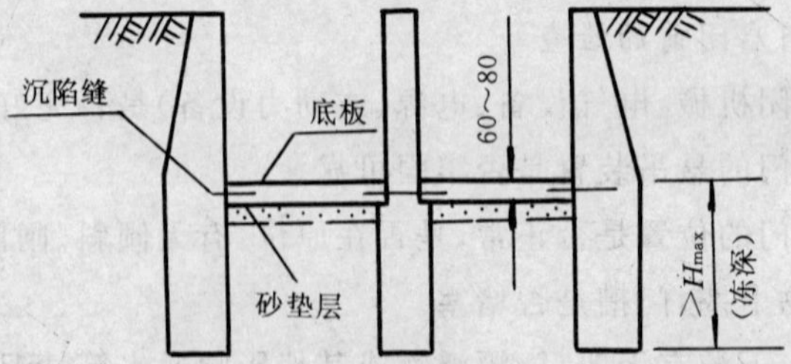

图 5-44 分离式底板示意图 （单位：cm）

(六)混凝土建筑物的冻融维修养护

(1)覆盖保温。在易受冻害的关键部位和有渗水裂缝处，可结合当地情况用砂土或柴草覆盖保护，以避免渗漏结冰造成混凝土冻融剥蚀，改变水分转移方向，减轻冻害。

(2)冰冻前，清除混凝土建筑物积水。需要破冰的部位，事先安装好破冰设备。

(3)对外露及冰层以内的排水、给水设施，做好保温防冻工作。

(4)对可能遭受冰冻损坏的临时建筑物或冬季不用的设备，应拆除或妥善处理。

(5)解冻后，及时检查建筑物有无冻蚀及冻胀开裂等现象，并及时进行补修。

第五节 闸门与启闭机的管理养护

闸门和启闭机是涵闸工程发挥效益的关键性设备，因此闸门、启闭机以及与其配套的电气设备、动力线路、通信设施等应经常养护，定期检修，保持设备清洁完好。

一、闸门与启闭机检查的内容

闸门与启闭机除了与涵闸同时进行检查外，在运行期还有其自己的特定内容。

1.闸门启闭前的检查

(1)启闭机械、电气设备、电源(或动力设备)是否完好。

(2)闸门的悬吊装置是否牢固可靠。

(3)闸门的位置是否正常，是否在原位，有无倾斜。闸门的周围有无漂浮物卡塞，门槽是否堵塞。

(4)上、下游有无船只、漂浮物或其他影响通水等情况。

(5)上、下游水位是否在正常允许范围内。

对于不正常启闭的闸门，上面的检查尤其显得重要。

2.闸门启闭运行过程中的观测检查

(1)启闭机械运行是否正常，闸门升降是否平稳，有无异常声响，一经发现应立即停车检修。

(2)注意闸门在不同开启度泄水时，下游是否产生冲刷，闸门、闸身是否振动。

(3)观测上、下游水位、流量、流态变化，水跃是否发生在消力池内。

(4)涵闸的通气孔是否畅通。

3.闸门启闭后的观测检查

(1)闸门部分开启时，应检查闸门是否有振动现象。如有振动要及时改变闸门的开启位置，直至消除振动为止。

(2)多孔闸门要求各孔闸门开度一致，避免发生折冲水流。

(3)闸门每次启闭结束后，操作人员对闸门启闭时间、开度、流态，上、下游水位变化及建筑物和启闭设备等情况详加记载。

二、闸门启闭管理

1. 闸门启闭运行方案

不少涵闸，特别是小型涵闸，由于管理不善，闸门启闭运用不当，造成下游冲刷严重甚至危及工程安全。因此闸门运行一定要有安全合理的运行方案，制定操作规程，严格遵守。拟定闸门启闭运行方案的原则是：

(1)单孔或双孔涵闸，闸门应同时均匀启闭。双孔闸门不许先启闭一孔。上、下游水位差较大时，要采取分节启闭，不能一次开、关到位。

(2)三孔或三孔以上的多孔涵闸，闸门一般采用对称启闭或多节均匀启闭，或者对称与分节相结合的启闭方案。提升闸门时先中间后两侧，下降闸门时先两侧后中间，严禁闸门由一侧向另一侧逐孔启闭。

闸门分节启闭，每节高度的确定，必须与下游水位相适应。要求下游产生淹没水跃，且水跃产生在消力池内，过闸水流平稳，没有集中水流、折冲水流、回流、漩涡等不正常现象。

2. 闸门启闭的管理

(1)闸门的启闭，要有两种启闭措施，有条件的要做到电动、手摇两用。

(2)启闭闸门要由专职人员执行，要严格按照操作规程进行。多孔闸门启闭时要有专职的操作工和观测人员，固定岗位，明确责任。

(3)当闸门运行接近最大开度或关闭接近闸底时，要减速运行，特别注意限位记号及时停车。严禁利用闸门自重自由降落关门，冲击闸底板。

(4)使用机械动力的启闭机，必须要有限位开关装置，避免闸门已关到底或开到顶还继续运行，发生损坏事故。

(5)避免闸门在发生震动的位置运用。

三、闸门与启闭机养护维修

(一)经常性养护

(1)附着在闸门上的水生物、闸门附近漂浮的杂草和污物等要经常清理,避免腐蚀闸门。

(2)门槽部位发现块石或其他杂草时要及时清理,避免卡塞闸门,必要时进行水下清障。

(3)闸门拦污栅前的杂草、污物要经常清除。

(4)启闭机械要经常擦洗,保持清洁、干净。传动部分要经常加注润滑油。

(5)限位开关应经常检查调整,保证其工作准确可靠。

(6)制动器应经常进行养护,保证灵活可靠。

(7)机电、电气设备、动力线路等均应经常进行保养,做到安全可靠。

(二)定期维修

1.钢闸门的防锈、防腐处理

钢结构闸门和钢木结构闸门的金属部分,应定期进行防锈、防腐处理。钢闸门常用的防腐蚀措施有涂料保护和金属喷镀保护两种。

防护处理以前,都必须认真做好表面除锈,常用的方法有人工铲敲、用钢丝刷、喷砂除锈等。要求除尽旧漆和铁锈、锈斑、油污、灰尘和酸碱、盐的残余物,然后用松香水或松节油刷洗一次,使其全部露出灰白色的金属本色,并且保持干燥,有一定的粗糙度,最后才能刷涂料或喷镀。涂料造价低,但使用寿命较短,一般只能保持3～5年。水工钢闸门的涂料大多采用两层底漆和两层面漆。底漆主要起防锈作用,面漆主要是保护防锈底漆不直接受到介质作用,并要求有一定的装饰作用。水工钢闸门常用的底漆与面漆配套选择见表 5-15。

表 5-15　　**水工钢闸门常用涂料配套使用表**

组别	底漆			面漆			适用条件
	名称	型号	涂刷层数	名称	型号	涂刷层数	
1	铝粉沥青船底漆	L_{44}-1	2～3	沥青船底漆	L_{44}-2	2～3	经常处于潮湿处的闸门
2	环氧富锌底漆	H_{06}-10	2	环氧沥青清漆	H_{01}-4	3	
3	环氧富锌底漆	H_{06}-10	2	氯化橡胶铝粉防锈漆		2	
4	红丹乙烯防锈漆	X_{62}-3	2	环氧沥青清漆	H_{01}-4	3	
5	铝粉沥青船底漆	L_{44}-1	2～3	酚醛水线漆	L_{41}-2 或 3	2～3	处于时干时湿处的闸门
6	红丹乙烯防锈漆	X_{53}-3	2	铝粉乙烯耐水漆	X_{55}-1	2	
7	环氧富锌底漆	H_{06}-10	2	氯化橡胶铝粉防锈漆		2	
8	乙烯磷化底漆 红丹醇酸防锈漆	X_{06}-1 L_{55}-1	1 2	铝粉醇酸沥青漆		2	
9	棕黑聚氨脂沥青底漆	S_{06}-7	2～3	铝粉聚氨脂沥青磁漆	S_{04}-6	2	
10	氯化橡胶船底漆	Ac-15	4				

涂料要有一定的稀释剂，使其达到适宜的稠度，以利施工操作。一般常年配套的稀释剂见表 5-16。防锈涂料稀释剂掺加量不宜过多，一般以不超过涂料重的 2%～3%为宜。

喷锌是保护钢铁结构的一种有效措施，寿命较长，一般可达 20 年以上，但造价高，需要有专门的设备。

表 5-16　　**涂料与稀释剂配套使用表**

涂料类别		配套稀释剂
醇酸漆	长油度	松香水
	中油度	一比一的松香水和二甲苯
	短油度	二甲苯
酚醛漆		松节油，松香水
沥青漆		量质苯，二甲苯，200# 煤焦熔剂
环氧漆		一比一的丁醇和二甲苯，二甲苯，环已酮

2. 钢丝网水泥闸门的维修

如不是因受外力引起的不规则的发丝缝，可采用涂料保护，即在表面刷两层防水性涂料，厚 0.1mm 左右。常用的涂料有环氧沥青漆、环氧煤焦油、环氧银粉漆等，也可以配制环氧树脂涂刷。如果是由于受外力引起的，缝宽较大，应将裂缝凿开，用高标号水泥砂浆或环氧砂浆粉刷，必要时还应加钢丝网加固。如果是大面积裂缝，可采用喷浆处理。不论采用哪种方法，事前都必须经过表面处理，凿除松动部分，除去露出的钢筋和钢丝网上的锈层。

3. 木闸门维修

目前一些地区还有一定数量的木闸门和木叠梁闸门(一般为检修门)。木闸门的问题主要是腐蚀。防腐一般常用麻捻塞缝，桐油涂刷。施工前先将木闸门表面的泥浆、水锈、水生物及卷起的油表、漆皮等清除干净，并将裂隙中松动的麻捻和腐烂部分剔除，损坏部分修好，清洗干净，干燥后便可上捻、涂油防腐。

将水、桐油、生石灰、去皮大麻按 1∶1∶2∶1.5 的比例混合均匀，用锤砸至麻纤维长度为 2～3cm 且有一定硬度时即可做成麻捻。

上捻时，用扁凿将麻捻捶打入板缝，并挤压密实。待麻捻稍干即可涂刷油。每层油膜要薄，待干燥后再涂刷下一层油。一般要涂刷 3～5 层。涂油完毕，须待油膜干透后才可使用。

木闸门(或叠梁)腐蚀面积超过 20%时，则必须更换。

4. 闸门部件的维修

(1)止水设备一般都采用橡胶和木料。其损坏一般为磨损、折裂、折断、老化，应定期维修，损坏的要及时更新。螺栓松动的要紧固，锈断和损坏的要更换。

(2)平面闸门的滚轮、滑块、吊耳以及弧形闸门的支铰座等活动部件应定期清洗，经常加油润滑。

5. 启闭机械的维修

(1)电动机和启闭机械的各转动部件如：滚动轴承、联轴器、变速箱、齿轮、蜗轮、蜗杆、轴和轴瓦等，以及制动部分，都要定期维修、清洗、保养，磨损过大或损坏的要及时更换。

(2)卷扬机上的钢丝绳，如有断股、断丝，要及时保养更换。双吊点启闭机的两根钢丝绳，要定期调整，使其松紧一致，保证闸门启闭正常可靠。

钢丝绳具有下列情况之一者，即应报废：①每捻距长度内的断丝根数超过表 5-17 所示数值时；②钢丝的磨损或腐蚀程度达到或超过钢丝直径 40%时；③有一整股子索折断时；④在使用过程中断丝数目迅速增加时。

表 5-17　　钢丝绳每一捻距长度内允许断丝根数

滑轮直径符合规定时钢索的安全系数	6×19		6×37		6×61		18×18	
	反向捻	同向捻	反向捻	同向捻	反向捻	同向捻	反向捻	同向捻
小于 6	12	6	22	11	36	18	36	18
6～7	14	7	26	13	38	19	38	19
7～8	16	8	30	15	40	20	40	20

当钢丝绳表面有磨损或腐蚀情况时，每一捻距长度内允许断丝根数比上表值还应适当降低，其降低率见表 5-18。

表 5-18　　每一捻距长度内允许断丝根数降低率

钢丝表面磨损和腐蚀程度（以钢丝直径的百分数计）	每一捻距长度内允许断丝根数降低率（%）
10	15
15	25
20	30
25	40
30	50

螺杆式启闭机的丝杆要定期校正、校直，螺丝磨损过大的应予更换。

第六节　维修预决算的编制

灌排工程的维修，属专管机构管理的工程设施，所需维修资金从水费等收入中开支，维修用工按受益分摊，其报酬由灌区提出报当地政府批准办理。由乡村管理的工程设施，按照谁受益谁负担的原则，合理分担用工和维修费用。因此，维修预算编制的内容、项目、要求及适用定额等均应按各地规定执行。现仅就灌区编制岁修预决算的方法介绍如下。

一、岁修预算的编制

(一)预算编制的依据

岁修工程一般是按照管理单位根据实际情况确定的岁修原则进行的。在岁修前，由管理单位统一组织查勘安工，即对工程设施在运行中存在的问题进行详细检查，现场确定整修和局部改善方案，作为编制岁修预算的依据。

(二)预算编制程序

岁修预算的编制大体经过以下程序：

(1)逐处计算工程数量、所需劳力、材料和经费，将计算结果填入工程安工数量表内(表5-19)。

(2)编制预算分表。根据各处工程安工数量计算，按照工程类别逐项将计算结果填入预算分表。工程类别一般可分为工程清淤、渠道整修、渠系建筑物维修、机械电力设备维修、其他工程等类。

(3)编制预算总表。按预算分表各类工程数量汇总编制，另列未能预见工程和费用等项。

(4)编制上报文件。包括工程运行情况，查勘安工意见、工程规模、费用计算原则、主要技术经济指标及劳力分摊意见等。

（三）工程量及所需材料、劳力的计算

工程数量、所需材料、劳力计算是根据对每一单位工程查勘安工所决定的岁修方案（包括清淤范围、程度，工程整修措施、施工要求及部位、范围等），按照工程结构分项进行的。如混凝土护坡整治工程，一般可分为护坡清理、回填土石方、混凝土浇筑等细项，分别按确定的结构尺寸计算其工程数量，并按有关定额计算浇筑混凝土所需的水泥、砂、石及木模等材料和劳动力。在计算时应将所需要计算的项目无一遗漏地列入计算范围。

（四）费用的计算

岁修费用主要包括劳动工资、材料费用、机械台班费等。

1. 劳动工资

目前，灌区岁修用工主要由受益农户负担，其劳动报酬属生活补助性质，其标准各地不尽相同。一般按工程定额规定的工作量计算费用，少量无法按工作定额计算的以工日计算。

岁修工程定额，一般属受益负担的用工按各地制定的岁修定额标准计算；列入基本建设项目的按国家或省颁布的水利基建定额执行。

2. 材料费用

材料预算价格是指工地交货价格，由材料原价、包装费、供销部门手续费、运杂费、中转仓库保管费等组成，应按实际发生的项目进行计算。

3. 机械台班费

岁修施工的机械台班费，包括不变费用，即机械折旧、修理、安装和拆卸、辅助设施及管理费等五项，按有关定额计算；可变费用，即工人工资、动力消耗和燃料、油料消耗等费用，按工资单价及消耗定额和预算价格计算。

二、岁修决算的编制

岁修决算主要是根据工程现场收方和实际发生的费用进行的，其中方量计算是决算的重要依据。决算编制的内容和方法主要是：

（一）方量计算

1.收方与验方

在施工过程中应分部位进行阶段性验收，工程竣工后进行竣工验收。不需要作竣工图的，应按验收的工程尺寸计算收方量，需要作竣工图的则以竣工图计算其方量。收方和验方时，需有管理单位与施工单位代表参加，并填写收方记录，双方签字后为有效凭证。收方记录如表 5-20。

2.收方的一般方法

单位工程的收方，一般有两种方法：一是单位工程形状较规则的，可选择特征断面，测出相邻两断面的面积和它们之间的距离，即可求出两断面间的体积，其计算公式是

$$V_{体积}=(上断面面积+下断面面积)\times 间距/2$$

若划分为若干段，则可将各段方量累加，即为整体方量；二是单位工程形状不规则的，可将整个工程分成若干个较规则的几何形状，如长方形、梯形、三角形等，分别丈量其几何尺寸，计算其体积，再进行累加，即为整体方量。

3.清工结帐

工程完工后，管理单位与施工单位要及时做好清工结帐工作，做到工完帐清。清工结帐主要凭收方凭据记录的工程量，按各地定额折算劳动工日，再按每个工日的补助标准（或工资标准）计算人工费用，由工地施工人员开出领款凭单（如表 5-21），连同收方记录上报管理单位，经工程负责人、财会人员和领导审核签章后，即可作结帐凭证。

表 5-19　　________灌区__年__工程安工数量表

第　　管理站（　　县）　　19　　年　　月　　日

工程名称		工程类别		地段		桩号	
工程情况							
勘安意见							

项　目		单位	数量	单价（元）	复价（元）	需劳力 技工	普工	合　计	需材料 水泥（t）	钢材（t）	木材（m^3）	石灰（t）	铁件（kg）		
勘安工程数量															
	小　　计														

需用材料						安　工　草　图
	小　　计					
合　　计						

勘安人：　　计算：　　校核：　　工务：　　站长：

表 5-20　　　　　　　　　　______**灌区**__**管理站**

工作单位________　　　　　　　　　　　　　　　　　　凭单　字　号

单位工程收方记录表

收字第　号　　　　　　　　　　　　　　　　　　　　19　年　月　日

分部工程	基本工作	工作起止日期				实作工日数	尺寸及计算式	单位	实收数量	说明
		起		止						
		月	日	月	日					

领导人：　工人代表：　收方者：　记录者：　站长：　工务：

表 5-21　　　　　　　　____灌区__管理站

领款凭单

填发日期　　　　年　　月　　日　　　　　　编号　　字第　　号

修建单位	（盖公章）	负　责　人	（盖章）
修建工程名称		工作起讫日期	自　年　月　日至　年　月　日
		实作工日	

本期计价数量												
分部工程	基本工作	说　明	单位	数　量	单　价	复价						
						万	千	百	十	元	角	分
总计工款	人民币　万　千　百　十　元　角　分整											
扣回借支	人民币　万　千　百　十　元　角　分整											
扣回工具损失	人民币　万　千　百　十　元　角　分整											
本期实发	人民币　万　千　百　十　元　角　分整											
备注												

计算____校核____工务____站长____会计____出纳____　　　　第一联：存站

(二)工程用材等有关决算资料的整理

工程竣工后,应对维修工程使用的建筑材料进行清仓盘库,并收集整理有关材料费用、施工机械台班费用等的原始资料,在此基础上作出材料消耗及费用结算。

(三)决算编制

在清工结帐、费用结算的基础上,按灌区管理单位规定的项目、内容进行编制,一般要求以批准的预算项目为依据,分项进行决算,主要内容包括实际完成工程量,消耗材料数量,劳动工日及各项费用。在编制决算总表时,除分类决算的以上内容外,应计入扣除回收材料、物资的数量及经费。

复习思考题

1. 怎样进行渠道表面损坏的修补?
2. 渠道出现渗漏时,应怎样进行处理?
3. 土工建筑物发生裂缝应怎样处理?
4. 土工建筑物发生滑坡应怎样进行处理?
5. 怎样进行浆砌裂缝的处理?
6. 干砌石护坡损坏应怎样进行整修?
7. 混凝土建筑物常见的损坏现象有哪些?怎样防止和进行处理?
8. 常见的渠系建筑物的病害有哪些?怎样进行处理?
9. 应怎样进行闸门与启闭机械的管理和养护?
10. 怎样进行维修工程量的计算和清工结帐?

第六章　常用机电动力设备及维护

第一节　异步电动机

一、电动机的类型

电动机是水利工程中常用的动力设备，它是将电能转变为机械能的机器。电动机按结构和用途不同可以分成很多类型。通常可分为直流电动机和交流电动机两种。交流电动机中又分感应式电动机（即异步电动机）和同步电动机。异步电动机中按其定子线圈相数不同又分为单相的、三相的两种。单相电动机定子只有一相线圈，引出两个接线端子，其容量一般不大，大多在生活中应用，而应用在工农业生产上的多是三相电动机。三相异步电动机按转子构造不同又分为鼠笼式和绕线式两种。鼠笼式电动机结构较简单，造价较低廉，运行维护也较简便，所以得到广泛的应用。绕线式电动机的运行与起动特性都很好，但结构较复杂，造价较高，运行维护也较困难，应用较少。

此外，电动机按其许可应用的环境（或外壳构造）又可分为：开启式电动机——无机罩等防护装置，不能防止外来物体的侵入；防滴式电动机——有防护设备，可防水滴或其他物体侵入；防爆式电动机——外部火焰不能侵入；封闭式电动机——各部分都是封闭的，可防灰尘侵入；密封式电动机——能防止水和气体的侵入。

二、异步电动机的构造和原理

异步电动机常用的有两种，即三相鼠笼式异步电动机和三相绕线式异步电动机，鼠笼式和绕线式的主要不同点是转子的构造不同。三相鼠笼式异步电动机的基本构造如图 6-1 所示。它主要是由定子和转子两部分组成。

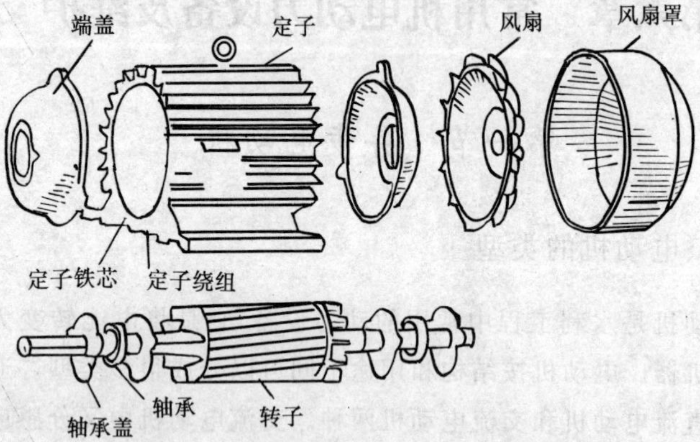

图 6-1　鼠笼式转子异步电动机的构造

电动机的定子由机壳、定子铁芯、定子绕组等组成。定子铁芯用硅钢片迭成，内圆冲有槽口，以便嵌绕组成三相绕组的漆包线。转子是由转轴、转子铁芯和转子绕组等组成。转子铁芯也由硅钢片迭成，外圆冲有均匀分布的沟槽，转子绕组是用铝(或铜)在槽内浇铸成的闭合铝条(或铜条)。

三相异步电动机根据电磁感应的原理进行运转，当定子绕组接通三相交流电以后，绕组内便产生了旋转磁场，转子绕组在旋转磁场的作用下(切割磁力线)产生感生电流，感生电流在磁场中的通过又产生了作用力，使转子在定子接通电流以后便能跟随旋转磁场而旋转。

三、异步电动机的选择和使用

(一)异步电动机的铭牌

电动机铭牌上标有一些技术数据，使用电动机时就应按铭牌规定的数据正确选择和使用。超过铭牌所规定的数值运行，都将导致不良后果，损坏电动机。

异步电动机铭牌的一般形式如下：

三相异步电动机		
型号 JQ2414	电压 380 伏	频率 50 赫兹
功率 4.0 千瓦	电流 8.4 安	绝缘等级 E 级
转速 1440 转/分	接法　△	工作方式:连续
产品编号	重量 59 公斤	1994 年 6 月
××电机厂		

铭牌上内容的意义如下：

(1)型号。表示电动机的机座型式和转子类型等。国产电动机的型号用汉语拼音字母 J、JO、JS、TRQ、JRZ 等代表。

J——交流鼠笼式异步电动机；

O——封闭式(没有“O”则表示防护式)；

R——绕线式转子；

S——双鼠笼转子；

Q——加强绝缘；

Z——座式轴承；

L——表示绕组为铝线或表示立轴电动机。

在字母下角的数字表示改型设计序号；紧接字母后的每一位数字代表机座号码，第二位数字代表铁芯长度的号码，在短划线后面的数字代表电机的极数。例如：

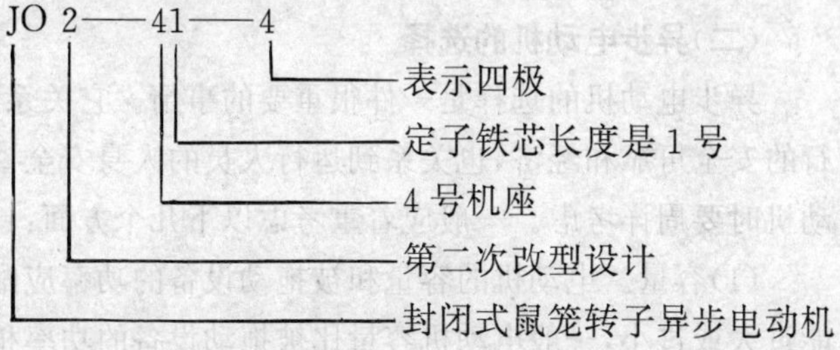

(2)额定电压。铭牌上的额定电压是指电动机绕组所能承受的额定线电压。

(3)额定电流。铭牌上的额定电流是指额定功率、额定电压下工作时,电动机绕组的线电流。

(4)额定功率。铭牌上的额定功率是指电动机在额定电压下的额定输出功率。

(5)额定转速。额定转速是电动机在额定电压、额定频率和额定功率下运行时,每分钟的转数。

(6)额定频率。额定频率是指通入电动机的交流电的频率。交流电频率不同,对电动机的转速和出力是有影响的。我国电力系统频率规定为50Hz。

(7)接法。是指电动机正常运行时定子绕组的接线方法,有三角形(△)接法和星形(Y)接法。

(8)工作方式。表示电动机容许连续使用的时间。如是连续,则表示电动机可以按照额定功率连续进行使用。绕组不会超过规定的温升。

(9)绝缘等级。是指定子绕组导线所采用的耐热绝缘材料的好坏。绝缘材料按其耐热可分为A级、E级、B级等几种。

有的电动机铭牌上写着温升。温升指的是允许电动机定子绕组温度比规定环境温度(一般是35℃)所高出的度数。例如规定温升是60℃,那就是说电动机定子绕组的温度不应超过60℃+35℃=95℃。

(二)异步电动机的选择

异步电动机的选择是一件很重要的事情。它关系到电动机运行的安全可靠和经济,也关系到运行人员的人身安全。因此选用电动机时要周详考虑。一般应着重考虑以下几个方面:

(1)容量。电动机的容量和被拖动设备的功率应配合恰当,不能过大或过小,一般电动机容量比被拖动设备的功率稍大一些,以克服传动损失和意外的过负荷。如电动机用来拖动水泵，一般要求电动机的容量比水泵功率大10%左右比较合适。

(2)类型。功率在55kW以下的电动机，照例一律选用鼠笼型，仅在电网容量很小，不足以保证鼠笼型电动机启动的情况下，才考虑选用绕线型异步电动机。

(3)电动机的使用场所。在潮湿多尘土的地方，应采用封闭式电动机；在浸没水里工作的地方，应采用密封式；在垂直运转的地方，应采用立式电动机。一般无特殊要求的可采用开启式或防滴式电动机。立式、封闭式和密封式电动机价格都较贵，开启式和防滴式的电动机价格较廉。

(4)转速。异步电动机的转速，比旋转磁场的同步转速约小3%～5%。旋转磁场的同步转速是根据电源频率和电动机的磁极数决定的。异步电动机的转速一般有2900转/分(二极)；1450转/分(四极)；960转/分(六极)；720转/分(八极)等。容量相同的异步电动机，转速大的体积小，价格也较廉，但转矩较小，起动电流较大。在选择电动机转速时要考虑被拖动设备的转速要求，并对它们的附属设备进行经济比较。

(5)电动机与被拖动设备的联接方式。电动机与被拖动设备的联接方式有联轴器联接和平皮带或三角带联接两种。用联轴器(又叫靠背轮)联接时，电动机与被拖动设备要在一条轴线上，并且两者的转速要一样。用皮带联接时，必须根据被拖动设备的转速和电动机的转速配用合适的皮带轮和皮带。

(6)异步电动机供电线路导线截面的选择。异步电动机供电线路是指变压器到电动机的低压电路。变压器大多安装在屋外，因此，包括屋内和屋外的低压线路。屋外一般用裸体线，屋内用绝缘线。不论是选择屋内还是屋外的导线截面，都应根据导线截面所允许的机械强度规定、允许的安全电流规定和允许的电压损失规定等三方面进行考虑。

(三)异步电动机的使用

异步电动机使用,包括电动机的接线、电动机的运行与维护。

1. 电动机的接线

电动机定子的三相绕组共有六个线头,接在接线盒的接线柱上。D_1 和 D_4 是第一相,D_2 和 D_5 是第二相,D_3 和 D_6 是第三相。D_1、D_2、D_3 是各相的头,D_4、D_5、D_6 是各相的尾。有三角形(△)接法和星形(Y)接法两种。

确定接线方式须先搞清电源电压和电动机的额定电压,并使电动机正常工作时,所承受的电源电压等于它的额定电压。在电源电压为 380V 的地区,额定电压是 220/380V 的电动机只能接成星形使用;额定电压是 380V 三角形接法的电动机,则只能接成三角形使用。

(1)三角形(△)接线。把 D_1 和 D_6 接在一起,D_2 和 D_4 接在一起,D_3 和 D_5 接在一起,D_1、D_2、D_3 接电源。如图 6-2 所示。

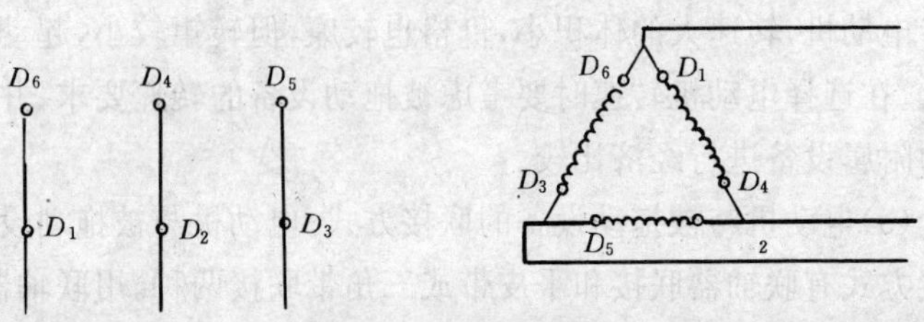

图 6-2　三角形接线

(2)星形(Y)接线。把 D_4、D_5、D_6 接在一起,D_1、D_2、D_3 接电源。如图 6-3 所示。

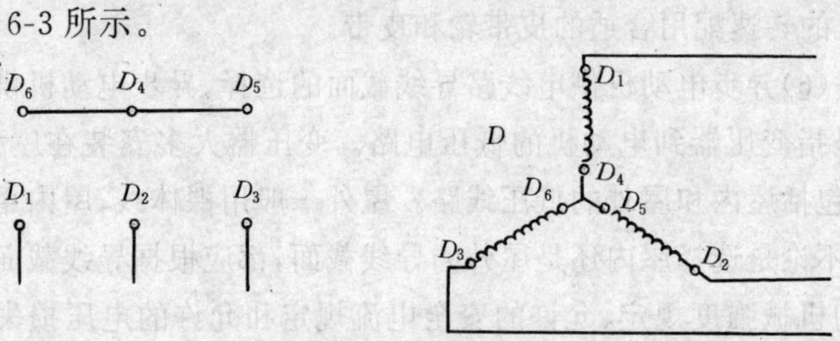

图 6-3　星形接线

2.电动机的运行和维护

(1)异步电动机运行前应作如下检查：

①检查各种起动设备的开断位置是否符合要求；

②电动机定子、转子之间有无杂物。电动机安装地点附近应当干净，无其他堆置物，特别是易燃物；

③用手盘动电动机及其拖动机械的轴，其转动是否灵活，有无摩擦和左右串动现象，传动带有无过紧过松现象或异常情况。

④如采用绕线式电动机，则应检查滑环扳手(短接滑环装置的手柄)是否在启动位置，炭刷是否紧密接触滑环，启动变阻器的控制手柄是否放在启动位置；

⑤检查电动机及各电气设备的金属外壳的接地情况，接地电阻不应大于4Ω。

⑥检查电动机的引出线端的符号，联接是否正确牢固，电动机的接线板是否盖紧。

⑦长期(三个月以上)未使用过的电动机，即使过去已干燥好，仍应在热状态下测量线圈的绝缘电阻值(线圈的额定电压小于1000V者，可用1000V摇表)。如测得的绝缘电阻值，等于运行的平均值或干燥后(同一温度下)所测得的数值的60%～70%，并且在继续加热时，绝缘电阻不是下降而是上升，则电动机可以不经干燥就可合闸运行。如果检查出线圈间或线圈对机壳有短路现象，则必须找出原因，予以纠正后，才许合闸运行。

⑧同一线路上若有多台电动机，则不能同时启动，应预先安排有次序地逐一启动，避免几台电动机同时启动产生的大电流，引起线路故障或开关设备跳闸。

(2)异步电动机的启动程序为：

①首先，戴上合乎规格的橡皮手套，用绝缘棒推上进线上的隔离开关。

②检查三相电压是否平衡、正常。如发现过高或过低(超过电

动机额定电压值的±5%)现象,则应查明原因,纠正后,再去启动电动机,否则易使电动机损坏。

③合上分路闸刀开关或油开关。

④开动启动设备。先由停止位置开到启动位置,等电流表指针稳定后,即等电动机运行正常后,再开到正常的运行档位置。操作时不可过急或过慢,必须根据电动机容量大小来决定,一般启动时间以 10～30s 为宜。

(3)异步电动机的运行。电动机在运行中应经常注意运行情况,以免发生事故。主要注意以下几方面:

①线圈温度过高。在电动机负荷过大,或通风不良,或环境温度过高的情况下,线圈温度会超过允许数值,以致烧坏绝缘,使电动机烧毁。应停机找出原因,降低线圈的温度后再运行。

②轴承的温度过高。在缺油或油不清洁的情况下,轴承摩擦力加大,便会发热。在轴承本身不损伤时,如轴承的滚珠碎裂,或皮带拉得过紧时,也会使轴承发热。必须分别通过检修或调整来解决。

③运行中有异声。电动机正常运行时发生的音响是均匀、平稳的,没有杂音。如果发生摩擦的声音,可能是由于轴承安装不良或损坏,致使转子擦到定子铁芯,或是由于电动机内留有杂物引起的。如果有嘶嘶的叫声(这种情况很少),则表明是夹硅钢片的螺丝松弛。如果有巨大的嗡嗡声响,则表示电动机三相电流过大或各相电流不平衡;但有时也会是因某些部件(如风扇叶片)损坏或松动引起的。发现异声后,必须仔细检查,找出原因,进行修理。

④震动剧烈。电动机震动加大,必须详细检查地基是否坚固,电动机的地脚螺丝是否松动,皮带轮或联轴器是否松动等。有些震动是由于转子不正常(例如损失去了一部分重量)而引起的,也有因线圈短路引起的。应仔细查明原因并予以消除。

⑤三相熔丝熔断一根。三相电动机在启动时必须有三相电源。但在运行时如有一相熔丝由于任何原因断开，电动机还可继续转动，但是熔丝未断的两相电流这时突然增加，线圈中的温度便会因此增长，引起设备烧坏事故。运行人员必须经常注意三相电流表的指针是否相等，如果有一相电流表指针降为零，其余两相电流表指针超出额定值，便是一相熔丝熔断，电动机在缺相情况下运行，会发出沉重的声音，似乎拖不动的呜呜声，必须立即停机，换上熔丝。

⑥炭刷冒火花。绕线式异步电动机运行时须经常检查炭刷的情况。发现炭刷冒火花。应检查炭刷的弹簧压力是否不足，滑环是否肮脏、不平或研磨不好，炭刷是否掉小碎块或刷握内摆动过甚等。若发现全部炭刷都冒火，可首先用干净而干燥的抹布擦拭滑环；如不起作用时，可将抹布稍浸一些酒精（非纯酒精）再去揩拭，以清除滑环上的脏物或油垢，这时应特别注意防火。若仍不能消除冒火，则需进行检修。

⑦异步电动机在运行中出现了下列情况之一时，应立即切断电源开关，停止电动机的运行。

发生了人身事故；电动机所拖动的机械发生损坏；电动机电流超过铭牌规定，或在运行中电流猛增；电动机内发生冲击（串轴）；电动机轴承温度超过许可值；电动机转速猛然下降，发生鸣音；电动机冒烟起火；出现强烈震动，危及电动机的完整（如定子和转子相碰）；电动机开关或保护装置（如热力继电器）动作不正常，或接触点冒强烈火花。

(4)异步电动机的故障和事故处理。电动机在使用过程中，容易发生的故障可按表 6-1 所列方法进行排除。

表 6-1　　　　　**电动机故障原因和排除方法**

故障现象	产生原因	排除方法
电动机启动情况不良	1. 接线错误或电源一相断线 2. 转子铝线断裂	1. 纠正接线,接好断线 2. 修理转子
电动机过热	1. 电源电压过高或过低 2. 电动机超过负荷(即输入电流超过额定值) 3. 定子绕组短路 4. J 型电动机内灰尘过多,影响散热	1. 降低或升高电源电压 2. 减轻负荷 3. 修理绕组 4. 清理电动机内部
绝缘电阻值降低	绕组受潮或脏污	干燥绕组,清除脏污
绝缘击穿	1. 绝缘老化 2. 绕组碰伤	修理绕组
轴承过热	1. 润滑油脂不足或过多 2. 润滑脂质量不好 3. 轴承损坏 4. 轴承安装不正	1. 适当增减润滑脂 2. 更换合格润滑脂 3. 更换轴承 4. 消除安装缺陷
电动机振动	1. 电动机安装不牢 2. 联轴节装置不正(不同心)联轴节或皮带轮不平衡 3. 轴承磨损 4. 电动机传动部分损坏	1. 紧固底座螺栓 2. 校正联轴节的同心度和联轴节或皮带轮的平衡度 3. 更换轴承 4. 修复传动部分

第二节　内燃机

一、内燃机的类型

内燃机是一种应用较广的动力机械，又称发动机，它是由燃料在内燃机气缸内进行燃烧，并借助曲柄连杆机构将燃烧时放出的热能转变为机械功的机器。

根据使用燃料的不同，内燃机可分为：汽油机、柴油机、煤气机等。按照机械循环的特征，内燃机又分二行程机和四行程机。依内燃机的气缸数目的多少，又有单缸机、双缸机和多缸机之分。此外，按气缸的排列形式又分为直列式、卧缸直列式、对置式、V 型、星型等。在水利工程中采用的内燃机多为单缸、双缸或四缸的四行程汽油机和柴油机。

二、内燃机的工作过程及其原理

内燃机的工作过程主要是在气缸内进行。燃料在气缸中燃烧后，温度和压力急剧升高，推动活塞运动，通过连杆使曲轴旋转，即使活塞的往复运动变为旋转运动，动力便由曲轴传递到机器外面。

曲轴每转一转，活塞向上和向下往复一次。活塞作往复运动的两个极限位置称为止点，活塞运动到离曲轴中心最远时的位置（最上端的位置）称为上止点（也称上死点）；活塞运动到离曲轴中心最近时的位置（最下端的位置）称为下止点（也称下死点）；活塞从上止点走到下止点，或从下止点走到上止点所走过的距离称为活塞行程，又称冲程。曲轴每旋转半圈（即 180°），活塞行走一个行程，如图 6-4 所示。

当活塞在上止点的位置时，活塞与气缸盖间的空间称为燃烧室容积，或称为压缩室容积。活塞从上止点走到下止点所扫过的容

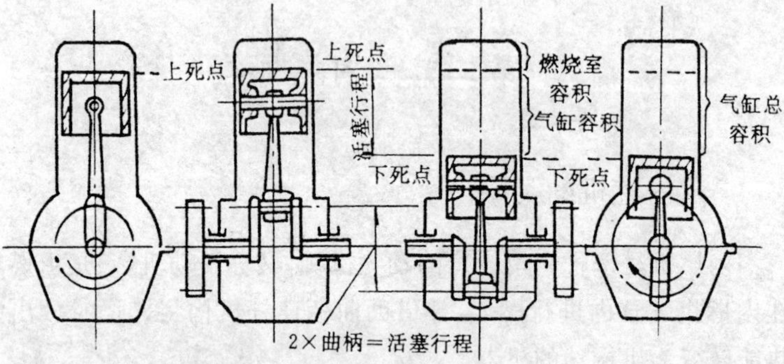

图 6-4　曲轴—连杆机构主要位置

积称为气缸工作容积。活塞在下止点时，活塞、气缸与气缸盖三者所包围的空间的容积称为气缸总容积，气缸总容积等于燃烧室容积与气缸工作容积之和。气缸总容积与燃烧室容积的比值称为压缩比。压缩比表示活塞自下止点移动到上止点时，气体在气缸内被压缩了多少倍。压缩比愈大，气体被压缩得越厉害，压缩终了的温度和压力就愈高，其热效率也愈高，工作越经济。柴油机靠压燃点火，其压缩比要比汽油机大，所以，柴油机的单位功率耗油量比汽油机少。

在气缸的上部安置进气门和排气门，气缸可由进气门吸入工作混合气（汽油机）或空气（柴油机），燃烧后的废气由排气门排出。

内燃机的工作过程为进气、压缩、作功、排气四个动作，这四个动作是个连续的工作循环过程，称为发动机的工作循环，当这四个动作是在活塞上下共运动四次，而曲轴旋转两周来完成的称为四行程发动机。如上述四个动作是在活塞上下共运动两次，而曲轴旋转一周来完成的则称为二冲程发动机。一般四冲程发动机功率较大，节省燃料，应用较广。

（一）单缸四行程内燃机的工作原理

单缸四行程内燃机的工作过程如图 6-5 所示。

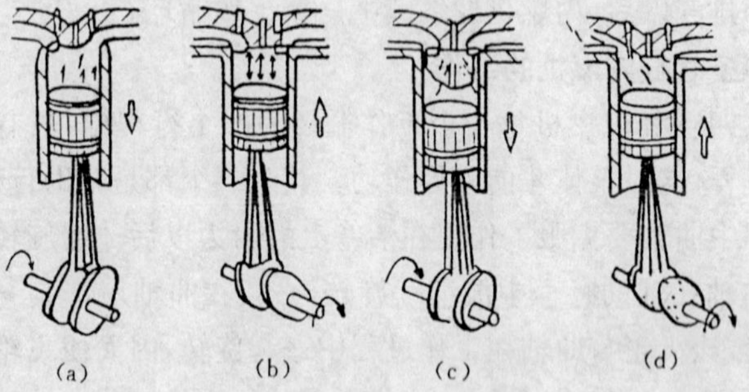

图 6-5 四行程发动机的工作过程

(a)进气;(b)压缩;(c)工作;(d)排气

第一行程——进气行程。当活塞从距曲轴中心最远位置下行时,进气门开启,排气门关闭(图 6-5(a)),外部气体(工作混合气或新鲜空气)利用缸内容积增大而形成真空(产生负压)经过气门吸入气缸,在活塞下行到距曲轴中心最近的位置时,进气门关闭,进气行程即结束。

第二行程——压缩行程。当曲轴继续转动时,活塞自下止点开始向上行(图 6-5(b)),此时进、排气门均关闭,因此缸内气体被压缩,活塞到达上止点时,气体的体积可减少到 4.5~7 倍(汽油机)或 12~22 倍(柴油机)。

第三行程——工作(作功)行程。当活塞行至上止点附近,对汽油机来说,燃料点火装置使安置在燃料室顶部的火花塞两极间产生电火花,点燃工作混合气;对于柴油机来说,则是通过高压油泵和喷油嘴向燃烧室内喷入雾化的燃油,被缸内经过压缩的高温、高压空气点燃,所以柴油机也称压燃式发动机,其气缸内的气体由于燃烧而膨胀将活塞推动下行(图 6-5(c)),由活塞带动连杆,使曲轴转动,即产生动力。

第四行程——排气行程。工作行程结束后,活塞再次向上运动，同时排气门开放(图 6-5(d))，将气缸内燃烧后的废气从排气门排出。排气以后，内燃机即继续下一个工作循环。

(二)多气缸内燃机的工作

单缸四行程内燃机每一个工作循环的四个行程中，只有一个是工作过程，这时气体才向外界作功。其余三个都是辅助行程，在这些行程中曲轴要克服了作用在活塞上的阻力以后才能旋转。为了维持曲轴在辅助行程中能继续旋转，必须在曲轴尾部装一个很大的飞轮，让飞轮与曲轴在工作过程中一起旋转，因而使飞轮积蓄了部分能量。工作行程以后，飞轮依靠积蓄的能量驱使曲轴继续转动，完成其他三个辅助行程(进气、压缩和排气行程)。

因而一个气缸的内燃机工作是很不均匀的。为了增强内燃机的工作平稳性，并增加发动机的功率和减轻重量，往往采用多气缸的内燃机，可以是二缸、四缸、六缸等。气缸数目增多时，曲轴每转两周(各缸都经过了一个工作循环)中的工作行程就增多(因为每一个气缸要进行一次工作行程)。各个气缸间工作行程的相互交替可以提高曲轴旋转的均匀性，减小飞轮尺寸，减轻内燃机重量。

多缸内燃机所有的气缸可以排成一排(称为直列式内燃机)。也可以排成几排(如双列式内燃机)或其他形式(如 V 型、星形内燃机)。其中直列式最为普遍。

直列式内燃机的各个气缸都在同一平面内排成一排，各个气缸的连杆下端都连接在共同的曲轴上。曲轴有很多曲拐，曲拐数目和气缸数相等，图 6-6 是直列式四缸内燃机的简图。

多缸内燃机的各个气缸都有相同的工作过程，即进气、压缩、工作、排气，但这些过程都是错开进行的，四缸内燃机的活塞是按 1—2—4—3 或 1—3—4—2 这样的工作顺序来进行的。四缸内燃机工作次序见表 6-2。

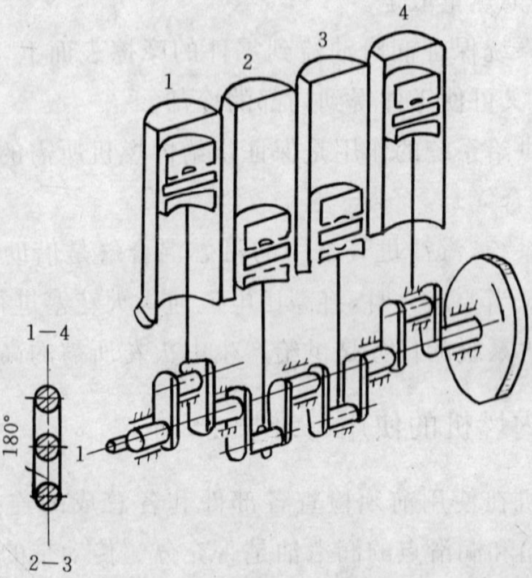

图 6-6　四缸内燃机简图

表 6-2　　四缸四行程内燃机工作次序

曲轴转角	第一缸	第二缸	第三缸	第四缸
0～180°	工作	压缩	排气	进气
180～360°	排气	工作	进气	压缩
360～540°	进气	排气	压缩	工作
540～720°	压缩	进气	工作	排气

三、内燃机的主要机构

内燃机由下列部件和系统所组成：曲轴连杆机构、配气机构、燃料供给系统、润滑系统和冷却系统，此外，汽油机还有点火系统。

曲轴连杆机构是内燃机的主要运动机件，它把活塞的直线运动转变为曲轴的旋转运动。

配气机构的任务是使新鲜空气（柴油机）或可燃混合气（汽油机）吸入气缸，并将燃料燃烧后产生的废气从气缸中排出。

冷却系统的功用是将燃烧着的高温气体传给零件（例如气缸、

气缸盖等)的热量散走。

润滑系统保证润滑油流到零件的摩擦表面上,减少零件表面间的摩擦,又可使零件得到局部的冷却。

燃料供给系统的作用是保证供给内燃机所需的一定量的燃料(或可燃混合气)。

点火系统,汽油机气缸中的可燃混合气是借助点火系统来点着燃烧的。当要点火时,将高压电流通入火花塞进行跳火,点着混合气。点火系统的任务是供给产生电火花所需的高压电流。

四、内燃机的使用与维护

内燃机在使用前须检查各部件和各总成的连接部分是否牢靠。曲轴箱和润滑点的润滑油是否充分。传动带的松紧度是否合适,然后加满冷却水和加足燃油。动力输出部位和离合器等要放在空档位置,并开放气缸的减压机构,然后启动,启动后逐渐关闭减压阀。采用摇动把启动的内燃机,在摇动时应五指并拢,主要是利用上提力量来发动,如果连续摇动时,要防止摇把反击。采用汽油启动机的内燃机,启动前使起动机和内燃机脱离动力连接,启动机启动后,待正常运转时,再逐渐驱动内燃机。内燃机启动后,注意有无漏水、漏油、漏气等现象,并观察仪表是否灵敏可靠。当内燃机的转速达到正常状况以后,而音响又正常,水温达 40℃时,再接通工作机。

在内燃机运转中要随时注意各传动部分及各总成的工作情况,并注意内燃机的音响,以及仪表指示的油压、水温、电流和燃料供给情况等,如发生不正常现象须停机检查。

临时停机应和所驱动的工作机械协调起来,在一般情况下,不可骤然停机,以免发生事故。

内燃机的润滑油须根据保养规程按时加注。工作完毕后要检查内燃机的各部分连接情况,放出水箱和水套中的冷却水,松脱与工作机的连接机构，进行细致的清洁工作。

第三节　水　泵

一、水泵的构造及工作原理

水泵是用来抽水的一种机械提水工具，它能把水从低的地方吸上来，送到高的地方去。实际上，水泵必须由电动机或内燃机等动力机械带动才能抽水，因此只有水泵和拖动水泵的动力机才能称为抽水机。水泵的种类很多，水利工程中常用的有离心泵、潜水电泵、深井泵等。

（一）离心泵

离心泵依靠它的叶轮在泵壳内高速旋转时产生的离心力，将叶轮内的水沿叶片向外甩入蜗形流道，然后沿着蜗形流道及出水管路流出。叶轮内由于水被甩出而造成真空状态，这时进水管外面的水（如江河、渠道、水库中的水）在大气压力的作用下，通过进水管不断地压进叶轮，压进叶轮的水又不断地被甩出，这样循环往复，水即从低的地方源源不断地被抽送到高处、远处。

排灌常用的离心泵有两类：B 型、BA 型单吸离心泵和 sh 型、SA 双吸离心泵。

1. B 型、BA 型离心泵

B 型泵是一种单级单吸悬臂式离心泵，它的型号意义：

如　4B35A

表示该泵叶轮被车小

表示泵设计点扬程值（m）

表示单级单吸悬臂离心清水泵

表示泵进水口直径为 4 吋

B 型离心泵轴支承在单列向心球轴承上，用黄油润滑。

BA 型离心泵也是单级单吸悬臂式离心泵，其性能基本上与 B 型泵相同，只是泵体比 B 型泵稍重。它的型号意义：

如 4BA12A

A——表示该泵叶轮被车小

12——表示该泵比转数的 1/10

BA——表示单级单吸悬臂离心清水泵

4——表示泵进水口直径为 4 吋

BA 型离心泵中，$1\frac{1}{2}$BA-6 的泵轴一端以单列向心球轴承支承，用黄油润滑；另一端兼作填料环用的填料套支承，用清水润滑。其余 BA 型离心泵泵轴的两端均以单列向心球轴承支承，用稀油润滑。图 6-7 所示是 BA 型泵构造结构图。

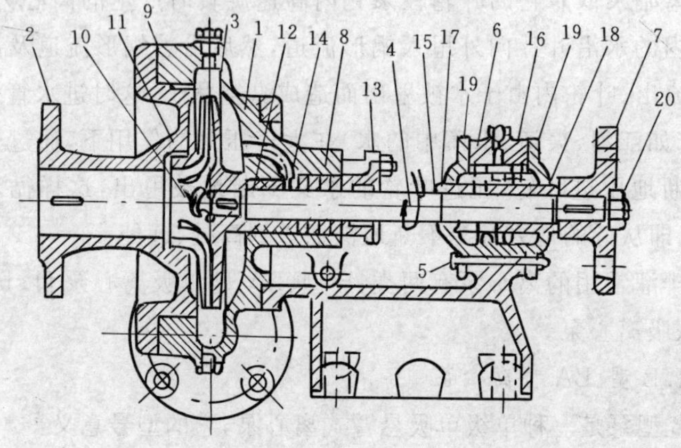

图 6-7　BA 型离心式水泵构造图

1—泵壳；2—泵盖；3—叶轮；4—轴；5—螺钉；6—托架；7—联轴器；8—填料；9—橡皮垫圈；10—叶轮螺帽；11—防漏环；12—定位螺丝；13—填料压盖；14—轴承套；15—前护环；16—滚珠轴承；17—挡环；18—后护环；19—托架盖；20—螺母

B 型、BA 型泵主要由泵体、泵盖、叶轮、口环、泵轴、托架及填料函等组成。

B 型、BA 型离心泵的特点是体积小，重量轻，移动方便，结构简单可靠，维护检修容易，泵的出水口方向可根据使用要求向上、向左、向右调整，传动形式可采用直接传动，也可采用皮带传动。

2. sh 型、SA 型离心泵

sh 型泵是一种单级双吸离心泵，它的型号意义：

如 20sh-6A

- A——表示该泵叶轮是由 20sh-6 叶轮车小的
- 6——表示该泵比转数的 1/10
- sh——表示单级双吸离心泵
- 20——表示该泵进水口直径 20 吋

SA 型泵也是单级双吸离心泵，其型号意义：

如 6SA-6A

- A——表示该泵换了直径较小的叶轮
- 6——表示该泵比转数的 1/10
- SA——表示单级双吸离心泵
- 6——表示该泵进水口直径为 6 吋

sh 型泵在结构上可分为甲式和乙式两种形式。轴承内径等于或小于 65mm 的为甲式水泵，用单列向心球轴承支承；轴承内轴径等于或大于 70mm 的为乙式水泵，用巴氏合金轴承支承。其结构如图 6-8 所示。

SA 型泵结构上也有两种，一种两端由单列向心球轴承支承；一种两端采用镶有合金的滑动轴承支承。两端均为滑动轴承时，在靠转动的一端加装有单列向心球轴承，以承受可能产生的轴向力和振动力。

sh、SA 型泵主要也是由泵体、泵盖、叶轮、口环、泵轴、托架及填料函等组成。

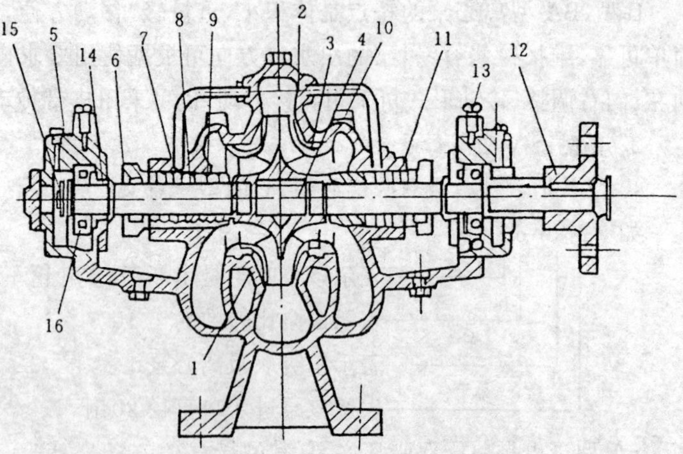

图 6-8　sh 型离心式水泵构造图

1—泵壳;2—泵盖;3—叶轮;4—轴;5—轴承体;6—填料压盖;7—填料环;8—填料;9—填料套;10—防漏环;11—轴套;12—联轴器;13—轴承体压盖;14—轴承压盖;15—圆螺帽;16—滚珠轴承

sh、SA 型泵的特点是泵壳沿水平线分成上、下两部分,检修水泵时,只要把泵盖揭开就可检查水泵内全部零件,不需拆卸进、出水管及电动机,所以维修方便。但这种泵比较笨重,固定使用比较适宜。传动方式多用直接传动,若要改用皮带传动,必须另设支架支持皮带轮。sh、SA 型泵扬程较高,流量较大。

(二)潜水电泵

潜水电泵是水泵和立式电动机直接连成一体,工作时都潜没在水中的抽水机。图 6-9 所示的为一台小型潜水电泵的构造。

目前,潜水电泵的形式很多,常见的有干式潜水电泵、充油式潜水电泵、湿式潜水电泵等。

1. 干式潜水电泵

干式潜水泵由水泵、机械密封装置、电机三部分组成。一般水

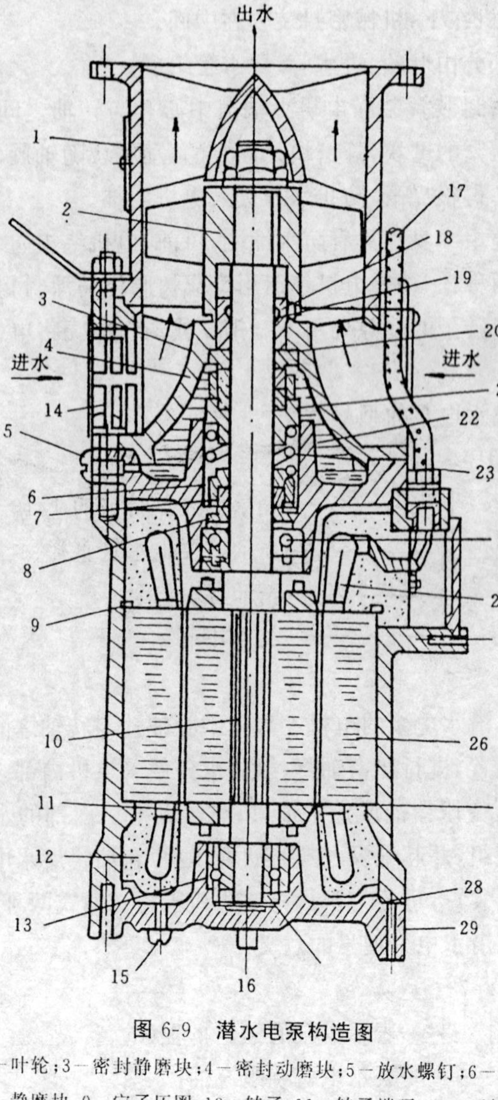

图 6-9　潜水电泵构造图

1—导水器；2—叶轮；3—密封静磨块；4—密封动磨块；5—放水螺钉；6—胶圈；7—动磨块；8—静磨块；9—定子压圈；10—转子；11—转子端环；12—环氧树脂；13—滚珠轴承；14—进水滤网；15—放水螺钉；16—止推滚珠轴承；17—引出电缆；18—轴承套；19—油毛毡；20 垫圈；21—甩水器；22—油室；23—弹簧；24—滚珠轴承；25—定子线卷；26—定子；27—机座；28—橡皮垫圈；29—端盖

泵在上，电机在下，机械密封装置在中间。

水泵部分由叶轮、进水管、导水管组成。

机械密封装置装在电机上端盖中心孔与转轴之间，主要是两副由弹簧压紧的磨块，静磨块是固定的，动磨块随轴旋转，静、动磨块表面研磨得很光滑，防止水分进入电机内部。

电机绕组本身也具有防水性能。目前，电机绕组防水抗潮的措施大致有两种：一种是电机绕组用合成树脂浇铸涂封；另一种是在电机定子和转子的间隙处用不锈钢皮或塑料薄壳将电机绕组屏蔽起来。

干式潜水电泵的型号意义：

如 JQB-4-31

- 31——表示该泵比转数的 1/10
- 4——表示该泵出水管直径
- QB——表示潜水电泵
- J——表示井用

2. 充油式潜水电泵

充油式潜水电泵的电机上端盖中心轴孔与转轴之间仍需采用机械密封装置，进行严密轴封，以防水分侵入电机内部。此外，电机内腔充满了变压器油或定子油，以防渗入电机内部的水分和潮气侵害电机绕组，并起绝缘、冷却、润滑作用。充油式潜水电泵按照内部有无保压装置，可分为密封充油式和压力充油式两种。

充油式潜水电泵型号的意义：

如 QY-7

- 7——表示水泵的额定扬程(m)
- Y——表示电机绕组充油
- Q——表示潜水电泵

3. 湿式潜水电泵

湿式潜水电泵运转前电机内部充满了清水，定子绕组本身是防水的，一般采用聚脂漆包线外面涂两层聚乙烯，然后再挂一层尼龙护套，以增强绝缘强度。轴承两端用油封住，防止水和沙的侵入。机座和上端盖各有进、出水孔两排，孔内设过滤器，使出入电机的水经过过滤，以防泥沙进入电机内部，加速磨损和防锈薄层脱落，金属表面涂有防锈漆以防锈蚀。

湿式潜水电泵型号意义：

如 QBS-408

- 08——表示该泵比转数的 1/10
- 4——表示该泵出水口直径(吋)
- S——表示湿式
- QB——表示潜水电泵

（三）深井泵

深井泵是将深井中的地下水抽送到地面的设备。深井泵是一种多级离心泵。它的型号意义：

如 8J35×10

- 10——表示级数
- 35——表示流量为 $35m^3/h$
- J——表示机井用泵
- 8——适用井径为 8 吋

SD12×3

- 3——表示级数
- 12——表示适用井径为 12 吋
- SD——表示低转速深井泵

6JD36×8

- 8——表示级数
- 36——表示流量为 $36m^3/h$
- JD——表示多级深井泵
- 6——表示适用井径为 6 吋

深井泵基本上由工作部分、扬水管部分、传动装置部分三部分组成。工作部分和扬水管部分均位于井内，传动部分则位于井上。J 型、SD 型深井泵的传动部分可分为立式空心轴电动机传动和皮带轮传动两种型式。J 型和 SD 型泵的叶轮用封闭式；而 JD 型泵则为半封闭式叶轮。深井泵的外型如图 6-10 所示。

现将常见部分中小型水泵的型号、规格、性能范围列于表 6-3。

二、水泵的运行与管理

（一）水泵的运行

1. 水泵启动前的准备工作

（1）检查机组转子的转动是否灵活，叶轮旋转时是否有摩擦的声音；

（2）检查各轴承中的润滑油是否充足和干净；

（3）检查填料函内的填料是否正常，填料压盖的松紧是否合适；

（4）进水池内是否有漂浮物，吸水管口有无杂物阻塞；

（5）检查各部分螺丝是否紧固，有否松动，传动联接部分是否正常；

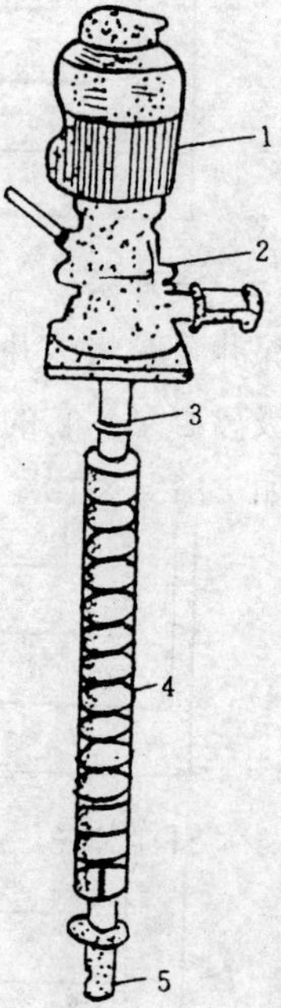

图 6-10　深井泵的外形图

1—电机；2—机座；3—泵管；4—泵体；5—滤网

（6）检查防护安全工作，工具物品要装收整齐。

2. 水泵充水

一般充水方法有储水法充水，自吸法充水。

表 6-3　　　　常见水泵型号、规格、性能表

水泵种类		型号		口径规格	性能范围	适用场合
		原型号	新型号			
离心泵	单吸单级	BA K	B BA	3/2″2″ 3″4″ 6″8″	扬程 9.5～69.5m，流量 9～285m³/h 扬程 9.5～69.5m，流量 9～285m³/h	井灌 丘陵山区移动灌溉
	双吸单级		sh SA	6″8″10″ 14″20″ 24″32″ 48″	8.6～100m，流量 130～12500m³/h 9.5～104m，90～6330m³/h	
潜水电泵	干式		JQB	3/2″2″ 4″5″	扬程 3.5～30m 流量 15～100m³/h	
	充油式		QY	3/2″2″ 4″5″等	扬程 3.5～25m 流量 45～100m³/h	
	湿式		QBS	4″6″ 8″等	扬程 3.4～13.3m 流量 45～200m³/h	
深井泵		J　SD	JD	适用井径 4″～6″	流量 10～490m³/h	

3. 启动

(1)离心泵充水后，关闭抽气孔或灌水装置的阀门，同时启动动力机，达到额定转速后，旋开真空表和压力表阀门，观察其是否正常，如无异常情况，然后将出水管上闸阀开启，水泵就可出水。

(2)混流泵(或卧式轴流泵)出水管不用闸阀，只在出水管口装

拍门，防止回水。所以充水后就可直接启动动力机。

(3)立式轴流泵在启动时，为了减少轴与橡胶轴承之间的干磨损，要加水润滑上橡胶轴承，然后再启动动力机。

4. 停车

(1)离心泵停车时，应关闭压力表，再慢慢关闭出水管闸阀，然后关闭真空表，最后停止动力机。

(2)混流泵与轴流泵停车时，直接停机，但须注意回水冲击，所以出水管口拍门宜加平衡锤，或管口装通气管，减轻回流冲击。

(3)有底阀装置的水泵，停车时柴油机应逐步降低转速，电动机可事先开启进水管通气孔，使真空破坏，以免突然停车冲坏底阀。

(二)水泵运行中的维护

1. 水泵在运行中的观察

水泵在运行中必须加强观察维护工作，才能保证水泵的安全运行，主要注意如下方面：

(1)注意机组响声和振动，要求在正常运行时，机组运行平稳，声音正常。

(2)注意轴承温度，检查油质油量。一般要求轴承的温度不超过 70℃，用手摸轴承座以不感到烫手为度。轴承内的润滑油要适中，用油环润滑的轴承，一般油环被浸没约 15mm 左右。滚珠轴承用的黄油，加到轴承箱容量的 2/3 左右为准。换油时间一般为 500 小时一次。

(3)注意观察各种仪表指针的变化，如果发生振动和较大变化，就要进行检查。

(4)注意填料是否正常，填料不可太紧或太松，运转时须保持有水陆续滴出，并应注意水管不能漏气。

(5)观测进水池水位和水流的变化，并防止杂物堵塞。

2.水泵在运行中的保养

(1)皮带的保养。运行中注意传动皮带不要过松和过紧，皮带过松要跳动打滑，增加磨损，降低效率。皮带过紧轴承要发热，一组三角皮带中更须注意不能有松紧不匀的现象。注意清洁，防止油污，妥善保养。

(2)机组和管路的保养。运行中要保持清洁，停机后要放空柴油机、水泵、水管内的存水，油漆剥落的要进行油漆。对机组各部件进行保养，通过全面检查，提出修理要求，以便进行修理。

(三)水泵的故障和处理

水泵常见的故障大致可分为水力故障(如不出水，发生气蚀现象等)和机械故障(如轴瓦烧坏等)。造成故障的因素很多，主要有以下几点：

(1)制造质量不好；

(2)选用与安装不正确；

(3)操作保养不当；

(4)长期使用，零部件未予修理更换或维护不好引起的。

发生故障时，应详细了解当时故障发生的情况，并进行系统的检查工作，以便分析发生故障的原因。不要先忙于拆卸机器，应先运用仪表的读数，听声音，看振动等外部检查方法，弄清故障发生位置，再决定是否需要拆卸机件进行检查或修理。由于事故情况变化较为复杂，牵涉的范围也较广，应针对具体情况作具体的分析。然后提出解决方法，予以消除。

离心泵可能发生的故障及其原因和处理方法列于表6-4。

表 6-4　　离心泵的故障原因和消除方法

故障现象	原　　因	消除方法
水泵不出水	1. 充水不足或真空泵未将泵内空气抽尽 2. 总扬程超过规定 3. 进水管路漏气 4. 水泵的转向不对 5. 水泵转速太低 6. 在进水口或叶轮槽道中被堵塞、底阀不灵活或锈住 7. 吸程太高 8. 叶轮严重损坏 9. 填料函严重漏气 10. 叶轮螺母及键脱出	1. 继续充水或抽气(注意真空泵抽气是否正常) 2. 改变安装位置、改进管路装置、降低总扬程 3. 用火焰法检查,并堵塞之 4. 改变旋转方向 5. 用转速表检查,调整泵或动力机的皮带盘直径 6. 停车后消除杂物或除锈(注意进水口应有拦污网,除锈后应油漆) 7. 降低水泵安装位置,减少吸程 8. 更换新叶轮 9. 压紧或更换新填料 10. 修复紧固
水泵出水量不足	1. 进水管淹没水深不够,泵内吸入了空气 2. 进水管路接头处漏气、漏水 3. 进水管路或叶轮有水草杂物 4. 输水高度过高 5. 转速不够 6. 减漏环及叶轮磨损太多 7. 功率不足 8. 闸阀开得太小或逆止阀有障碍阻塞 9. 填料漏气 10. 叶轮局部损坏 11. 吸水扬程过高	1. 增加水管长度,或在水管周围靠水面处套一块木板,阻止空气进入水管 2. 重新安装,填塞漏气、漏水 3. 清除水草杂物(进水口加做拦污栅或网) 4. 降低输水高度 5. 调整动力机和水泵的传动比或皮带的松紧度 6. 更换减漏环及叶轮 7. 加大配套动力 8. 适当开放闸阀,消除障碍物 9. 旋紧压盖或更换填料 10. 更新或修复 11. 调整吸水扬程
耗用功率太大	1. 转速太高 2. 泵轴弯曲、轴承磨损或损坏过大 3. 填料压得太紧 4. 叶轮与泵壳卡住 5. 流量及扬程超过使用范围 6. 直联传动轴心不准或皮带传动过紧 7. 叶轮螺母松脱,叶轮与泵壳摩擦	1. 调整降低转速 2. 校正调直、更换轴承 3. 旋松压盖螺栓或将填料取出打扁一些 4. 调整达到一定间隙 5. 调整流量、扬程,使其符合使用范围或关小出水管闸阀,减少出水量,降低轴功率 6. 校正轴心位置,调整皮带松紧度 7. 紧固螺母

续表 6-4

故障现象	原　因	消除方法
水泵杂声和振动	1. 基础螺丝松动 2. 叶轮损坏或局部阻塞 3. 泵轴弯曲、轴承磨损或损坏过大 4. 直联传动两轴中心没有对正 5. 吸程过高 6. 泵内掉进杂物 7. 进水管路漏气 8. 进水管口淹没深度不够，产生气蚀 9. 叶轮及皮带轮或联轴器的拼帽螺母松动 10. 叶轮平衡性差	1. 旋紧 2. 更换叶轮或清除阻塞物 3. 校正和更换 4. 校正调准 5. 降低安装位置 6. 清除掉进杂物 7. 加以堵塞 8. 加深淹没深度 9. 设法拼紧，使之紧固 10. 进行静平衡试验、调整
轴承发热	1. 润滑油量不足，漏油太多，油环不转 2. 润滑油质量不好或不清洁 3. 皮带太紧 4. 轴承装配不正确或间隙不适当 5. 泵轴弯曲或轴中心没有对正 6. 受轴向推力太大，由摩擦引起发热 7. 轴承损坏	1. 加油、修理、调整 2. 更换适合的润滑油、用煤油或汽油清洗轴承 3. 适当放松 4. 修正、调整 5. 调整和校正调准 6. 注意平衡孔的疏通(指 BA 型和单面进水的泵) 7. 更换
填料函发热或漏水过多	1. 填料压得太紧 2. 水封环装置不对 3. 填料磨损过多或轴套磨损 4. 填料质量太差 5. 轴承磨损过大	1. 上紧压盖，调整至有一滴滴水漏出为止 2. 使水封环的位置正好对准水封管口 3. 更换填料或轴套 4. 填料一般为棉质方形，需浸入牛油中煮透，外面涂上黑铅粉 5. 调换轴承
水泵在运行中突然停止出水	1. 进水管路突然被杂物堵塞 2. 叶轮被吸入杂物打坏 3. 进水管口吸入大量空气	1. 停车后清除堵塞物 2. 停车后更换叶轮 3. 加深淹没深度
泵轴被卡死，转不动	1. 叶轮和减漏环之间间隙太小或不均匀 2. 轴弯曲 3. 填料与泵轴干摩擦、发热膨胀 4. 泵轴被锈住，轴承壳失圆和填料压盖螺丝拧得太紧 5. 轴承损坏被金属碎片卡住	1. 更换或修理减漏环 2. 校正泵轴 3. 应使泵壳内灌水，待冷却后，再行启动运行 4. 应检修或调整压盖螺丝的松紧度 5. 调换轴承并清除碎物

第四节　一般施工机械

一、混凝土搅拌机

混凝土搅拌机是将水泥、砂、石和水按一定配合比进行拌和的机械。按照混凝土的拌和方式，搅拌机分为自由式搅拌和强制式搅拌两种。自由式搅拌机是搅拌机筒旋转，由其筒内固定的叶片把物料带到一定高度，再自由坠落下来，自此反复循环，对物料进行拌和，自由式搅拌机适用于普通混凝土的搅拌。强制式搅拌机是搅拌筒固定不动，而由筒内转轴上的叶片旋转来搅拌物料，这种搅拌机适用于拌和干硬性混凝土。

自由搅拌和强制搅拌的工作原理如图 6-11 及 6-12 所示。

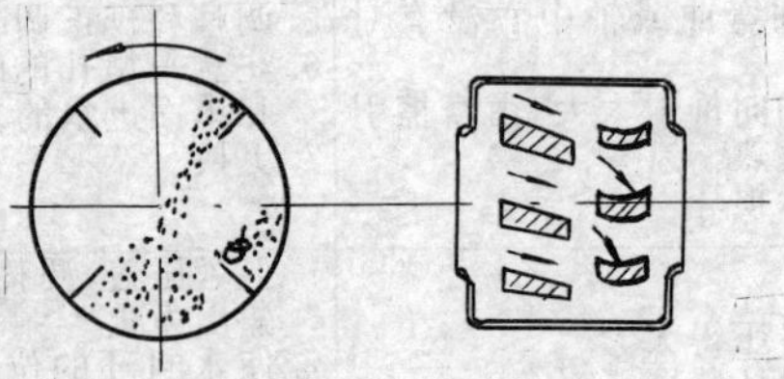

图 6-11　自由搅拌

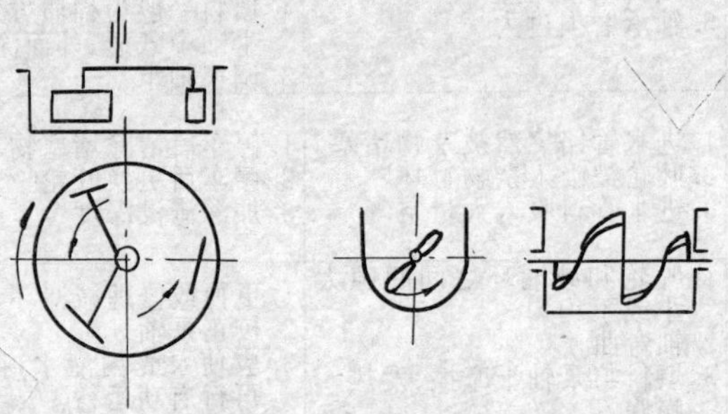

图 6-12　强制搅拌

(一)鼓筒形混凝土搅拌机

自由式搅拌机按其搅拌筒形状分鼓筒形、双锥形、梨形等几种，目前最常用的是容量为 400 公升鼓筒形混凝土搅拌机，如图 6-13所示。

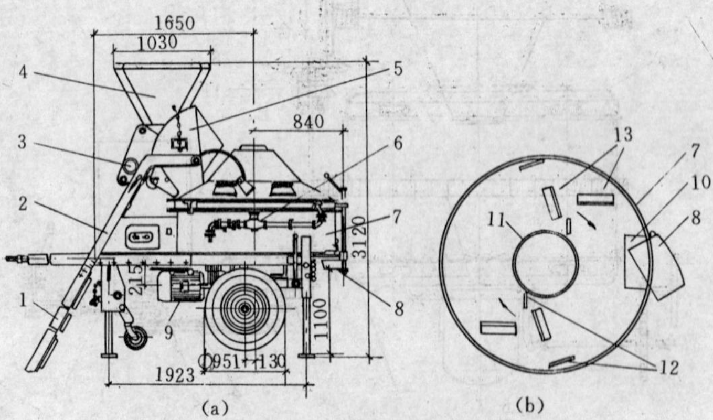

图 6-13 J_4-375 型移动式强制搅拌机 (单位:mm)

(a)外形图； (b)搅拌原理图

1—斜轨下伸部分；2—斜轨；3—上料斗底部轮子；4—上料斗；5—固定进料斗；6—水表；7—鼓筒外壳；8—出料活门；9—电动机；10—出料口；11—鼓筒内壳；12—竖直叶片；13—水平叶片

鼓筒形搅拌机主要有驱动动力部分、传动系统、进出料系统、搅拌系统、配水系统、机架和牵引机构等组成。

驱动动力由 7.5kW 电动机带动，也可安装双缸 20 马力柴油机带动。传动系统是将驱动动力经三角传动带通过减速机、传动齿轮来带动鼓筒旋转进行搅拌，其动力和传动系统如图 6-14 所示。

进出料系统分进料和出料两部分。进料部分由进料斗和操纵机构(包括升降离合器)组成。出料部分由卸料槽与卸料手柄组成。

搅拌系统由搅拌鼓筒、托轮机构和振动装置组成。

配水系统包括量水器、配水阀和水泵。

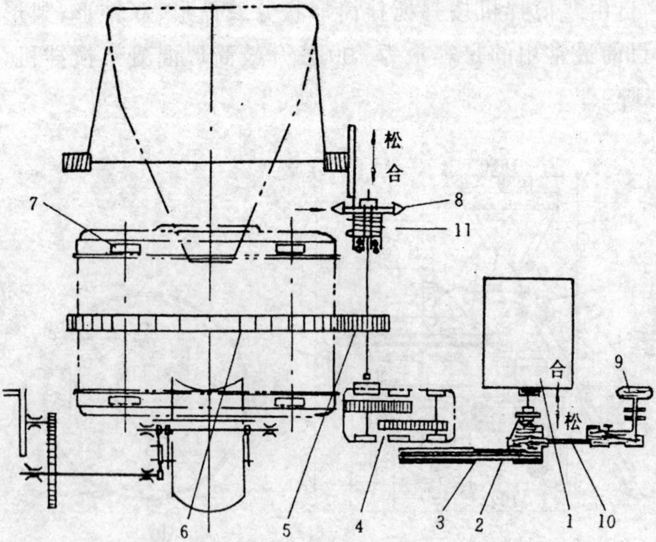

图 6-14　J_1-400 型搅拌机的传动系统

1—电动机；2—主离合器；3—B-65 三角皮带；4—减速机；5—传动齿轮；6—大齿轮；7—托轮；8—进料离合器；9—配水泵；10—水泵三角带(A-60)；11—钢绳卷筒

机架和牵引机构。搅拌机的底架用槽钢制成并装有前后轮，后轮轴上装有避震弹簧钢板，前轴装置转向机构和牵引拖杆。在底架上装有四支可调高度的撑脚，以便在使用时提高机械的稳定性和减轻轮胎的荷载。

(二)混凝土搅拌机的使用维护

混凝土搅拌机应安装在坚实而又平整的地面上。其撑脚要调整到完全由其承受全机重量的程度，还要使其受力均匀。

搅拌机的轮脚须保持足够的气压。固定在一个地方较长时期使用的搅拌机，应将轮胎卸下另行保管，机架要用枕木垫起支牢。安装时，由于机械的重心偏靠进料斗的一侧，故进料斗一边可以微抬高一点，这样既有利于机械的稳定，又有利于出料。

使用前，按清洁、紧固、润滑、调整、防腐的作业法检查各系统，注意各结合机件是否松动，离合器和制动器是否灵活可靠，钢丝绳有否损坏，传动皮带松紧是否合适等。操作机构、进出料机构、搅拌机构以及传动机构，必须保持其正常运行。如有松动和失灵，须经修复后方可使用。

钢丝绳的表面要保持有一层润滑油膜，绳头卡结必须牢固，当钢丝绳断丝过多或绳股松散时应该换新。

电力驱动的搅拌机，配电设备应安置相应的熔断丝和良好的接地装置，电器系统须安全可靠。

启动前，配水泵要加满引水，量水器上指针拨至所需位置。

搅拌机在使用中，勿使砂石落入机械的运转部分中去，否则零件易被卡住而损坏。进料斗升起后，斗下不能有人通过或停留，以免制动器万一失灵发生意外事故。如必须在斗下检修或进行清理工作时，必须停机进行，进料斗亦须用保险链扣扣住。操作中还须随时注意机械的运转情况，机械在运转中产生不正常的音响，表明机械的传动部分或联结件发生松动或脱落，须停机检查和紧固。传动部分发生干磨时，会产生过热现象，也可能音响有异，这时应停机检查润滑情况，清除混入的杂质及污物，然后进行适当的润滑。轴承的温升一般不宜超过 60℃。如轴承过热时，润滑变稀而外溢，将加速磨损，故在轴承温升接近 60℃时，须停机检查找出原因，将故障排除后才能继续使用。

刚启动的搅拌机，应使鼓筒达到正常转速后进行上料。加料时先放砂子，再放水泥，然后放石子，这样可以避免水泥粘结斗壁。进料后要及时加水，以减少磨损和提高生产率。出料前不能无故停车，亦不能先加料后启动，以免使启动力矩过大，造成机械的损坏。入料量不应超过搅拌机的容量，如超过容量规定，不仅增加电动机的负荷，还易使混凝土浆外溢和飞溅，搅拌效率也不会提高。料斗上升的自动限位触臂要保证灵敏有效，应经常检查，以防失灵。

新机使用前应按照使用说明书的检验要求，对各系统和部件逐项进行必要的试运转，尤其搅拌机的操纵系统须经调整，合适后才能投入使用。

工作完毕，应按清洁、紧固、润滑、调整、防腐等要求进行日常保养。

二、混凝土振动器

混凝土振动器是对浇灌后的混凝土进行振实和捣固的专用机械。根据其驱动的动力不同，可分为电力驱动、压缩空气驱动（即风动）和内燃机驱动几种。按其传递振动的方式不同，有内部振动（或称插入振捣）、外部振动（或称附着振动）、表面振动和台式振动等，在水利工程施工中常用的一般是电力驱动的内部振动器和表面振动器。

（一）内部振动器

内部振动器在工作过程中，它的振动部分（即振动棒）插入浇灌后的混凝土内部，直接把振动传给混凝土，达到振实和捣固的目的。振动棒的形状有锥形、杆形和片形，其振动的机构（即振动子）有偏心式、行星式和往复式。目前使用较多的有电动偏心式和行星式振动器。

1. 电动软轴偏心式振动器

电动软轴偏心式振动器是一种由振动棒内的偏心轴旋转而产生振动的内部振动器。偏心轴的旋转是由电动机通过软轴传动的。其结构型式如图 6-15 所示。它由电动机 1、增速器 3、软轴 4 和振动棒 5 等组成。振动棒由无缝钢管制成，棒内的轴承上装有偏心轴。动力通过增速器后（提高软轴转速），再经过软轴传给偏心轴。偏心轴旋转产生周期变化的离心力，使振动棒发生振动。其振动频率等于软轴的转速。

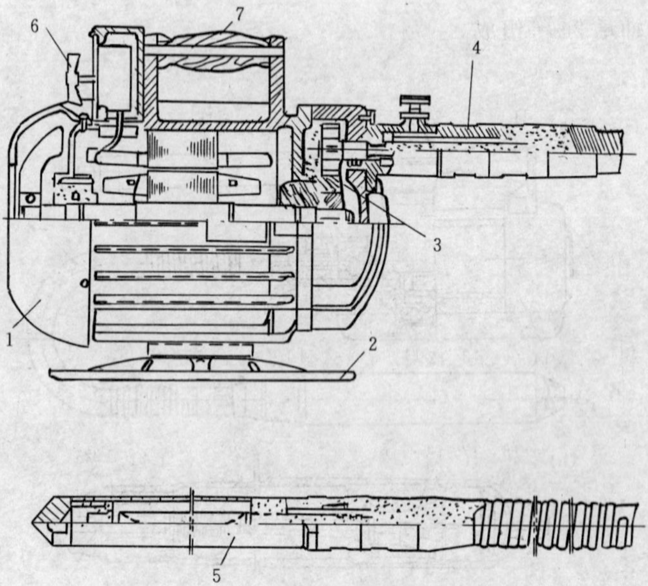

图 6-15 电动软轴偏心块式振荡器

1—电机；2—底盘；3—增速器；4—软轴；5—振动棒；6—电路开关；7—手柄

这种振动器的软轴在使用中容易损坏，轴承也容易磨损，软轴的转速不能提得太高，因此振动频率和振动效果受到限制。

2. 电动软轴行星式振动器

电动软轴行星式振动器是一种高频振动器。它的特点是在不提高软轴转速的情况下，利用振动子的行星运行来获得较高的振动频率。行星式振动器与偏心式振动器比较有振动效果好、轴承磨损小等优点。

行星式振动器的动力及传动部分与偏心式振动器基本相同，整体结构如图 6-16(a)所示。

这种振动器的振动棒构造如图 6-16(b)所示。它是一种偏心转子的行星振动棒，由封闭的外壳 17，中心轨道座 18，沿着轨座的圆锥表面滚动的偏心转子 19，偏心转子端头的联轴节 20 及两个滚珠轴承 24 等组成。

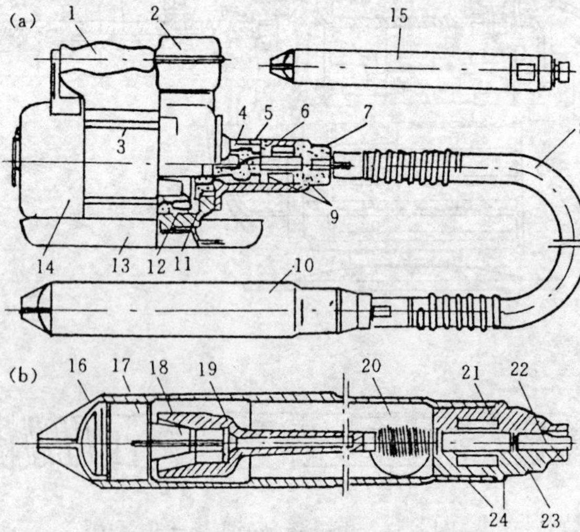

图 6-16　电动软轴行星式振动器

1—手柄；2—开关；3—拉紧螺栓；4—电机转子轴；5—端壳；6—牙嵌式联轴节；7—接轴；8—软轴；9—滚珠轴承；10—∅75 振动棒；11—电机前端壳体；12—定子；13—底盘；14—电动机后罩；15—∅51 振动棒；16—振动棒端盖；17—振动棒外壳；18—中心轨座；19—偏心转子；20—弹簧球节(联轴节)；21—头端；22—中间传动轴；23—密封装置；24—滚珠轴承

偏心转子亦称行星滚子，是产生振动的构件，由电动机通过软轴来传动。工作时，偏心转子在软轴带动下自转，同时其内锥孔沿着中心轨座的外锥面滚动(称为公转)。这种运动称为行星运动。偏心转子每滚过中心轨座一周，振动棒的机壳便产生一次振动。由于偏心转子的内锥孔比中心轨座的直径大，所以一定的软轴转数可引起振动棒较高的振动频率。振动频率是决定振动效率的主要因素，振动子的行星运动可使较低的电动机转速产生很高的振动频率。因此行星振动器的生产效率高。

3. 软轴和防逆装置

软轴是由一根钢丝芯子缠着 4～8 层股丝构成的，每层股丝彼此紧靠在一起，而且各层股丝的缠绕方向彼此相反。软轴的旋转方向应使轴芯股丝在传动中处于绕紧状态。振动器使用的软轴装在软金属套管或胶管内，套管除保护软轴并使其清洁外，还可储存润滑脂。金属套管是用特型的金属带绕成螺旋的波状管子，可以扭曲，且有良好的密闭性。

软轴只能在固定的方向旋转，否则会把股丝扭乱。为了防止电动机在反向旋转时扭坏软轴，在电动机转轴的端部装有防逆装置(单向传动器)，保证软轴单向旋转。

4. 内部振动器的使用和维护

振动器使用之前，首先检查电动机的绝缘情况是否良好，长期闲置的振动器启用时必须测试电动机的绝缘电阻。如电阻值低于 0.5 兆欧，则应进行干燥处理。

然后检查电动机、振动棒、软轴和导线的外表及连接部分，看其有无坏裂痕迹，棒壳连接和电动机上的螺栓是否紧固。电力导线的外皮有无破损和潮湿，电动机接地是否良好等。

机械的各部分检查无问题之后，即可装接软轴，装接时将软管联接头、软轴插头插入电动机前端的机头座内，联接锁紧，然后接通电源。若电动机转动，而软轴不转，这是电动机的旋转方向不对，只要变更电源中的任意两组接线即可。

启动后，须检查振动棒是否正常地振动，电动机转向正确时，振动棒应发生“呜——”的叫声，声响连续稳定而有力，棒体振动均衡，如只转动而没有上述声响，可将棒体摇晃数次或使棒头轻磕地面，待发出叫声且正常振动后，再进行振捣工作。

振捣时，要使振动棒自然地沉入混凝土中，不能用力硬插或斜推，勿使振动棒撞钢筋或模板等硬物，也不能用棒体撬拔钢筋等。振动棒的振动频率很高，如果在操作中和钢筋硬物发生撞碰，则容易振坏，甚至振裂棒壳。还应注意振动棒不要被钢筋夹住。振动棒亦不能插入太深，每次插入时最好将棒的尾部露出1/3～1/4，软轴部分不要插入混凝土中，否则振捣后的混凝土会将振动棒挤住，而不易拔出。振动时须将振动棒上下抽动，以保证上下层都能振捣均匀。当振动器插入以后，见混凝土表面已经平坦，无显著坍陷现象，并有水泥浆出现，则表明已经振实，可将振动棒提换位置。

使用时还须注意软管的弯曲半径不宜小于500mm，软管的折曲亦不能多于两弯，以免损坏软轴。

振动器在使用时要注意棒壳、软管和接头的密封性，避免使水浸入。冬季施工，如因润滑油脂凝结而不易启动时，可用炭火缓烤振动棒，但不能用烈火猛烤或用沸水冲烫。

工作中最好将动力软线悬吊空中，以免受潮或拖伤表皮发生触电事故。

振动器在使用中如温度过高，须停机降温，一般在连续工作半小时左右，停歇一段时间使其冷却后再用。

无软轴防逆装置的振动器在装接软轴时，先要注意电动机的旋转方向，软轴旋转时必须使软轴股丝绕紧，然后接装软轴。否则启动后会将股丝扭乱而损坏软轴。

用完须将电动机、软管、振动棒等擦拭干净。

振动器的操作者必须穿胶靴和戴布手套，以保安全。

混凝土振动器大多在露天潮湿的场合下工作，因此对电动机、软管、导线和振动棒应做好经常性的维护保养工作。

每班工作以后，应清理上述各部件的表面，除去水泥粘块，保持整体清洁，并放置在干燥处保管。

电气部分不能使其受潮和漏电，电动机受潮时须予烘干。电动机轴承中的润滑脂须定期更换。

振动器的软管经过长期使用以后，可能发生磨损或伸长，甚至不能很好地与电动机连接，这样可在软管的一端割掉多余部分，再重新装接起来。

软轴钢芯在使用100～300小时以后(有的是50小时)应从软管中取出,检查其是否完好,如果股丝折断,应予更换,或将折断处切掉,把接头烧卸下来,重新焊牢,但这时软管亦须相应缩短,使轴与管的长度相适应。

当软轴表面油脂干枯时,可将软轴擦拭干净,另行涂抹一层润滑脂,然后重新装入软管中。注意软轴润滑脂的涂抹量不要太多,否则易于流落到振动棒内,导致棒头不振。

振动棒在使用100～300小时以后,拆卸清洗内部,检查振动子、油封、轴承等零件的磨损情况。如果零件基本完好,可将轴承填充润滑脂,然后重新装好。行星式振动棒壳体在油封以下应保证绝对清洁无油,特别是振动子锥面及轨座表面,不能有任何油污,否则会使振动子打滑不振。安装好的振动棒两端螺纹连接处必须拧紧,以防水泥浆渗入棒内,否则振动子亦会打滑不振。

(二)表面振动器

表面振动器在混凝土表面进行振实和捣固。有平板式表面振动器、条式表面振动器和电磁式表面振动器等型式。表面振动器都是通过底部平板(即振板)将振动传给混凝土的。

表面振动器主要由电动振子和振板结合而成。如图6-17所示为一平板式表面振动器。

表面振动器的使用比较简单,只要按铭牌要求接通规定的电源即可运转使用。

表面振动器与内部振动器一样,大部分是在露天潮湿的场合下工作的,因此其使用和维护与内部振动器基本相同。特别要指出的,表面振动器在试振时,不可在干硬的地面上作长时间的空运转,以免损坏振动器。

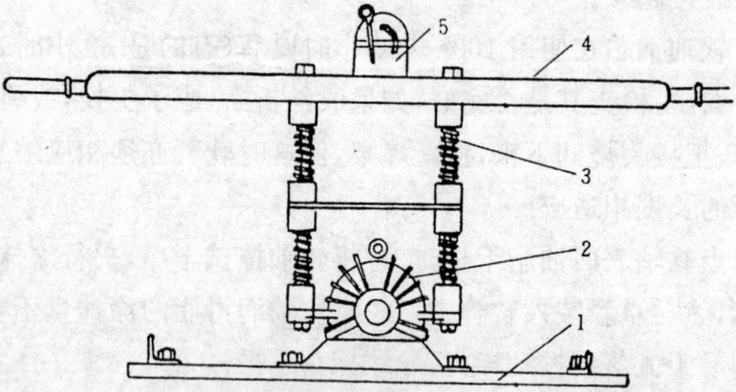

外形

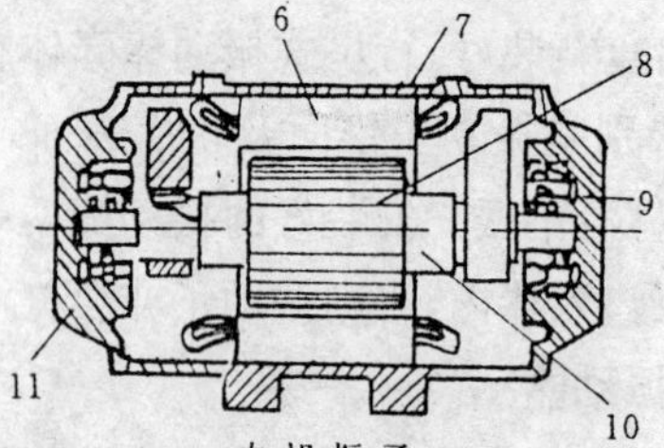

电机振子

图 6-17　平板工表面振动器

1—底部振板；2—电机振子；3—缓冲弹簧；4—手柄；5—开关；6—定子；7—机壳；8—转子；9—偏心块；10—转轴；11—轴承

复习思考题

1. 三相异步电动机有哪两种？区别何在？

2. 异步电动机由哪几部分组成？

3. 异步电动机的铭牌有哪些内容？其含义是什么？

4. 选择异步电动机应考虑哪些问题？

5. 异步电动机的接线方式是怎样确定的？有哪些接线方式？

6. 电动机运行前应作哪些检查？其启动操作步骤是怎样的？

7. 异步电动机运行中应观察哪些方面？在什么情况下应立即停止电动机的运行？

8. 试述电动机常见的故障，发生的原因和排除方法？

9. 什么叫内燃机？有哪些类型？

10. 内燃机的工作原理是什么，其工作过程有哪四个？

11. 内燃机由哪几部分组成？

12. 内燃机使用中应注意哪些问题？

13. 水泵运行一般分哪几个阶段？各包括哪些内容？

14. 水泵运行中应作哪些维护和保养工作？

15. 离心泵常见故障有哪些？试述产生原因和排除方法？

16. 混凝土搅拌机有哪两种？其工作原理是什么？

17. 鼓筒形搅拌机由哪几部分组成？

18. 混凝土搅拌机使用时应注意哪些问题？

19. 混凝土振动器的用途是什么？

20. 在水利工程施工中常用的有哪几种混凝土振动器？

21. 内部振动器的振动棒正常振动时有哪些象征？

22. 内部振动器振捣时应注意哪些问题？

23. 表面振动器的用途是什么？

24. 为保证混凝土振动器的正常使用，应对哪些部件做好经常性的维护和保养工作？